Les grandes opérations des marines dans la guerre d'indépendance américaine

À Mahan

Writat

Cette édition parue en 2023

ISBN : 9789359255279

Publié par
Writat
email : info@writat.com

Contenu

PRÉFACE

Le contenu de ce volume a d'abord été contribué sous forme de chapitre, sous le titre « Opérations majeures, 1762-1783 », à « l'Histoire de la Royal Navy », en sept volumes, publiés par MM. Sampson Low, Marston et Company. , sous la direction générale de feu Sir William Laird Clowes. Pour obtenir l'autorisation de republier maintenant sous cette forme séparée, l'auteur doit exprimer ses remerciements aux éditeurs de cet ouvrage.

Dans l'introduction qui suit cette préface, l'auteur a résumé la leçon générale à tirer du cours de cette guerre d'indépendance américaine, par opposition à la discussion et à la narration particulières des différents événements qui constituent le corps du traitement. Ces leçons qu'il conçoit pour porter un avertissement pour le présent et l'avenir basé sur les fondements les plus sûrs ; à savoir, sur l'expérience du passé applicable aux conditions présentes. La similitude essentielle entre les deux est évidente dans une dépendance commune à l'égard de la force navale.

Il y a eu une relecture et une révision attentives de l'ensemble du texte ; mais les changements jugés nécessaires sont bien moindres qu'on aurait pu le prévoir après un intervalle de quinze ans. De nombreuses notes de bas de page dans l'Histoire, spécifiant les noms des navires des flottes et de leurs commandants dans diverses batailles, ont été omises, car elles ne sont pas nécessaires au présent objectif, bien qu'elles soient éminemment appropriées et même indispensables à un vaste ouvrage de référence générale et d'encyclopédie. portée, telle que l'est l'Histoire. Certaines notes conservées avec les initiales WLC sont dues à l'éditeur de cet ouvrage.

À MAHAN.

DÉCEMBRE 1912.

INTRODUCTION

LA TENDANCE DES GUERRES À SE PROPAGER

Macaulay, dans un passage frappant de son Essai sur Frédéric le Grand, écrit : « Les maux produits par sa méchanceté se faisaient sentir dans des pays où le nom de la Prusse était inconnu. Afin de pouvoir voler un voisin qu'il avait promis de défendre, les hommes noirs se sont battus sur la côte de Coromandel et les hommes rouges se sont scalpés au bord des Grands Lacs d'Amérique du Nord.

Les guerres, comme les incendies, ont tendance à se propager ; plus que jamais, peut-être, en ces temps d'imbrications internationales étroites et de communications rapides. De là le souci suscité et le soin exercé par les gouvernements de l'Europe, les plus étroitement associés et les plus sensibles de la terre, pour empêcher l'allumage de la moindre flamme dans des régions où tous s'intéressent également, quoique à des objets divers ; des régions telles que le groupe des États des Balkans dans leurs relations exaspérantes avec l'empire turc, dans lesquelles les peuples des Balkans voient constamment l'oppression amère des hommes de leur sang et de leur foi religieuse par la tyrannie d'un gouvernement qui ne peut ni assimiler ni protéger. La situation des provinces turques européennes est une leçon perpétuelle pour ceux qui sont disposés à ignorer ou à déprécier les immenses difficultés qu'il y a à administrer politiquement, sous un seul gouvernement, des peuples traditionnellement et racialement distincts, mais vivant côte à côte ; non pas que la situation soit bien meilleure partout dans l'empire turc. Celui-ci survit encore, bien que dans un état de délabrement avancé, simplement parce que d'autres États ne sont pas préparés à affronter les risques d'un trouble qui pourrait se terminer par un incendie général, étendant ses ravages à des régions très éloignées du lieu du trouble initial.

Depuis que ces mots ont été écrits, une véritable guerre a éclaté dans les Balkans. Les puissances, soucieuses chacune de l'effet sur ses propres ambitions de tout trouble en Turquie européenne, se sont constamment abstenues de toute intervention efficace en faveur des chrétiens opprimés de Macédoine, entourée de parents sympathiques. Par conséquent, au cours des trente dernières années, ces sous-bois sont devenus de plus en plus secs, dignes d'un petit bois comme combustible. Dans le Traité de Berlin, en 1877, il était prévu une amélioration de leur gouvernance, et on nous dit maintenant qu'en 1880, la Turquie a élaboré un projet dans ce sens et l'a classé. Finalement, dans des conditions insupportables, une combustion spontanée a suivi. Il ne peut y avoir de paix assurée tant qu'il n'est pas reconnu pratiquement que le christianisme, par le respect qu'il est le seul à inculquer parmi les religions pour le bien-être de l'individu, est un facteur essentiel pour développer chez les nations la faculté de se gouverner soi-même, sans compter l'aptitude à se gouverner elle-même. gouverner les autres n'existe pas. Maintenir les peuples chrétiens sous la domination d'une race non chrétienne, c'est donc perpétuer un État sans espoir de réconciliation et enceinte d'une explosion certaine. Les explosions se produisent toujours de manière gênante. *Obsta principiis* est la seule règle sûre ; dont l' application n'est pas la suppression d'un mécontentement manifeste mais le soulagement des griefs.

La guerre d'indépendance américaine n'a pas fait exception à la règle générale de propagation que nous avons évoquée. Lorsque nos ancêtres ont commencé à s'opposer au Stamp Act et aux autres mesures qui lui ont succédé, ils ne prévoyaient pas non plus que leur action s'étendrait aux Indes orientales et occidentales, à la Manche et à Gibraltar, comme l'avait fait le ministère britannique qui, en élaborant le Stamp Act a frappé le match dont découlent ces conséquences. Lorsque Benedict Arnold, sur le lac Champlain, obtint, grâce à un usage vigoureux de petits moyens, un délai d'un an pour les colons, il ordonna la reddition de Burgoyne en 1777. La reddition de Burgoyne, considérée à juste titre comme l'événement décisif de la guerre, était due à l'action antérieure d'Arnold. , obtenant le retard qui est le premier objectif de toute défense, et qui, pour les colons non préparés, était une nécessité vitale. La capitulation de Burgoyne détermina l'intervention de la France, en 1778 ; l'intervention de la France, l'adhésion de l'Espagne, en 1779. La guerre avec ces deux puissances a conduit aux événements maritimes, aux interférences dans le commerce neutre, qui ont donné naissance à la neutralité armée ; le concours de la Hollande amena la guerre entre ce pays et la Grande-Bretagne, en 1780. Cette extension des hostilités affecta non seulement les Antilles mais l'Est, par l'intermédiaire des possessions des Hollandais dans les deux quartiers et au cap de Bonne-Espérance. Si ce n'est l'occasion de l'envoi de Suffren en Inde, l'implication de la Hollande dans la guerre générale eut un effet puissant sur les brillantes opérations qu'il y mena ; ainsi qu'à et pour le cap de Bonne-Espérance, alors possession hollandaise, lors de son voyage aller.

Dans la publication séparée de ces pages, mon intention et mon espoir sont de faire comprendre incidemment aux lecteurs américains cette vaste étendue de la lutte dont notre propre Déclaration d'Indépendance n'était que le prélude ; avec peut-être une autre leçon nécessaire pour l'avenir, à savoir que les questions les plus éloignées de nos propres côtes peuvent nous entraîner dans des difficultés imprévues, surtout si nous permettons d'établir un train de communication par lequel le feu extérieur peut bondir pas à pas vers l'Amérique. continents. Quelle grande affaire un petit feu allume ! Notre doctrine Monroe n'est en dernière analyse que la formulation d'une précaution nationale selon laquelle, dans la mesure où elle est en mesure de l'empêcher, il ne doit pas rester éparpillé sur les matériaux que les possessions étrangères de ces continents pourraient fournir pour l'extension de la combustion provenant d'ailleurs ; et l'objection à l'immigration asiatique, même avilie par des sentiments ou des motivations moins louables, n'est, de la part des hommes réfléchis, qu'une simple reconnaissance du même danger découlant de la présence d'une masse inassimilable de population, racialement et traditionnellement distincte par ses caractéristiques, derrière laquelle se trouveraient les sympathies et l'énergie d'un puissant empire militaire et naval asiatique.

Aussi propices que soient chacune de ces politiques à la sécurité nationale et à la paix dans un contexte de conflagration internationale, ni l'une ni l'autre ne peuvent être maintenues sans la création et le maintien d'une marine prépondérante. Dans la lutte dont traite ce livre, Washington affirmait à l'époque que les marines avaient une voix prépondérante. C'est à Arnold sur le lac Champlain et à DeGrasse à Yorktown que revient le privilège d'exercer cette prérogative aux deux grands moments décisifs de la guerre. C'est aussi à la Marine, et au-delà de toute autre instrumentation, que revient, quatre-vingts ans plus tard, la répression réussie du mouvement de Sécession. L'effet du blocus des côtes méridionales sur l'efficacité financière et militaire du gouvernement confédéré n'a jamais été soigneusement calculé et est probablement incalculable. À ces deux principales époques nationales, le contrôle de l'eau était le facteur le plus déterminant. À l'avenir, c'est de la Marine que dépendra le maintien réussi des deux principales politiques nationales mentionnées : ; les deux plus essentiels au rôle que ce pays doit jouer dans le progrès du monde.

Car, bien que numériquement grands en population, les États-Unis ne le sont pas proportionnellement à leur territoire ; et, bien que riche, elle ne l'est pas proportionnellement à son exposition. Que le Japon, à quatre mille milles de distance, ait une population de plus de trois cents habitants par mille carré, alors que nos trois grands États du Pacifique en ont en moyenne moins de vingt, est un fait de mauvais augure. L'immense nombre total de résidents ailleurs aux États-Unis ne peut y être transféré pour faire face à une urgence, ni contribuer efficacement à remédier à cette insuffisance ; une force terrestre sur la défensive ne peut pas non plus protéger si la voie maritime est ouverte. Dans une telle opposition entre des effectifs réduits et des effectifs plus nombreux, l'organisation et le développement n'ont nulle part autant d'importance que dans les marines. Nulle part aussi bien que sur mer une infériorité numérique générale ne peut être compensée par une supériorité numérique spécifique, résultant de la correspondance entre la force employée et la nature du terrain. Il s'ensuit strictement, par logique et par déduction, qu'aucun autre moyen ne peut assurer la sécurité de manière aussi économique et aussi efficace. En effet, en matière de sécurité nationale, économie et efficacité sont des termes équivalents. La question du Pacifique est probablement le plus grand problème mondial du XXe siècle, dans lequel aucun grand pays ne s'intéresse aussi largement et directement que les États-Unis. Pour la raison évoquée, il s'agit essentiellement d'une question navale, la troisième dans laquelle le bien-être des États-Unis dépend de l'adéquation de leur flotte.

CHAPITRE I

LA CAMPAGNE NAVALE SUR LE LAC CHAMPLAIN
1775-1776

Au moment où les hostilités commencèrent entre la Grande-Bretagne et ses colonies américaines, on se rendait généralement compte, évident pour la raison et enseigné par l'expérience, que le contrôle des eaux, tant océaniques qu'intérieures, aurait un effet prépondérant sur la lutte. Le raisonnement était clair, car il y avait un long littoral avec de nombreux cours d'eau navigables intérieurs et en même temps des communications terrestres rares et indifférentes. Des parties critiques du territoire concerné étaient encore une nature sauvage non améliorée. L'expérience, maître d'école grossier mais efficace de cette grande partie de l'humanité qui n'acquiert la connaissance que par des coups durs, avait confirmé au cours des guerres françaises précédentes les déductions des réfléchis. C'est pourquoi, conscients de la grande supériorité de la marine britannique, qui n'avait cependant pas encore atteint la suprématie incontestée d'un jour ultérieur, les dirigeants américains recherchèrent très tôt l'alliance des royaumes Bourbon, de France et d'Espagne, ennemis héréditaires de la Grande-Bretagne. . Là seul pourrait être trouvé le contrepoids à un pouvoir qui, s'il n'est pas contrôlé, doit finalement prévaloir.

Près de trois ans se sont écoulés avant que les colons n'atteignent ce but, en faisant une démonstration de leur force dans la reddition forcée de l'armée de Burgoyne à Saratoga. Cet événement a mérité le qualificatif de « décisif », parce que, et seulement parce qu'il a décidé l'intervention de la France. On peut affirmer sans hésitation que cette victoire des colons était directement le résultat de la force navale, celle des colons eux-mêmes. C'est la raison pour laquelle les forces navales étrangères, entrant dans la lutte, la transformèrent d'une guerre locale en une guerre universelle et assurèrent l'indépendance des colonies. Si les Américains ont été assez forts pour imposer la capitulation de Saratoga, c'est grâce à l'année de retard inestimable que leur a assurée leur petite marine sur le lac Champlain, créée par l'énergie indomptable et gérée avec le courage indomptable du traître Benedict. Arnold. Que la guerre se soit étendue de l'Amérique à l'Europe, de la Manche à la Baltique, du golfe de Gascogne à la Méditerranée, des Antilles au Mississippi, et qu'elle ait finalement impliqué les eaux de la péninsule reculée de l'Hindoustan, est attestée par Saratoga, à la grossière flottille qui, en 1776, devança son ennemi dans la possession du lac Champlain. Les événements qui ont ainsi abouti méritent donc une compréhension plus claire et un traitement plus complet que leur importance intrinsèque et leur mesquinerie ne justifieraient autrement.

En 1775, quinze ans seulement s'étaient écoulés depuis l'expulsion des Français du continent nord-américain. La concentration de leur pouvoir, pendant toute sa durée, dans la vallée du Saint-Laurent, avait donné une direction au conflit local et avait imprimé dans les esprits l'importance du lac Champlain, de son affluent le lac George et de la rivière Hudson. , comme formant une ligne de communication fluviale consécutive, mais non continue, du Saint-Laurent à New York. La force du Canada contre les attaques terrestres résidait dans son éloignement, dans le désert à parcourir avant d'être atteint, et dans la force de la ligne du Saint-Laurent, avec les postes fortifiés de Montréal et de Québec sur sa rive nord. Le désert, il est vrai, a opposé sa résistance passive aux attaques du Canada aussi bien qu'aux attaques contre lui ; mais une fois qu'il fut traversé, il n'y avait pas, vers le sud, de positions naturelles aussi fortes face à l'assaillant. Les attaques du sud tombèrent sur le front, ou au mieux sur le flanc, de la ligne du Saint-Laurent. Les attaques venues du Canada prirent New York et ses dépendances à revers.

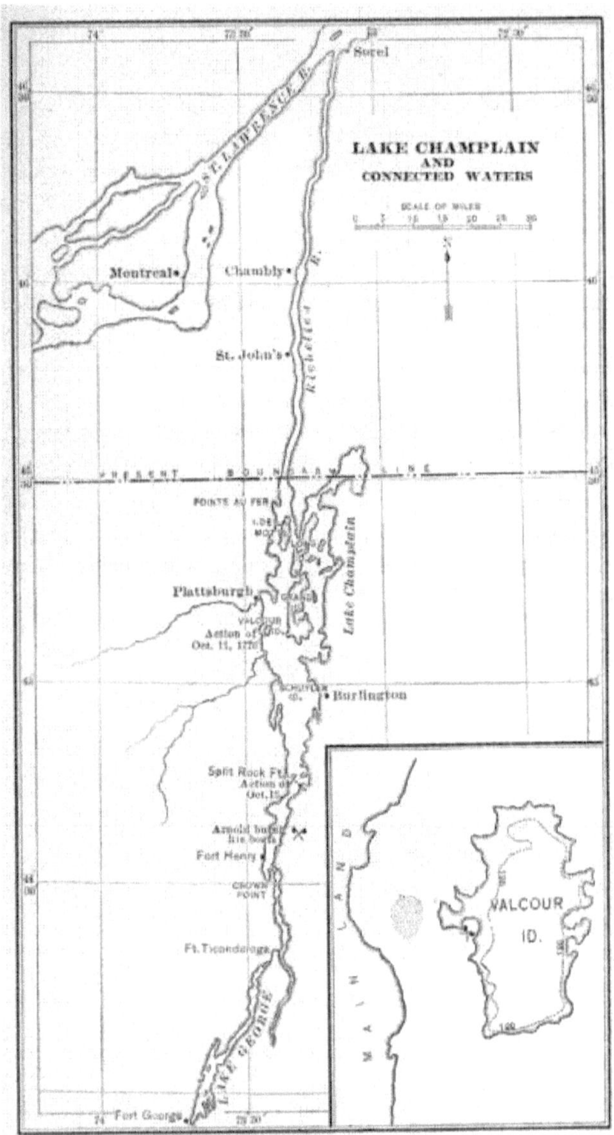

Lac Champlain et eaux connectées

Ces éléments de force naturelle, dans les conditions militaires du Nord, furent imprimés dans l'esprit des Américains par la résistance prolongée du Canada face au nombre largement supérieur de colons britanniques au cours des guerres précédentes. Considéré donc comme une base d'attaques, d'un genre avec lequel ils étaient douloureusement familiers, mais qui devaient être subis maintenant sous des désavantages de nombre et de puissance jamais connus auparavant, il était souhaitable de prendre possession du Saint-

Laurent et de ses postes avant ils furent renforcés et mis en garnison. A ce début des hostilités, les insurgés américains, connaissant bien leur esprit, possédaient l'avantage de l'initiative sur le gouvernement britannique, qui hésitait encore à utiliser contre ceux qu'il qualifiait de rebelles les mesures préventives qu'il aurait prises immédiatement contre un pays reconnu. ennemi.

Dans ces circonstances, en mai 1775, un corps de deux cent soixante-dix Américains, dirigé par Ethan Allen et Benedict Arnold, s'empara des postes de Ticonderoga et de Crown Point, insuffisamment garnis. Ceux-ci se trouvent sur les eaux supérieures du lac Champlain, où sa largeur est inférieure à un tiers de mille ; Ticonderoga étant sur une péninsule formée par le lac et l'entrée du lac George, Crown Point sur un promontoire douze milles plus bas. ⊥Il s'agissait de positions d'une importance reconnue et qui avaient été des postes avancés des Britanniques lors des guerres précédentes. Une goélette s'y trouvant, Arnold, qui avait été marin, s'y embarqua et courut au pied du lac. Le vent lui manqua alors qu'il était encore à trente milles de St. John's, un autre poste fortifié sur le passage inférieur, là où le lac se rétrécit graduellement jusqu'à la rivière Richelieu, son embouchure dans le Saint-Laurent. Ne pouvant avancer autrement, Arnold prit ses bateaux avec trente hommes, traîna toute la nuit, et, le lendemain matin, à six heures, surprit le poste, dans lequel se trouvaient seulement un sergent et une douzaine d'hommes. Il récolte les fruits de la célérité. Les prisonniers l'informèrent qu'un corps considérable de troupes était attendu du Canada, en route vers Ticonderoga ; et cette force atteignit en fait St. John's le lendemain. Quand il est arrivé, Arnold était parti, après avoir emporté un sloop qu'il avait trouvé là-bas et détruit tout ce qui pouvait flotter. Par des moyens aussi insignifiants, deux officiers d'active s'étaient assurés le contrôle temporaire du lac lui-même et de ses abords venant du sud. En l'absence de routes, les Britanniques, privés d'accès à la ligne de flottaison, ne purent avancer. Sir Guy Carleton, gouverneur et commandant en chef du Canada, renforça les ouvrages de St. John's et construisit une goélette ; mais ses forces étaient insuffisantes pour faire face à celles des Américains.

La prise des deux postes, étant un acte de guerre offensive, ne plut pas tout de suite au Congrès américain, qui s'accrochait encore à l'espoir d'une réconciliation ; mais les événements avançaient rapidement et, avant la fin de l'été, l'invasion du Canada fut ordonnée. Le général Montgomery, nommé à cette entreprise, s'embarqua à Crown Point avec deux mille hommes le 4 septembre, et se présenta peu après devant Saint-Jean, qui, après des opérations prolongées, capitula le 3 novembre. Le 13, Montgomery entra dans Montréal et de là descendit le Saint-Laurent jusqu'à Pointe aux Trembles, à vingt milles au-dessus de Québec. Là, il rejoignit Arnold, qui, au mois d'octobre, avait traversé les étendues sauvages du nord, entre les sources de la rivière Kennebec et le Saint-Laurent. En chemin, il avait enduré d'immenses privations, perdant cinq cents hommes sur les douze cents avec lesquels il partait ; et en arrivant face à Québec, le 10 novembre, trois jours avaient été inévitablement consacrés à rassembler des bateaux pour passer le fleuve. Traversant dans la nuit du 13, ce soldat aventureux et son petit commandement gravirent les hauteurs d'Abraham par le même chemin qui avait si bien servi Wolfe seize ans auparavant. Avec une audace caractéristique, il convoqua les lieux. Bien entendu, la demande fut refusée ; mais le fait que Carleton ne se soit pas jeté immédiatement sur la petite bande de sept cents personnes qui le barbu montre à quel point la Grande-Bretagne détenait alors un mandat faible au Canada. Immédiatement après la jonction, Montgomery s'avança sur Québec, où il parut le 5 décembre. L'hiver ayant déjà commencé, et ni ses effectifs ni son équipement n'étant suffisants pour les opérations de siège régulières, il décida très justement de tenter la chance désespérée d'un assaut contre la forteresse la plus forte d'Amérique. Cela fut fait dans la nuit du 31 décembre 1775. Toute possibilité de succès avait pu s'évanouir avec la mort de Montgomery, tombé à la tête de ses hommes.

L'armée américaine se retira à trois milles en amont du fleuve, prit ses quartiers d'hiver et établit un blocus terrestre de Québec, qui était coupée de la mer par les glaces. « Depuis cinq mois, écrivait Carleton au secrétaire à la Guerre, le 14 mai 1776, cette ville a été étroitement investie par les rebelles. De cette position désagréable, il fut relevé le 6 mai, lorsque des signaux furent échangés entre lui et le *Surprise* , le navire avancé d'une escadre dirigée par le capitaine Charles Douglas, 2 qui avait quitté l'Angleterre le 11 mars. En arrivant à l'embouchure du Saint-Laurent, le matin du 12 avril, Douglas trouva de la glace s'étendant sur près de vingt milles jusqu'à la mer et trop serrée pour permettre de la traverser avec une direction adroite. L'urgence de l'affaire n'admettant pas de retard, il fit rouler son navire, l' *Isis* , 50, à une vitesse de cinq nœuds, contre un gros morceau de glace d'environ dix ou douze pieds d'épaisseur, pour en tester l'effet. La glace, probablement ramollie par l'eau salée et l'air salin, s'est brisée en morceaux. «Encouragés par cette expérience», continue Douglas d'une manière quelque peu magnifique, «nous avons pensé que c'était une entreprise digne d'un navire de ligne anglais pour la cause sacrée de notre roi et de notre pays, et un effort dû aux vaillants défenseurs de Québec, de tenter de la poussant à force de voiles à travers les champs de glace épais, larges et étroitement reliés entre eux, auxquels nous ne voyions aucune limite vers la partie occidentale de notre horizon. Avant la nuit (lorsque soufflait une tempête de neige, nous arrivâmes à, ou plutôt arrêtés), nous y avions pénétré environ huit lieues, décrivant notre chemin tout au long du chemin avec des morceaux de revêtement du fond du navire, et parfois des morceaux d'eau de mer, mais aucun des planches de chêne; et c'était parfois assez agréable , lorsque nous avons tenu bon, de voir Lord Petersham exercer ses troupes sur la surface croûteuse de ce fluide à travers lequel le navire avait si récemment navigué. Il fallut neuf jours de ce travail pour atteindre l'île d'Anticosti, après quoi les glaces ne semblent plus avoir causé de problèmes ; mais des retards supplémentaires furent occasionnés par des brouillards, des calmes et des vents contraires.

À l'arrivée des navires de guerre, les Américains se retirèrent aussitôt. Pendant l'hiver, bien que des renforts aient dû être reçus de temps en temps, ils avaient été décharnés à cause du froid et de la variole qui a ravagé le camp. Le 1er mai, les rapports indiquaient mille neuf cents hommes présents, dont un millier seulement étaient aptes au service. Il n'y avait alors que des provisions pour trois jours, et aucune autre plus proche que Saint-Jean. Les habitants ne fourniraient bien entendu plus aucune aide aux Américains après l'arrivée des navires. La Marine avait encore une fois décidé du sort du Canada et allait bientôt décider également de celui du lac Champlain.

Major-général Philip Schuyler

Edward Pellew, ensuite amiral, Lord Exmouth

Lorsque deux cents soldats furent débarqués des navires, Carleton sortit « pour voir », dit-il, « ce que faisaient ces puissants vantards ». Ce ricanement était indigne d'un homme de son caractère généreux, car les vantards avaient beaucoup enduré pour de faibles chances de succès ; et le peu de renforts qui l'incitèrent à agir montre soit une extrême prudence de sa part, soit l'étroitesse de la marge par laquelle Québec s'en sortit. Il trouva les ennemis occupés à préparer leur retraite et, à son apparition, ils abandonnèrent leur camp. Leurs forces des deux côtés du fleuve étant maintenant séparées par les navires ennemis, les Américains se retirèrent d'abord à Sorel, là où le Richelieu entre dans le Saint-Laurent, et de là continuèrent à se replier par étapes graduelles.

Ce n'est que le 15 juin qu'Arnold quitta Montréal ; et à la fin de juin, la force unie se trouvait toujours du côté canadien de la frontière actuelle. Le 3 juillet, il atteignit Crown Point, dans un état pitoyable de variole et de misère.

Les deux partis commencèrent immédiatement à se préparer à une bataille sur le lac Champlain. Les Américains, si petite que soit leur flottille, gardaient encore la supériorité que leur avait obtenue la promptitude d'Arnold un an auparavant. Le 25 juin, le général américain Schuyler, commandant le département du Nord, écrivait : « Nous avons heureusement une telle supériorité navale sur le lac Champlain que j'ai bon espoir que l'ennemi n'y apparaîtra pas au cours de cette campagne, d'autant plus que nos forces sont augmenté par l'ajout de gondoles, dont deux sont presque terminées. Arnold, cependant, "- dont les connaissances techniques lui ont fait confier les préparatifs navals, -" dit qu'il faudrait employer 300 charpentiers et un grand nombre de gondoles, de galères, etc., être construits, vingt ou trente au moins. Il est très difficile de trouver les charpentiers nécessaires. Les idées d'Arnold étaient en effet d'une ampleur digne des questions capitales en jeu. "Augmenter notre marine sur le lac me paraît de la plus haute importance. Il y a de l'eau entre Crown Point et Pointe au Fer pour les navires des plus grandes dimensions. Je suis d'avis que les galères à rangées sont la meilleure construction et la moins chère pour ce lac. " Peut-être serait-il bon d'avoir une frégate de 36 canons. Elle pourrait transporter 18 livres sur le lac et être supérieure à tout navire qui pourrait être construit ou mis à flot depuis St. John's. "

Malheureusement pour les Américains, leurs ressources en hommes et en moyens étaient bien inférieures à celles de leurs adversaires, qui purent finalement mettre en œuvre, bien qu'à une échelle un peu plus petite, l'idée d'Arnold d'un voilier, au sens strict du terme, de force jusqu'à présent. inconnu dans les eaux intérieures. Un tel navire, aidé par deux époux de caractère assez semblable, dominait le lac dès qu'il était à flot, renversant toutes les conditions. Cependant, pour le placer et l'équiper, il fallait du temps, un temps inestimable, pendant lequel les deux goélettes d'Arnold exerçaient le contrôle. Le baron Riedesel, commandant du contingent allemand à Carleton, après avoir examiné la position américaine à Ticonderoga, écrivit : « Si nous avions pu commencer notre expédition quatre semaines plus tôt, je suis convaincu que tout aurait pris fin cette année (1776) ; mais , n'ayant pas d'abri ni d'autres choses nécessaires, nous ne pouvions pas rester à l'autre extrémité [sud] de Champlain. » Le retard favorise donc la défense et change la donne. Quel aurait été l'effet sur la cause américaine si, simultanément à la perte de New York, entre le 20 août et le 15 septembre, la nouvelle de la chute de Ticonderoga, dont la réputation de force était élevée, était arrivée ? Et ce n'était pas tout ; car dans ce cas, le plan qui fut détruit en 1777 par l'expédition mal conçue de Sir William Howe vers la

Chesapeake aurait sans aucun doute été exécuté en 1776. Dans un journal anglais contemporain, on trouve l'élément significatif suivant : « Londres, 26 septembre 1776 . " Des avis ont été reçus ici du Canada, en date du 12 août, selon lesquels l'armée du général Burgoyne a trouvé impossible de traverser les lacs cette saison. La force navale des Provinciaux est trop grande pour qu'ils puissent y faire face à l'heure actuelle. Ils doivent construire de plus grandes forces. navires à cet effet, et ceux-ci ne peuvent pas être prêts avant l'été prochain. Le plan ~~était~~ *que* les deux armées commandées par les généraux Howe et Burgoyne devraient coopérer, qu'elles devraient être toutes les deux sur la rivière Hudson en même temps, qu'elles devraient se joindre environ Albany, et ainsi coupé toute communication entre les colonies du nord et du sud. » [4]

Le projet plus ambitieux d'Arnold ne pouvant être réalisé, il dut se contenter de gondoles et de galères, pour la force qu'il devait commander aussi bien que construire. L'auteur n'a pas pu déterminer la différence précise entre les deux sortes de bateaux à rames ainsi distingués par leur nom. La gondole était un bateau à fond plat et inférieur en qualités nautiques (vitesse, maniabilité et navigabilité) aux galères, qui étaient probablement carénées. Ce dernier portait certainement des voiles et était peut-être capable de battre au vent. Arnold les préféra et arrêta la construction de gondoles. « Les galères, écrit-il, se déplacent rapidement, ce qui nous donnera un grand avantage en pleine mer. » L'effectif des galères était de quatre-vingts hommes, celui des gondoles de quarante-cinq ; d'où, et de leurs batteries, on peut déduire que ces derniers mesuraient entre un tiers et la moitié de la taille des premiers. Les armements des deux étaient de même caractère, mais ceux des gondoles étaient beaucoup plus légers. Les récits américains concordent avec le rapport du capitaine Douglas concernant une galère capturée par les Britanniques. À l'avant, un 18 et un 12 livres ; à l'arrière, deux 9 ; en bordée, de quatre à six 6. Il y a là un rappel quelque peu drôle des mérites controversés du tir de proue, de poupe et de flanc, dans un cuirassé moderne ; et la conclusion pratique est à peu près la même. Les gondoles avaient un 12 livres et deux 6. Tous les navires des deux parties étaient équipés d'un certain nombre de canons pivotants.

Au milieu des nombreuses difficultés que le manque de ressources imposait à toutes les entreprises américaines, Arnold réussit à se mettre à flot avec trois goélettes, un sloop et cinq gondoles, le 20 août. Il croisa à l'extrémité supérieure de Champlain jusqu'au 1er septembre, puis se dirigea rapidement vers le nord et, le 3, jeta l'ancre dans les passages inférieurs, à vingt-cinq milles au-dessus de Saint-Jean, étendant sa ligne d'un rivage à l'autre. Des éclaireurs l'avaient tenu informé des progrès des préparatifs navals britanniques, de sorte qu'il savait qu'il n'y avait pas de danger immédiat ; tandis qu'une position avancée, maintenue avec un front audacieux, empêcherait certainement les reconnaissances par eau, et pourrait peut-être imposer quelque chose à l'ennemi. Ces derniers érigent cependant des batteries de chaque côté du mouillage, obligeant Arnold à se replier vers le lac plus large. Il fit alors faire des sondages autour de l'île Valcour et entre elle et la rive ouest ; c'est la position dans laquelle il avait l'intention de prendre position. Il s'y retira le 23 septembre.

Les Britanniques, de leur côté, n'avaient pas eu à affronter moins d'obstacles que leurs adversaires, quoique d'un caractère quelque peu différent. Trouver des charpentiers et des matériaux pour construire, et des marins pour embaucher, était la principale difficulté des Américains, les nécessités de la côte ne concédant que partiellement les exigences qui lui étaient imposées ; mais leurs vaisseaux étaient construits sur les rives du lac et lancés dans les eaux navigables. Une importante flotte de transports et de navires de guerre dans le Saint-Laurent fournissait aux Britanniques des ressources adéquates, qui furent utilisées judicieusement et énergiquement par le capitaine Douglas ; mais les amener au lac était une tâche longue et ardue. Une grande partie de la rivière Richelieu était peu profonde et obstruée par des rapides. Le point où commençait la navigation sur le lac était à Saint-Jean, dont l'approche la plus rapprochée, par une goélette de cent tonnes, venant du Saint-Laurent, était Chambly, dix milles plus bas. Les bateaux plats et les chaloupes pouvaient être traînés en amont, mais les navires de toute taille devaient être transportés par voie terrestre ; et les ingénieurs trouvèrent la plate-forme trop molle par endroits pour supporter le poids d'une centaine de tonnes. Sous les instructions de Douglas, les bordés et les membrures de deux goélettes furent démontés à Chambly et transportés par route jusqu'à St. John's, où ils furent de nouveau assemblés. A Québec, il trouva la construction d'une nouvelle coque de cent quatre-vingts tonnes. Il le démonta presque jusqu'à la quille, expédiant les membrures dans trente chaloupes, que les capitaines de transport consentirent à abandonner, avec leurs charpentiers, pour le service sur le lac. Les lignes des navires de guerre et les volontaires des transports fournissaient un corps de sept cents marins pour le même emploi, force à laquelle les Américains ne pouvaient rien opposer d'égal, commandée par des officiers de marine réguliers. Le plus gros navire était gréé en bateau et possédait une batterie de dix-huit livres de 12 livres ; elle s'appelait l'*Inflexible* et était commandée par le lieutenant John Schanck. Les deux goélettes, *Maria* , lieutenant Starke, et *Carleton* , lieutenant James Richard Dacres, transportaient respectivement quatorze et douze livres de 6 livres. Ils constituaient l'épine dorsale de la flottille britannique. Il y avait aussi un radeau, le *Thunderer* , et une grande gondole, la *Loyal Convert* , tous deux lourdement armés ; mais, étant également lourds de mouvement, ils ne semblent pas avoir joué un rôle important. En outre, au début de l'expédition, il y avait vingt canonnières, chacune portant une pièce de campagne, de 24 à 9 livres ; ou, dans certains cas, des obusiers. [5]

« Par tous ces moyens, écrivait Douglas le 21 juillet, notre acquisition d'une domination absolue sur le lac Champlain ne fait aucun doute. L'attente était parfaitement fondée. Avec une brise efficace, l' *Inflexible* pouvait à lui seul balayer le lac de tout ce qui flottait dessus. Mais l'élément temps demeure. Depuis le jour où j'écris ces lignes jusqu'à celui où il vit l' *Inflexible* quitter St. John's, le 4 octobre, il s'écoula plus de dix semaines ; et ce n'est que le 9 que Carleton fut prêt à avancer avec l'escadre. À cette époque, les troupes américaines à la tête du lac s'élevaient à huit ou dix mille hommes. La force terrestre britannique compterait treize mille hommes, dont six mille en garnison à St. John's et ailleurs.

Les derniers renforts d'Arnold arrivèrent à Valcour le 6 octobre. Ce jour-là, et lors de l'action du 11, il avait avec lui tous les navires américains sur le lac, sauf une goélette et une galère. Sa force était donc composée de deux goélettes et d'un sloop, navires à flancs, en plus de quatre galères et de huit gondoles, dont on peut raisonnablement supposer qu'elles dépendaient de leurs canons à arc ; là, du moins, c'était leur feu le plus violent. Ainsi calculé, sa flottille, disposée le mieux possible, pouvait mettre en action à la fois deux 18, treize 12, un 9, deux 6, douze 4 et deux 2 livres, indépendamment des émerillons ; au total trente-deux canons, sur quatre-vingt-quatre montés sur quinze navires. A cela les Britanniques durent opposer, sur trois vaisseaux à flancs, neuf 12 et treize 6, et sur vingt canonnières, vingt autres canons en cuivre, « de vingt-quatre à neuf, certains avec des obusiers » ; au total, quarante-deux canons. Dans cette déclaration, le radeau et la télécabine n'ont pas été inclus, en raison de leur ingérence. Inclus en tant que navires à bord, ils augmenteraient l' armement britannique - de trois 24, trois 12, quatre 9 et un obusier - pour un total de cinquante-trois canons. En fait, ils ne pourraient être mis en œuvre que dans des circonstances exceptionnelles et il serait préférable de les omettre.

Ces détails sont nécessaires à la bonne appréciation de ce que le capitaine Douglas a appelé à juste titre « un événement capital ». Ce fut une lutte de pygmées pour le prix d'un continent, et les dirigeants ont droit à tout le mérite à la fois pour leur énergie antérieure et pour leurs dispositions dans la lutte ; notamment le malheureux qui, après avoir tant fait pour sauver son pays, a ensuite sali son nom par une trahison sans précédent dans la guerre moderne. L'énergie et l'audace avaient jusqu'ici préservé le Lac aux Américains ; Arnold a décidé de tenter encore une fois ses occasions. Il ne connaissait pas toute la force de l'ennemi, mais il s'attendait à ce qu'elle « soit très redoutable, sinon égale à la nôtre ». Cependant, la saison était si proche de sa fin qu'un échec sévère équivaudrait à une défaite et retarderait la poursuite de l'avancée de Carleton au printemps suivant. D'ailleurs, que valait une force telle que l'Américaine, une telle flottille, sous les canons de Ticonderoga, le Lac étant perdu ? Il s'agissait évidemment de prendre des risques, même si le détachement devait être sacrifié, comme c'était le cas.

Le but initial d'Arnold était de combattre en cours ; et c'est à ce point de vue qu'il appréciait les galères, en raison de leur mobilité. On ne sait pas avec certitude quand il a entendu parler pour la première fois du gréement et de la batterie de l'*Inflexible* ; mais une bonne vigie fut maintenue, et l'escadre britannique fut aperçue de Valcour lorsqu'elle quitta le passage. Cela a peut-être été vu encore plus tôt ; car Carleton avait été informé, par erreur, que les Américains étaient près de Grand Island, ce qui l'avait amené à se pencher de ce côté et à ouvrir ainsi Valcour plus tôt. Les Britanniques jetèrent l'ancre dans la nuit du 10 octobre, entre les îles Grand et Long [2]. Partant le lendemain matin, ils remontèrent le lac avec un fort vent du nord-est, longeant Grand Island, sur laquelle leur attention était sans doute fixée par les nouvelles qu'ils avaient reçues ; mais c'était une négligence singulière que de courir ainsi sous le vent avec un vent favorable, sans une reconnaissance approfondie des deux mains. La conséquence fut que la flottille américaine ne fut découverte que lorsque l'île Valcour, qui mesure de cent vingt à cent quatre-vingts pieds de haut sur ses deux milles de longueur, fut si loin qu'il fallut faire l'attaque du sud. - sous le vent.

Lorsque les Britanniques furent identifiés pour la première fois, le commandant en second d'Arnold, Waterbury, insista pour qu'étant donné la supériorité de l'ennemi, la flottille se mette en route immédiatement et les combatte « en retraite dans le lac principal » ; le port étant désavantageux « pour combattre un nombre tellement supérieur, et l'ennemi pouvant nous entourer de tous côtés, nous nous trouvant entre une île et la grande mer ». Les conseils de Waterbury trouvaient évidemment leur origine dans cette source féconde d'erreurs de conception militaire, qui considère d'abord la préservation d'une force des objets, rendant secondaires les résultats de son action. Avec un jugement plus sûr, Arnold a décidé de tenir le coup. Une retraite devant des voiliers au gréement carré ayant un bon vent, par une force hétérogène comme la sienne, de vitesses et de batteries inégales, ne pourrait aboutir qu'à un désastre. Des tirs concertés et une évasion réussie étaient également improbables ; et d'ailleurs, s'échapper, si c'était possible, ne faisait que gâcher la partie. Mieux vaut se fier à une position stable et bien ordonnée, développant le plus grand feu. Si l'ennemi le découvrait et entrait par l'entrée nord, il y avait une butte de cinq pieds au milieu du chenal qui pourrait faire monter le plus gros d'entre eux ; Si, comme cela s'est produit, l'île devait être dépassée et l'attaque devait être faite sous le vent, elle serait probablement partielle et en désordre, comme cela s'est également produit. La justesse de la décision d'Arnold de ne pas risquer une retraite a été démontrée lors de la retraite de deux jours plus tard.

Valcour est du côté ouest du lac, à environ trois quarts de mille du principal ; mais une péninsule faisant saillie à mi-longueur de l'île réduit cet intervalle à un demi-mille. D'après les récits, il ressort clairement que la flottille américaine se trouvait au sud de cette péninsule. Arnold avait donc un espoir raisonnable qu'il puisse passer inaperçu. Écrivant à Gates, le commandant en chef de Ticonderoga, il déclara : « Il y a un bon port, et si l'ennemi s'aventure sur le lac, il lui sera impossible de profiter de notre situation. Si nous réussissons notre attaque sur eux, il sera impossible à quiconque de s'échapper. Si nous sommes vaincus, notre retraite est ouverte et libre. En cas de vent, qui souffle généralement frais en cette saison, notre embarcation fera du beau temps, tandis que la leur ne pourra pas maintenir le lac. ". Il ressort de ce texte, écrit trois semaines avant la bataille, qu'il ne s'attendait pas alors à une force matériellement différente de la sienne. Plus tard, il décrit sa position comme étant « dans une petite baie du côté ouest de l'île, aussi rapprochée que possible, et sous une forme telle que peu de navires puissent nous attaquer en même temps, et ceux-ci seront exposés aux attaques. feu de toute la flotte. » Même s'il ne donne malheureusement aucun détail, il avait manifestement de bonnes idées tactiques. La formation des navires ancrés est décrite par les officiers britanniques comme une demi-lune.

Lorsque les Britanniques ont découvert l'ennemi, ils se sont précipités vers lui. Arnold ordonna à l'une de ses goélettes, le *Royal Savage* , et aux quatre galères, de se mettre en route ; les deux autres goélettes et les huit gondoles restant à l'ancre. Le *Royal Savage* , tombant sous le vent, — à cause d'une mauvaise gestion, dit Arnold, — est venu, apparemment sans soutien, sous le feu lointain de l' *Inflexible* , alors qu'il passait sous le vent de Valcour à 11 heures du matin, suivi par le *Carleton* , et à plus grande vitesse. distance par la *Maria* et les canonnières. Trois coups de feu des 12 livres du navire ont touché le *Royal Savage* , qui a ensuite échoué à la pointe sud de l'île. L' *Inflexible* , suivi de près par le *Carleton* , continua sa route, mais ne tira qu'occasionnellement. montrant qu'Arnold gardait ses galères en main, devant de longues cuvettes, comme il faut garder les petits navires avec un dix-huit, lorsqu'ils sont confrontés à une bordée de neuf canons. Entre l'île et la grande mer, le vent du nord-est tirait sans doute plus au nord, défavorable à l'approche du navire ; mais, une faille dans les falaises emportant les voiles d'avant et d'arrière du *Carleton* , il arriva « presque au milieu de la demi-lune rebelle, où le lieutenant JR Dacres ancra intrépidement avec un ressort sur son câble ». Le *Maria* , à bord duquel se trouvait le Carleton, avec le commandant Thomas Pringle, commandant la flottille, était sous le vent lorsque la poursuite commença et ne put entrer en action rapprochée ce jour-là. À ce moment-là, dix-sept des vingt canonnières étaient arrivées et, après avoir réduit au silence le *Royal Savage* , s'étaient arrêtées à bout portant de la flottille américaine. « La canonnade fut formidable », écrit le baron Riedesel. Le lieutenant Edward Longcroft, du radeau *Thunderer* , ne pouvant mettre son radeau en action, se rendit avec un équipage de bateau à bord du *Royal Savage* , et tourna pendant un certain temps ses armes sur ses anciens amis ; mais le feu de cette dernière le força de nouveau à l'abandonner, et il semblait si probable qu'elle pourrait être reprise qu'elle fut incendiée par le lieutenant Starke du Maria , alors que déjà « deux bateaux rebelles étaient très près d'elle ». peu de temps après, il a explosé." Les canons américains convergeant vers le *Carleton* dans sa position centrale, celui-ci souffrit beaucoup. Son commandant, le lieutenant Dacres, a été assommé; un autre officier a perdu un bras ; seul M. Edward Pellew, plus tard Lord Exmouth, resta apte au service. Le ressort étant tiré, elle lança ses arcs sur l'ennemi, et son feu fut ainsi réduit au silence. Le capitaine Pringle lui fit signe de se retirer ; mais elle était incapable d'obéir. Pour payer sa tête dans le bon sens, Pellew lui-même dut descendre sur le beaupré sous un feu nourri de mousqueterie, pour porter le foc au vent ; mais faire naviguer semble avoir été impossible. Deux canots d'artillerie furent envoyés à son secours, "qui le remorquèrent à travers un feu très épais, jusqu'à ce qu'il soit hors de portée, au grand honneur de M. John Curling et de M. Patrick Carnegy, second maître et aspirant de l'Isis , qui les conduisit; et de M. Edward Pellew, second du *Blonde* , qui lança la corde de remorquage depuis le beaupré *du Carleton* . [10] Ce service à bord du *Carleton* lança Pellew sur le chemin de la fortune ; mais, chose singulière, la lieutenance qui lui était promise en conséquence, tant par le First Lord que par Lord Howe, fut retardée par le fait qu'il resta au front, au lieu d'aller à l'arrière, où il aurait été « sous leur juridiction ». " Le *Carleton* avait deux pieds d'eau dans la cale et avait perdu huit tués et six blessés, soit environ la moitié de son équipage, lorsqu'il jeta l'ancre hors du feu . Dans cette petite mais passionnante affaire, les Américains, outre le *Royal Savage* , avaient perdu une gondole. Outre les blessures du *Carleton* , un bateau d'artillerie britannique, commandé par un lieutenant allemand, fut coulé. Vers le soir, l' *Inflexible* s'est retrouvé à portée de tir à bout portant des Américains, « lorsque cinq bordées », écrit Douglas, « ont réduit au silence toute leur ligne ». Un navire neuf, doté d'un équipement pour la navigation en mer et d'une batterie concentrée, a un avantage indiscutable sur une douzaine d'embarcations de construction légère, transportant un ou deux canons chacune, et déjà engagées depuis plusieurs heures.

À la tombée de la nuit, l' *Inflexible* tomba hors de portée et l'escadre britannique ancra en ligne de bataille à l'extrémité sud du passage entre l'île et la mer ; certains navires s'étendirent également vers l'est, dans le lac ouvert. « La meilleure partie de mes renseignements », écrivit Burgoyne le lendemain de St. John's à Douglas à Québec, « est que toute notre flotte était formée en ligne au-dessus de l'ennemi, et par conséquent ils ont dû se rendre ce matin, ou nous donner la bataille. selon nos propres conditions. Les Indiens et les troupes légères sont à la hauteur de la flotte ; ils ne peuvent donc pas s'échapper par terre. L'escadre britannique partageant cette confiance, une vigie adéquate n'a pas été assurée. Le dirigeant américain tint immédiatement une conférence avec ses officiers et décida de tenter une retraite, « qui se fit dans un tel secret, écrit Waterbury, que nous les traversâmes sans être découverts ». Le mouvement commença à 19 heures, une galère en tête, les gondoles et les goélettes suivant, et Arnold et son second fermaient la marche dans les deux galères les plus lourdes. Cette opération délicate fut favorisée par un épais brouillard qui ne se dissipa que le lendemain matin, à huit heures. Alors que les Américains passaient à toute vitesse, ils ne pouvaient voir aucun des navires hostiles. À la lumière du jour, ils étaient hors de vue des Britanniques. Riedesel, parlant de cet événement, dit : « Les navires au mouillage, à l'abri de l'ennemi, qui s'est enfui pendant la nuit, et contournant l'aile gauche, aidés par un vent favorable, se sont échappés dans l'obscurité. » L'étonnement du lendemain matin, poursuit-il, fut grand, tout comme la colère de Carleton. Celui-ci se mit à poursuivre si précipitamment qu'il oublia de laisser des ordres pour les troupes débarquées ; mais, ne parvenant pas à découvrir les fugitifs, il revint et resta à Valcour jusqu'à la tombée de la nuit, lorsque des éclaireurs rapportèrent que l'ennemi était à l'île Schuyler, à huit milles au-dessus.

La retraite des Américains avait été gênée par leurs blessures et par le vent soufflant devant. Ils furent obligés de mouiller le 12 pour réparer des avaries, coques et voiles ayant beaucoup souffert. Arnold prit la précaution d'écrire à Crown Point pour des bateaux à remorquer en cas de vent du sud ; mais le temps ne leur permit pas d'arriver. Deux gondoles ont dû être coulées en raison de leurs blessures, ce qui fait que trois de cette classe ont été perdues jusqu'à présent. La retraite reprit à 14 heures, mais la brise était fraîche du sud et les gondoles firent très peu de chemin. Le soir, les Britanniques poursuivirent à nouveau. Cette nuit-là, le vent se modéra, et au point du jour la flottille américaine était à vingt-huit milles de Crown Point, — quatorze de Valcour, — ayant encore cinq milles de départ. Plus tard, cependant, d'après le rapport d'Arnold, "le vent souffla de nouveau vers le sud, de sorte que nous ne gagnâmes que très peu, ni en battant ni en ramant. En même temps, l'ennemi reçut une nouvelle brise du nord-est et, au moment où nous avions arrivés à Split Rock, étaient à nos côtés." Les galères d'Arnold et de Waterbury, la *Congress* et la *Washington*, s'étaient tenues partout en arrière, et recevaient maintenant le plus gros de l'attaque de l' *Inflexible* et des deux goélettes, qui avaient entièrement distancé leurs lentes consorts. Ce combat eut lieu dans le passage supérieur, là où le lac a de un à trois milles de largeur ; et cela dura, d'après le rapport d'Arnold, cinq verres (deux heures et demie), [12] les Américains reculant continuellement jusqu'à environ dix milles de Crown Point. Là, le *Washington* ayant frappé quelque temps auparavant, et l'évasion finale étant impossible, Arnold fit débarquer le *Congrès* et quatre gondoles dans une petite crique du côté est ; tirant au vent, avec le sang-froid qui avait marqué toute sa conduite, de sorte que l'ennemi ne pouvait pas le suivre, sauf dans de petits bateaux avec lesquels il pouvait traiter. Là, il mit le feu à ses navires et resta à leurs côtés jusqu'à ce qu'il soit assuré qu'ils exploseraient avec leurs drapeaux flottants. Il se retira ensuite à Crown Point à travers les bois, « malgré les sauvages » ; une phrase qui conclut ce singulier concours aquatique avec une touche surannée de couleur locale.

En trois jours de combat et de retraite, les Américains avaient perdu une goélette, deux galères et sept gondoles, soit en tout dix navires sur quinze. Le nombre des tués et des blessés s'élevait à plus de quatre-vingts, dont une vingtaine dans la galère d'Arnold. Les forces initiales, au nombre de sept cents, avaient été décimées. Compte tenu de sa matière première et de la récence de son organisation, les mots ne peuvent guère exagérer l'héroïsme de la résistance, qui dépendait sans doute principalement des qualités militaires personnelles du chef. Les pertes britanniques en tués et blessés ne dépassèrent pas quarante.

La petite marine américaine sur Champlain fut anéantie ; mais jamais aucune force, grande ou petite, n'avait vécu plus utilement ou n'était morte plus glorieusement, car elle avait sauvé le lac cette année-là. Quelles que soient les déductions que l'on puisse faire pour les erreurs et les circonstances de toutes sortes qui ont rendu la campagne britannique de 1777 avortée et désastreuse, conduisant ainsi directement à l'alliance américaine avec la France en 1778, le retard, avec tout ce qu'il impliquait, a été obtenu par le Campagne des Lacs de 1776. Le 15 octobre, deux jours après la défaite finale d'Arnold, Carleton date une lettre à Douglas provenant d'avant Crown Point, d'où la garnison américaine fut retirée. Une semaine plus tard, Riedesel arriva et écrivait que « si toute notre armée était ici, il serait facile de chasser l'ennemi de ses retranchements » à Ticonderoga et, comme cela a déjà été cité, quatre semaines plus tôt auraient assuré sa chute. . Ce n'est qu'une coïncidence s'il n'a fallu que quatre semaines pour installer l' *Inflexible* à St. John's ; mais cela caractérise toute l'histoire. Sans la flottille d'Arnold, les deux goélettes britanniques auraient réglé l'affaire. « Dans l'ensemble, monsieur », écrit Douglas dans sa dernière lettre de Québec avant de s'embarquer pour l'Angleterre, « je n'ose pas dire que si le général Carleton ne m'avait pas autorisé à prendre la mesure extraordinaire d'envoyer l' *Inflexible* de Québec, les choses auraient pu cette année, aucune conclusion n'a été aussi glorieuse sur le lac Champlain. Douglas montra en outre l'importance attachée à ce succès par les hommes de cette époque, en envoyant un message spécial à l'ambassadeur britannique à Madrid, « supposant que la connaissance précoce de ce grand événement dans les régions méridionales de l'Europe pourrait être avantageuse pour Sa Majesté. service." Les nombreuses récompenses accordées permettent de déduire que l'opinion du gouvernement était similaire. Carleton fut nommé chevalier du Bain et Douglas baronnet.

La bravoure manifestée par les deux camps sur le lac Champlain en 1776 ressort clairement du récit qui précède. En ce qui concerne la direction des mouvements, l'habileté des deux chefs, le même crédit ne peut être attribué. Ce fut une très grave erreur, le 11 octobre, que de courir sous le vent, en dépassant un ennemi caché, sans être détecté, sur des eaux aussi parfaitement connues que celles de Champlain ; il a été le théâtre de fréquentes opérations britanniques lors des guerres précédentes. Pour cette raison, « le *Maria* , en raison de sa situation éloignée (d'où l' *Inflexible* et *le Carleton* avaient chassé par signal) lorsque les rebelles ont été découverts pour la première fois, et des vents déroutants, n'a pas pu entrer en action rapprochée ». [13] Pour la même raison, l' *Inflexible* n'a pas pu soutenir le *Carleton* . Les Américains, globalement nettement inférieurs, furent ainsi autorisés à concentrer leurs forces supérieures sur une partie de leurs ennemis. Il est inutile de s'étendre sur l'incident mortifiant de l'évasion d'Arnold ce soir-là. Comparer les petites choses aux grandes, ce qui est toujours profitable en analyse militaire, cela ressemblait à la fuite de Hood loin de De Grasse à Saint-Kitts. [14]

Benoît Arnold

En termes de conduite et de courage, le comportement d'Arnold a été excellent tout au long. Sans s'étendre sur l'énergie qui a créé la flottille et la largeur de vue qui a suggéré des préparatifs qu'il ne pouvait pas imposer, l'admiration est due à sa reconnaissance du fait - implicite dans les actes, bien que non exprimé en paroles - que l'utilisation unique de la Marine était de contester le contrôle de l'eau; d'imposer des délais, même s'il ne pouvait pas assurer la victoire finale. Aucun mot ne saurait dire plus clairement que ses actes que, dans les conditions existantes, la marine était inutile, sauf dans la mesure où elle contribuait à cet objectif ; sans valeur, s'il est enterré au port. C'est là que repose le mérite de son avance audacieuse dans les passages inférieurs ; là-dessus son choix de la forte position défensive de Valcour ; sur ce, son refus de battre en retraite, comme le pressait Waterbury, lorsque toutes les forces de l'ennemi étaient révélées, décision justifiée, ou plutôt illustrée, par les avantages que les accidents de la journée mettaient entre ses mains. Sa bravoure personnelle y était remarquable comme à tout moment de sa vie. « Ses compatriotes, » disait un généreux ennemi de l'époque, « se glorifiaient surtout de l'attention dangereuse qu'il prêtait à un joli point d'honneur, en gardant son drapeau flottant et en ne quittant sa galère que lorsqu'elle était en flammes, de peur que l'ennemi aurait dû monter à bord et le heurter. Ce n'est pas le moindre des torts causés à sa nation au cours des années suivantes, qu'il ait fait taire cette vantardise et effacé ce glorieux record par une si noire infamie.

Avec la destruction de la flottille se termine l'histoire navale des Lacs pendant la guerre de la Révolution américaine. Satisfait qu'il soit trop tard pour attaquer Ticonderoga cette année-là, Carleton se retira à St. John's et prit ses quartiers d'hiver. L'année suivante, l'entreprise reprit sous la direction du général Burgoyne ; mais Sir William Howe, au lieu de coopérer en remontant l'Hudson, ce qui était le plan de 1776, porta son armée dans la baie de Chesapeake, pour agir de là contre Philadelphie. Burgoyne prit Ticonderoga et força son chemin jusqu'à Saratoga, à soixante milles de Ticonderoga et trente d'Albany, où Howe aurait dû le rencontrer. Là, il fut arrêté par l'armée que les Américains avaient rassemblée, se trouva incapable d'avancer ou de battre en retraite et fut contraint de déposer les armes le 17 octobre 1777. La garnison qu'il avait laissée à Ticonderoga et Crown Point se retira. au Canada, et les postes furent réoccupés par les Américains. Aucune autre compétition n'eut lieu sur le lac, bien que les navires britanniques en restèrent le contrôle et se montrèrent de temps en temps jusqu'en 1781. Avec le déclenchement de la guerre entre la Grande-Bretagne et la France, en 1778, la scène des intérêts maritimes changea à l'eau salée, et il y est resté jusqu'à la fin

Note de bas de page 1 :

Dans la représentation habituelle des cartes, le nord est en haut et le mouvement vers le nord est communément appelé vers le haut. Il faut donc garder à l'esprit que le débit d'eau du lac George vers le Saint-Laurent, bien que se dirigeant vers le nord, est *en baisse* .

Note de bas de page 2 :

Ensuite capitaine de la flotte (chef d'état-major) à Rodney dans sa grande campagne de 1782. *Post*, p. 222. Il mourut contre-amiral et baronnet en 1789.

Note de bas de page 3 :

Italique de l'auteur.

Note de bas de page 4 :

Souvenir, iv. 291.

Note de bas de page 5 :

Le radeau avait six pièces de 24, six pièces de 12 et deux obusiers ; la télécabine, sept pièces de 9 livres. Les détails de l'armement proviennent des lettres de Douglas.

Note de bas de page 6 :

Par des rapports américains. Beatson donne le chiffre de 13 357 hommes envoyés au printemps 1776. ("Mil. et Nav. Mémoires", vi. 44.)

Note de bas de page 7 :

Les lettres de Douglas.

Note de bas de page 8 :

Douglas pensait que l'apparition de l' *Inflexible* était une surprise totale ; mais Arnold avait été informé qu'un troisième navire, plus gros que les goélettes, était en cours d'installation. Avec un homme de son caractère, il est impossible de savoir avec certitude, d'après ses lettres à son supérieur, ce qu'il savait ou ce qu'il a caché.

Note de bas de page 9 :

appelé North Hero.

Note de bas de page 10 :

La lettre de Douglas. L' *Isis* et le *Blonde* étaient des navires de l'escadre britannique commandée par Douglas, alors stationnée dans le Saint-Laurent. Les officiers nommés étaient temporairement au service du lac.

Note de bas de page 11 :

Sandwich, Premier Lord de l'Amirauté, à Pellew.

Note de bas de page 12 :

Beatson, "Nav. and Mil. Memoirs", dit deux heures.

Note de bas de page 13 :

Les lettres de Douglas. La phrase est maladroite, mais soigneusement comparée à la copie entre les mains de l'auteur. Douglas dit, à propos des détails qu'il donne, « qu'ils ont été recueillis avec la plus scrupuleuse circonspection ».

Note de bas de page 14 :

Message , p. 205.

CHAPITRE II

ACTION NAVALE À BOSTON, CHARLESTON, NEW YORK ET NARRAGANSETT BAY — OPÉRATIONS TERRESTRE ASSOCIÉES JUSQU'À LA BATAILLE DE TRENTON
1776

Le conflit qui s'ouvre entre la Grande-Bretagne et ses colonies nord-américaines enseigne clairement la nécessité, trop rarement reconnue dans la pratique, que lorsqu'un État décide de recourir à la force, celle-ci soit adéquate dès le départ. Cela s'applique tout autant aux politiques nationales lorsque la nation a l'intention de les maintenir à tout prix. La doctrine Monroe, par exemple, est une telle politique ; mais à moins qu'une préparation adéquate et constante ne soit également maintenue, la politique elle-même n'est qu'une vaine forme de discours. C'est dans la préparation préalable, sinon uniformément, que les États-Unis ont échoué. Il vaut mieux être beaucoup trop fort qu'un peu trop faible. Compte tenu du caractère évident des colons du Massachusetts, la force serait nécessaire pour exécuter le Boston Port Bill et les mesures qui l'accompagnent de 1774 ; pour le Port Bill surtout, force navale. Les ravitaillements de 1775 n'accordèrent que 18 000 marins, soit 2 000 de moins que l'année précédente. Pour 1776, 28 000 marins furent votés, et le total des crédits passa de 5 556 000 £ à 10 154 000 £ ; mais il était alors trop tard. Boston fut évacuée par l'armée britannique, forte de 8 000 hommes, le 17 mars 1776 ; mais déjà, depuis plus de six mois, l'esprit de révolte qui s'étendait dans les treize colonies était encouragé par la vue de l'armée britannique enfermée dans la ville, souffrant du manque de produits de première nécessité, tandis que l'armée coloniale qui la bloquait pouvait maintenir sa position, parce que des navires chargés de provisions pour l'un étaient capturés et que les cargaisons étaient détournées à l'usage de l'autre. S'assurer des communications libres et abondantes pour soi-même et interrompre celles de l'adversaire sont parmi les premières exigences de la guerre. Pour exécuter les mesures du gouvernement britannique, il fallait une force navale qui non seulement devait protéger l'approche de ses propres transports vers la baie de Boston, mais aussi empêcher l'accès à tous les ports côtiers d'où des fournitures pourraient être acheminées à l'armée de blocus. Autant s'en faut, l'escadre n'était pas égale, ni en nombre ni en qualité, au travail à accomplir autour de Boston ; et ce n'est qu'en octobre 1775 que l'amiral fut autorisé à capturer des navires marchands coloniaux, qui allaient et venaient donc sans encombre hors de Boston, transportant souvent des provisions qui se dirigeaient vers l'armée de Washington.

Après avoir évacué Boston, le général Howe se retira à Halifax, pour y attendre l'arrivée des renforts, tant militaires que navals, ainsi que de son frère, le vice-amiral Lord Howe, nommé pour commander la station nord-américaine. Le général Howe commandait en chef les forces sur tout le territoire s'étendant de la Nouvelle-Écosse à la Floride occidentale ; d'Halifax à Pensacola. La première opération de la campagne devait être la réduction de New York.

Le gouvernement britannique, cependant, avait plusieurs objectifs en vue et se laissa distraire de la poursuite résolue d'une grande entreprise vers d'autres opérations subsidiaires, pas toujours concentriques. On peut se demander si le contrôle de la ligne de l'Hudson et du lac Champlain aurait dû être recherché au moyen d'opérations commençant aux deux extrémités ; le fait que les Américains étaient de retour à Crown Point au début de juillet 1776 et que les 13 000 hommes de Carleton n'allèrent pas plus loin que St. John's cette année-là suggèrent que la plus grande partie de cette dernière force aurait été mieux employée à New York. et du New Jersey que de Champlain. Quoi qu'il en soit, le détournement vers les Carolines d'un troisième corps, respectable par le nombre, n'est guère justifiable sur des bases militaires. Le gouvernement y fut poussé par l'attente d'un soutien local de la part des royalistes. Il est certain qu'il y en avait beaucoup dans les deux Carolines ; mais si les opérations militaires doivent tenir compte des conditions politiques, celles-ci ne doivent pas outrepasser les principes élémentaires de l'art militaire. On dit que le général Howe désapprouvait ce mouvement excentrique.

La force destinée aux côtes sud se rassembla à Cork vers la fin de 1775 et partit de là en janvier 1776. Les troupes étaient commandées par Lord Cornwallis, l'escadron par le premier patron de Nelson, le commodore Sir Peter Parker, dont le large fanion était hissé sur à bord du *Bristol*, 50. Après un passage mouvementé, l'expédition arriva en mai au large de Cape Fear en Caroline du Nord, où elle fut rejointe par deux mille hommes sous les ordres de Sir Henry Clinton, l'aîné de Cornwallis, que Howe, par ordre du gouvernement, avait détaché vers le sud. en janvier. Dès l'apparition de Clinton, les royalistes de Caroline du Nord s'étaient soulevés, dirigés par le mari de Flora Macdonald, dont le nom trente ans auparavant avait été associé de manière romantique à la fuite du jeune prétendant d'Écosse. Elle avait ensuite émigré en Amérique. Le soulèvement avait cependant été réprimé et Clinton n'avait pas jugé opportun de tenter une invasion sérieuse, face à l'importante force rassemblée pour lui résister. À l'arrivée de Parker, il fut décidé de tenter une tentative sur Charleston, en Caroline du Sud. La flotte quitta donc Cape Fear le 1er juin et jeta l'ancre le 4 au large de Charleston Bar.

Le port de Charleston s'ouvre entre deux des îles maritimes qui bordent les côtes de la Caroline du Sud et de la Géorgie. Au nord se trouve l'île Sullivan, au sud l'île James. Le bar de l'entrée principale n'était pas à la hauteur de l'embouchure du port, mais à quelque distance au sud de celle-ci. À l'intérieur de la barre, le canal tournait vers le nord et menait de là près de l'île Sullivan, dont l'extrémité sud fut donc choisie comme site du fort grossier construit à la hâte pour faire face à cette attaque, et appelé plus tard Fort Moultrie, du nom du commandant. Dans ces conditions, un vent du sud était nécessaire pour mettre les navires en action. Après avoir sondé et balisé la barre, les transports et frégates traversèrent le 7 et jetèrent l'ancre à l'intérieur ; mais comme il fallut retirer quelques canons *du Bristol*, il ne put le suivre que le 10. Le 9, Clinton avait débarqué en personne avec cinq cents hommes, et le 15, toutes les troupes avaient débarqué sur Long Island, immédiatement au nord de celle de Sullivan. Il était entendu que l'entrée entre les deux était guéable, permettant aux troupes de coopérer à l'attaque navale, par diversion ou autrement ; mais cela s'est avéré être une erreur. Le passage avait sept pieds de profondeur à marée basse, et il n'y avait aucun moyen de traverser ; par conséquent, un petit détachement américain dans les broussailles de l'île suffisait pour arrêter tout mouvement dans ce quartier. Les combats se limitèrent donc à la canonnade du fort par les navires.

Des circonstances non entièrement expliquées ont amené l'attaque à être fixée au 23 ; un retard inopportun, pendant lequel les Américains renforçaient leurs défenses encore très imparfaites. Le 23, le vent était défavorable. Le 25, l' *Experiment* , 50 hommes, arriva, franchit la barre et, après avoir repris ses armes, était prêt à se joindre à l'assaut. Le 27, à 10 heures du matin, les navires partirent avec une brise du sud-est, mais celle-ci se déplaça peu après vers le nord-ouest, et ils durent mouiller de nouveau, environ un mille plus près de l'île de Sullivan . Le lendemain, le vent se leva et l'attaque fut faite.

De plan, le fort Moultrie était carré, avec un bastion à chaque angle. Dans la construction, les côtés étaient des rondins de palmier nain, assemblés en queue d'aronde et boulonnés ensemble, posés en rangées parallèles, espacées de seize pieds ; l'espace intermédiaire étant rempli de sable. Au moment de l'engagement, les fronts sud et ouest étaient terminés ; les autres fronts n'avaient que sept pieds de haut, mais surmontés de planches épaisses, pour résister à l'escalade. Trente et un canons étaient en place, de 18 et 9 livres, dont vingt et un sur la face sud, commandant le chenal. À l'intérieur se trouvait une traversée est-ouest, protégeant les artilleurs des tirs venant de l'arrière ; mais il n'y avait pas une telle couverture contre les tirs en enfilade, au cas où un navire ennemi dépasserait le fort et jetterait l'ancre au-dessus. « L'opinion générale avant l'action, dit Moultrie, et surtout parmi les marins, était que deux frégates suffiraient pour renverser la ville, malgré nos batteries.

Parker a peut-être partagé cette impression, et cela peut expliquer sa lenteur. Lorsque l'action commença, la garnison ne disposait que de vingt-huit cartouches pour chacun des vingt-six canons, mais cette carence était inconnue des Britanniques.

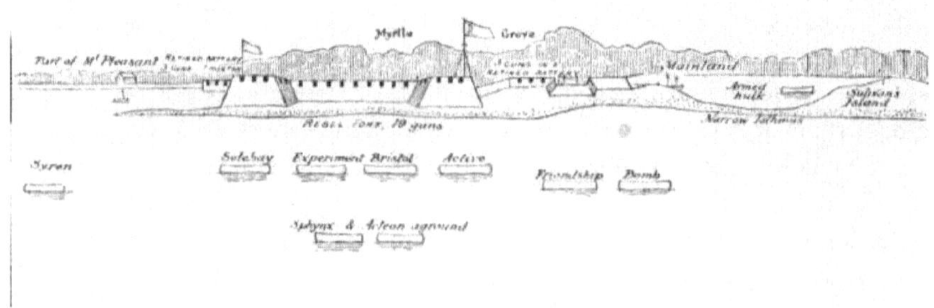

Attaque du fort Moultrie en 1776

Le plan de Parker était que les deux frégates 50, *Bristol* et *Experiment*, et deux frégates de 28 canons, l'*Active* et la *Solebay*, devraient engager le front principal ; tandis que deux frégates de la même classe, l'*Actæon* et le *Syren*, avec une corvette de 20 canons, le *Sphinx*, devraient passer le fort, ancrant à l'ouest, en amont, pour protéger les navires lourds contre les pompiers, ainsi que comme pour enfiler la principale batterie américaine. L'attaque principale devait être en outre soutenue par un navire bombardier, le *Thunder*, accompagné du transport armé *Friendship*, qui devait prendre position au sud-est du bastion est du front engagé du fort. L'ordre de peser fut donné à 10 h 30, alors que la marée était bien descendue ; et à 11 h 15, l'*Active*, le *Bristol*, l'*Experiment* et le *Solebay*, ancrés en ligne devant, dans l'ordre indiqué, l'*Active* vers l'est. Ces navires semblent avoir pris leur place adroitement sans confusion, et leur feu, qui s'ouvrit aussitôt, fut rapide, bien soutenu et bien dirigé ; mais leur situation souffrait d'un défaut radical : soit par manque d'eau, soit par crainte d'échouage, ils étaient trop éloignés des travaux pour utiliser efficacement le raisin. Les flancs des navires étant beaucoup plus faibles que ceux des ouvrages à terre, tandis que leurs canons étaient beaucoup plus nombreux, le secret du succès était de s'approcher suffisamment pour abattre le feu ennemi par une multitude de projectiles. Le vaisseau-bombe *Thunder* ancré dans la situation qui lui était assignée ; mais ses obus, bien que bien visés, étaient inefficaces. "La plupart d'entre eux sont tombés à l'intérieur du fort", rapporte Moultrie, "mais nous avions un marécage au milieu, qui les a engloutis instantanément, et ceux qui sont tombés dans le sable ont été immédiatement enterrés." Au cours de l'action, le lit de mortier s'est brisé, désactivant la pièce.

En raison de la rareté des munitions dans le fort, la garnison reçut l'ordre formel de ne pas engager à des distances supérieures à quatre cents mètres. Quatre ou cinq coups de feu furent lancés sur l'*Active*, alors qu'il était encore sous voiles, mais à cette exception près, le fort garda le silence jusqu'à ce que les navires mouillent, à une distance estimée par les Américains à trois cent cinquante mètres. Le mot fut alors passé le long de la plate-forme : « Attention au Commodore ; attention aux deux navires de 50 canons », ordre qui fut strictement obéi, comme le montrent les pertes. La protection de l'ouvrage s'est avérée presque parfaite, ce qui a sans doute contribué à la fraîcheur et à la précision du feu, indispensables avec des moyens aussi déficients. La texture du bois de palmier nain permettait aux billes de s'y enfoncer doucement sans se briser, de sorte que le parement de l'œuvre tenait bien. Parfois, lorsque trois ou quatre bordées frappaient ensemble, les merlons tremblaient de telle sorte que Moultrie craignait qu'ils n'entrent physiquement ; mais ils résistèrent, et la petite perte infligée fut principalement due aux embrasures. Le mât étant abattu, tombant dehors dans le fossé, un jeune sergent, nommé Jasper, se distingua en sautant après lui, en récupérant et en hissant les couleurs sous un feu nourri.

Dans l'escadron, on fit preuve d'une égale bravoure dans des circonstances qui exigeaient beaucoup d'endurance. Quelle que soit l'estimation de Parker de la valeur des défenses, aucune trace de vaine confiance n'apparaît dans ses dispositions, qui étaient minutieuses et prudentes, alors que l'exécution de l'attaque principale était habile et vigoureuse ; mais les équipages, s'attendant à une victoire facile, s'étaient trouvés confrontés à une résistance et à un châtiment aussi sévères que ceux endurés par les principaux navires à Trafalgar, et bien plus prolongés. De telles conditions imposent à la ténacité des hommes l'épreuve supplémentaire de la surprise et de la déconfiture. L'*Expérience*, bien que très petite pour un navire de ligne, perdit 23 tués et 56 blessés, sur un total ne dépassant probablement pas 300 ; tandis que le *Bristol*, ayant le ressort tiré, basculait la tête vers le sud et la poupe vers le fort, subissant pendant longtemps un feu ratissant auquel il ne pouvait guère répondre. Trois tentatives différentes pour remplacer le ressort furent faites par M. James Saumarez, plus tard le distingué amiral Lord de Saumarez, alors aspirant, avant que le navire ne soit soulagé de ce grave inconvénient. Sa perte était de 40 tués et 71 blessés ; pas un homme ne s'échappa de ceux stationnés sur la dunette au début de l'action. Parmi les blessés se trouvait le commodore lui-même, dont le sang-froid héroïsme devait être singulièrement remarquable, d'après l'attention qu'il attirait dans un service où une telle allure n'était pas rare. Un jour que la dunette était dégagée et qu'il se tenait seul sur l'échelle de dunette, Saumarez lui suggéra de descendre ; mais il répondit en souriant : "Tu veux te débarrasser de moi, n'est-ce pas ?" et a refusé de bouger. Le capitaine du navire, John Morris, a été mortellement blessé. Avec une modestie louable, Parker se présenta seulement comme étant légèrement meurtri ; mais des déserteurs affirmèrent que depuis quelques jours il avait besoin de l'aide de deux hommes pour marcher, et que son pantalon lui avait été arraché par balle ou par éclats. La perte sur les autres navires n'était que d'un tué et de 14 blessés. Les Américains comptaient 37 morts et blessés.

Les trois navires chargés d'enfiler le front principal du fort ne se sont pas mis en position. Ils ont couru sur un terrain intermédiaire, en raison, a rapporté Parker, de l'ignorance des pilotes. Deux s'étaient commis des fautes avant de frapper. Ayant pris le fond à marée montante, deux d'entre eux flottèrent en quelques heures et se retirèrent ; mais le troisième, l' *Actæon* , 28 ans, tenant bon, fut incendié et abandonné par ses officiers. Avant qu'elle n'explose, les Américains sont montés à bord, sécurisant ses couleurs, sa cloche et quelques autres trophées. "Si ces navires avaient atteint leur objectif", rapporta Moultrie, "ils nous auraient chassés de nos canons."

La division principale a tenu bon longtemps après la tombée de la nuit, tirant la plupart du temps, mais s'arrêtant de temps en temps. Au bout de deux heures, on avait constaté que le fort répondait très lentement, ce qui était attribué au fait qu'il était envahi, plutôt qu'à la cause réelle, à savoir la nécessité d'économiser les munitions. Pour la même raison, il resta entièrement silencieux de 15 h 30 à 18 heures, lorsque le feu reprit avec seulement deux ou trois canons, d'où Parker supposa que le reste avait été démonté. Les Américains furent retenus tout au long de l'engagement par la crainte d'épuiser entièrement leurs maigres réserves.

"Vers 21 heures", rapporta Parker, "il faisait très sombre, une grande partie de nos munitions épuisées, les gens étaient fatigués, la marée descendante était presque terminée, aucune perspective venant de l'est (c'est-à-dire de l'armée) et aucune possibilité de notre étant d'une quelconque utilité, j'ai ordonné aux navires de se retirer à leurs anciens amarres. Outre les pertes parmi l'équipage et les graves dommages à la coque, le grand mât *du Bristol* , avec neuf boulets de canon, dut être raccourci, tandis que le mât d'artimon fut condamné. Le préjudice causé aux frégates était sans importance, car la garnison les négligeait.

La bataille du port de Charleston, première compétition sérieuse à laquelle des navires prirent part dans cette guerre, ressemble génériquement à la bataille de Bunker's Hill, par laquelle la guerre terrestre régulière s'était ouverte un an auparavant. Tous deux illustrent la difficulté et le danger d'une attaque de front, sans couverture, contre une position fortifiée, et l'avantage conféré même à des hommes non entraînés, s'ils sont naturellement calmes, résolus et intelligents, non seulement par la protection d'un ouvrage, mais aussi par celui-ci. peut être poussé, par la reconnaissance d'une ligne tangible à laquelle tenir et à abandonner, ce qui signifie défaite, déshonneur et désastre. C'est une grande tâche pour des hommes inexpérimentés de reconnaître dans leur environnement quelque chose qui donne l'unité d'un objectif commun, et donc la cohérence que confère la discipline. Bien qu'il n'y ait dans les dispositions de Parker rien qui puisse être sérieusement critiqué, rien qui puisse être attribué à une sous-évaluation de son adversaire, et bien qu'il ait également de bonnes raisons d'attendre de l'armée une coopération active qu'il n'a pas obtenue, il est probable que il fut très surpris, non seulement de la ténacité de la résistance américaine, mais aussi de l'efficacité de leur tir. Il ressentait sans aucun doute la méfiance traditionnelle et naturelle – et, pour la plupart, la méfiance justifiée – avec laquelle l'expérience et la pratique considèrent l'inexpérience. Certains marins d'origine américaine, qui servaient sur le *Bristol*, désertèrent après le combat. Ils ont rapporté que son équipage avait déclaré : « On nous a dit que les Yankees ne supporteraient pas deux tirs, mais nous n'avons jamais vu de meilleurs gars ; » et quand le feu du fort s'éteignait et que les uns criaient : « Ils ont fini de se battre », d'autres répondaient : « Par Dieu, nous en sommes heureux, car nous n'avons jamais eu une telle raclée de notre vie. « Tous les hommes ordinaires de la flotte faisaient l'éloge de la garnison à haute voix », note d'admiration si fréquente chez les ennemis généreux que nous pouvons être assurés qu'elle se répercutait également sur le gaillard d'avant. Ils pouvaient se le permettre, car leur propre bilan ne comportait aucune tache autre que la mortification naturelle de la défaite ; ils ne bronchèrent pas devant la gravité de leurs pertes, même si un certain nombre de leurs hommes étaient relativement bruts, des volontaires des transports, dont les équipages s'étaient présentés presque comme un seul homme lorsqu'ils savaient que les effectifs des navires manquaient à cause de la maladie. Edmund Burke, un ami des deux camps, avait raison de dire que « jamais la vaillance britannique n'a brillé plus ostensiblement, et nos navires dans un engagement de même nature n'ont pas connu une rencontre aussi sérieuse ». Il y eut plusieurs postes vacants pour les lieutenants ; et, de même que la bataille du lac Champlain donna à Pellew sa première commission, celle du port de Charleston donna la sienne à Saumarez, qui fut nommé lieutenant du *Bristol* par Parker. Deux ans plus tard, lorsque le navire partit pour la Jamaïque, il fut suivi sur son gaillard d'arrière par Nelson et Collingwood, qui reçurent également une promotion de la même main.

L'attaque du fort Moultrie n'a pas repris. Après les réparations nécessaires, les navires de guerre avec les troupes se rendirent à New-York, où ils arrivèrent le 4 août, et participèrent aux opérations de réduction de cette place sous la direction des deux Howe.

L'occupation du port de New York et la prise de la ville furent les succès britanniques les plus remarquables de l'été et de l'automne 1776. Tandis que Parker et Clinton rencontraient la défaite à Charleston et qu'Arnold hâtait la préparation de sa flottille sur Champlain, les deux frères, le général Sir William Howe et l'amiral Lord Howe, arrivaient dans la baie de New York, investis non seulement des pouvoirs propres aux commandants des grandes flottes et armées, mais aussi de l'autorité de commissaires à la paix, pour négocier un accord à l'amiable. arrangement avec les colonies révoltées.

Sir William Howe attendait depuis quelque temps à Halifax l'arrivée des renforts attendus, mais finalement fatigué, il s'embarqua de là le 10 juin 1776, avec l'armée alors en main. Le 25, il atteint lui-même Sandy Hook, l'entrée de la baie de New York, après avoir précédé les transports sur une frégate. Le 29, au lendemain de la repoussée de Parker au fort Moultrie, les troupes arrivèrent ; et le 3 juillet, date à laquelle Arnold, se retirant du Canada, atteignit Crown Point, les Britanniques débarquèrent à Staten Island, qui est du côté ouest de la baie inférieure. Le 12, arriva l' *Aigle* , 64 ans, portant le drapeau de Lord Howe. Cet officier était très estimé des Américains pour ses qualités personnelles et pour son attitude à leur égard dans le présent conflit, ainsi que pour la mémoire de son frère, qui s'était beaucoup fait aimer d'eux lors de la campagne de 1758, lorsqu'il était tombé près du lac Champlain; mais la mesure décisive de la déclaration de leur indépendance avait déjà été prise, le 4 juillet, huit jours avant l'arrivée de l'amiral. Un mois a été consacré à des tentatives infructueuses de négociation avec le nouveau gouvernement, sans reconnaître aucun caractère officiel à ses représentants. Pendant ce temps, cependant, tout en s'abstenant d'opérations décisives, les croiseurs furent maintenus en mer pour intercepter les commerçants américains, et l'amiral, immédiatement après son arrivée, envoya quatre navires de guerre vingt-cinq milles en amont de la rivière Hudson, jusqu'à Tarrytown. Cet escadron était commandé par Hyde Parker, qui devint ensuite, en 1801, commandant en chef de Nelson à Copenhague. Le service s'effectua sous une formidable canonnade de toutes les batteries des deux rives, mais les navires ne purent être arrêtés. Vers la mi-août, il était évident que les Américains n'accepteraient aucune condition que les Howe pourraient offrir, et il devint nécessaire de tenter une coercition par les armes.

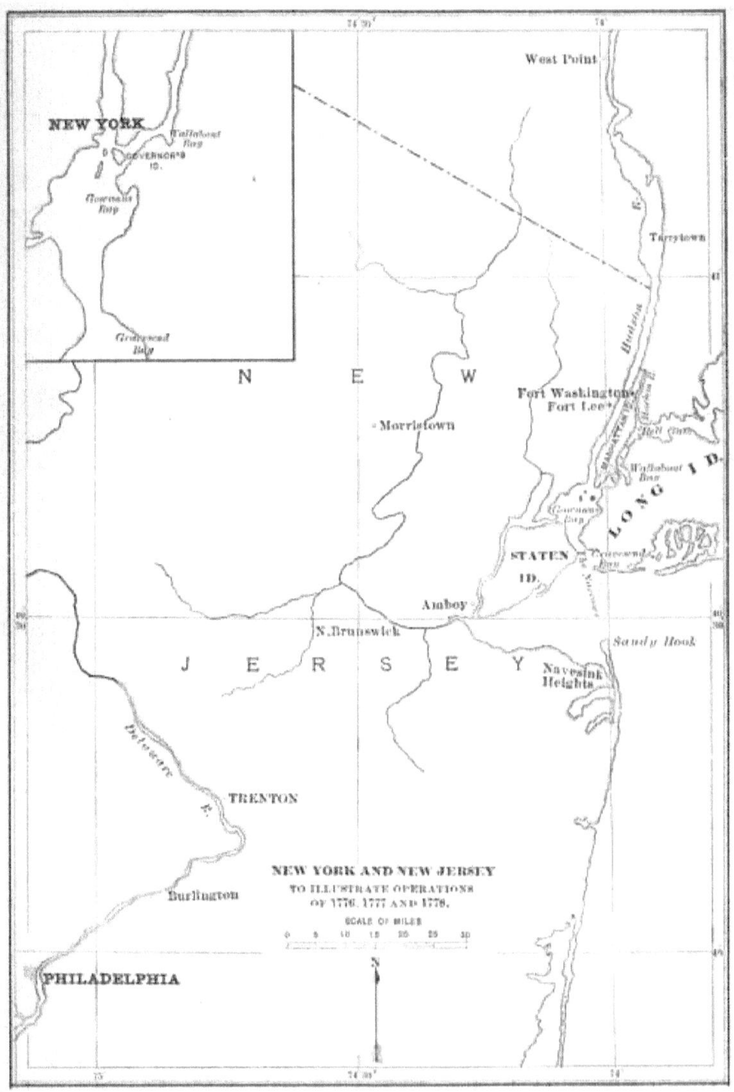

New York et New Jersey : pour illustrer les opérations de 1776, 1777 et 1778

Dans la réduction de New York en 1776, le rôle joué par la marine britannique, en raison de la nature de la campagne en général et des forces ennemies en particulier, fut de ce caractère discret qui occulte le fait que sans la marine, les opérations pourraient n'ont pas été entrepris du tout et que la Marine y a joué le rôle de base d'opérations et de ligne de communication. Comme les fondations d'un édifice, ces éléments échappent à l'attention superficielle et sont par conséquent moins généralement appréciés que les brillants combats qui se déroulent sur le front, à l'entretien desquels ils sont toujours indispensables. Par conséquent, quel que soit l'intérêt que peut revêtir l'une ou l'ensemble des affaires mineures qui, dans leur ensemble, constituent l'action de la force navale dans de telles circonstances, l'historien des opérations majeures se borne nécessairement à indiquer l'effet général général de l'action de la force navale dans de telles circonstances. puissance navale sur la question. La meilleure façon d'y parvenir est de tracer les grandes lignes de la scène d'action, des mouvements combinés et de l'influence de la Marine dans les deux cas.

Le port de New York se divise en deux parties, la baie supérieure et la baie inférieure, reliées par un passage appelé le Narrows, entre les îles Long et Staten, sur cette dernière desquelles campaient les troupes britanniques. Long Island, qui forme la rive orientale des Narrows, s'étend à l'est-nord-est sur cent dix milles, enfermant entre elle et le continent une large nappe d'eau appelée Long Island Sound, qui atteint presque la baie de Narragansett. Ce dernier, étant un bon mouillage, entrait également dans le plan d'opérations britannique, comme élément essentiel d'une campagne maritime côtière. Le détroit de Long Island et la partie supérieure de la baie de New York sont reliés par un passage tortueux et difficile, connu sous le nom d'East River, long de huit ou dix milles et, à cette époque, large de près d'un mille 15 au large de la ville de New York. Au point où l'East River rejoint la baie de New York, la rivière Hudson, un estuaire large de près de deux milles, entre également par le nord, circonstance qui lui a valu le nom alternatif de rivière du Nord. Près de leur confluent se trouve l'île du Gouverneur, à 800 mètres en contrebas de la ville, située au centre pour commander les entrées des deux. Entre les rivières de l'Est et du Nord, avec leurs directions générales nord et est-nord-est, s'étend une longue bande de terre qui se rétrécit progressivement vers le sud. L'extrémité de cette péninsule, telle qu'elle serait autrement, est transformée en une île, d'une longueur moyenne d'environ huit milles, par la rivière Harlem, cours d'eau étroit et partiellement navigable reliant les rivières de l'Est et du Nord. À l'extrême sud de cette île, appelée Manhattan, se trouvait alors confinée la ville de New York.

Comme les rivières de l'Est et du Nord étaient navigables pour les grands navires, la première partout, la seconde sur plus de cent milles au-dessus de son embouchure, il était évident que le contrôle de l'eau devait jouer un grand rôle dans les opérations guerrières dans tout le district décrit. Avec les forces limitées dont disposait Washington, il avait été incapable de pousser les défenses de la ville aussi loin vers le front qu'il l'aurait souhaité. La baie inférieure était détenue par la marine britannique et Staten Island avait été abandonnée, nécessairement, sans résistance, abandonnant ainsi la solide position défensive des Narrows. Les lignes furent ainsi reliées au voisinage immédiat de New York lui-même. De petits ouvrages isolés longeaient les rives de l'île de Manhattan, et une ligne de redoutes la traversait, suivant le cours d'un petit ruisseau qui la divisait alors en partie, à un mille de l'extrémité sud. Governor's Island était également occupée comme avant-poste. D'une force plus intrinsèque, mais sans inquiétude au début , de puissants ouvrages avaient été érigés de chaque côté de la rivière du Nord, sur des hauteurs dominantes de huit milles au-dessus de New York, pour disputer le passage des navires.

La faiblesse cruciale de ce système de défense était que la rive de Long Island, en face de la ville, était beaucoup plus haute que celle de Manhattan. Si cette hauteur était conquise, la ville et tout ce qui se trouvait en dessous devenaient intenables. Ici se trouvait donc la clé de la position et le poste principal des troupes américaines. Pour sa protection, une ligne d'ouvrages fut érigée, dont les flancs reposaient sur Wallabout Bay et Gowanus Cove, deux échancrures dans les côtes de Long Island. Ces Washington comptaient neuf mille des dix-huit mille hommes sous son commandement. Avec l'arrivée de trois divisions de troupes hessoises, l'armée de Howe comptait désormais plus de trente-quatre mille hommes, auxquels Clinton en fit venir trois mille de plus avant Charleston. [16]

Le 22 août, les Britanniques passèrent de Staten Island à Gravesend Bay, sur la rive de Long Island, dans les Narrows. La Marine assurait le débarquement et le transport des troupes était sous la responsabilité du commodore William Hotham, qui, dix-neuf ans plus tard, était le commandant en chef de Nelson en Méditerranée. A midi, quinze mille hommes et quarante canons de campagne avaient été transportés et déposés à terre. La force des Américains ne permit que peu d'opposition à l'avancée britannique ; mais le général Howe était prudent et facile à vivre, et ce n'est que le 27 que l'armée, maintenant portée à vingt-cinq mille hommes, se trouva assez en avant des lignes américaines, après avoir tué, blessé et pris environ 1,500 hommes. Dans l'espoir que Howe serait tenté de prendre d'assaut la position, Washington les remplaça par deux mille soldats tirés de ses maigres effectifs ; mais son adversaire, qui avait tenu un rôle distingué à Bunker's Hill, retint ses troupes, avides de l'assaut. Les Américains se tenaient maintenant dos à un courant de marée rapide, large de près d'un mile, avec seulement une faible ligne d'ouvrages entre eux et un ennemi plus du double de leur nombre.

Le 27 au matin, Sir Peter Parker, avec un navire de 64 canons, deux canons de 50 et deux frégates, tenta de progresser jusqu'à New York, en vue de soutenir le flanc gauche de l'armée ; mais le vent soufflait du nord, et, la marée descendante faisant son apparition, les navires ne s'approchèrent qu'à trois milles de la ville. Heureusement pour les Américains, ils ne purent ou ne voulurent aller plus loin les deux jours suivants. À la tombée de la nuit du 28, Howe a inauguré des approches régulières. Washington, voyant cela et sachant qu'il ne pouvait y avoir qu'une seule issue à un siège dans sa condition d'infériorité, résolut de se retirer. Dans la nuit du 29 au 29, dix mille hommes quittèrent silencieusement leurs positions, s'embarquèrent et traversèrent l'île de Manhattan, emportant avec eux tous leurs effets, armes et munitions. Les tranchées ennemies n'étaient distantes que de six cents mètres, mais aucun soupçon n'était éveillé et aucun déserteur ne donnait d'avertissement perfide. La nuit était claire et éclairée par la lune, même si un épais brouillard vers l'aube prolongeait la période de secret qui enveloppait la retraite. Lorsque le brouillard se leva, le dernier détachement fut découvert en train de traverser, mais quelques coups de canon inefficaces furent le seul harcèlement éprouvé par les Américains au cours de cette retraite rapide et adroite. La garnison de Governor's Island fut retirée au même moment.

L'utilisation sans entrave de l'eau et l'habileté nautique des pêcheurs qui composaient l'un des régiments américains étaient essentielles à cette évasion ; Car, si admirable que fût le mouvement dans l'arrangement et l'exécution, aucun mot moins fort que fuite ne s'y applique. Grâce à cela, Washington a sauvé plus de la moitié de son armée d'une destruction certaine et, ce qui n'est pas improbable, la cause de son peuple d'un effondrement immédiat. Une opportunité ainsi saisie implique nécessairement une opportunité perdue de l'autre côté. Pour cet échec, l'armée et la marine doivent porter leur part de responsabilité. Il est évident que lorsqu'un ennemi est largement en infériorité numérique, sa ligne de retraite doit être surveillée. C'était l'affaire des deux commandants en chef, son exécution étant principalement du ressort de la marine, le retrait de la position américaine ne pouvant se faire que par voie maritime. C'était une simple question de vigilance, de détection, de prévention par ce moyen. Pour arrêter la retraite, les voiliers étaient insuffisants, car ils ne pouvaient rester à l'ancre sous les canons de l'île de Manhattan, ni de jour ni de nuit ; mais quelques bateaux aux rames assourdies auraient pu veiller, donner l'alarme, précipiter une attaque de l'armée, et un tel mouvement interrompu à mi-course amène un désastre irréparable.

Washington replia alors le gros de ses forces sur la ligne de Harlem. A sa droite, au sud de cette rivière et dominant l'Hudson, se trouvait un fort appelé de son nom ; en face, sur la côte de Jersey, se trouvait Fort Lee. Une garnison de quatre mille hommes occupait New York. Après s'être amusé à poursuivre les négociations de paix, Howe décida de prendre possession de la ville. Pour faire diversion de l'effort principal et pour couvrir le passage des troupes, deux détachements de navires reçurent l'ordre de passer les batteries sur les rivières Hudson et East. Cela a été fait les 13 et 15 septembre. La division East River a gravement souffert, notamment au niveau des espars et du gréement ; [17] mais le succès des deux, faisant suite à celui de Hyde Parker quelques semaines plus tôt, dans son expédition à Tarrytown, confirma Washington dans l'opinion qu'il exprima cinq ans plus tard à de Grasse, selon laquelle les batteries à elles seules ne pouvaient empêcher les navires d'avoir un bon vent. . C'est désormais un lieu commun de la guerre navale ; vapeur donnant toujours un bon vent. Le 15, l'armée de Howe traversa sous le couvert des navires de Parker, Hotham supervisant à nouveau le travail des bateaux. La garnison de New York se glissa le long de la côte ouest de l'île et rejoignit le corps principal sur le Harlem ; favorisé encore une fois, apparemment, dans ce mouvement de flanc à un mile du front ennemi, par l'inertie de Howe et son goût pour un bon repas, auquel une Américaine astucieuse l'invita au moment critique.

Malgré ces diverses pertes de positions, aussi importantes soient-elles, l'armée américaine continue d'échapper au général britannique, qui ne semble pas très convaincu que le facteur le plus décisif dans la guerre est la force organisée de l'ennemi. Comme le contrôle de la vallée de l'Hudson, en relation avec le lac Champlain, était, à juste titre, le principal objectif du gouvernement britannique, le prochain objectif de Howe était de desserrer l'emprise de Washington sur la péninsule au nord de Harlem. La position lui paraissant trop forte pour une attaque de front, il décide de frapper pour son flanc gauche et son arrière en passant par Long Island Sound. Dans cette opération, qui impliquait le passage du canal tortueux et dangereux appelé Hell Gate, avec ses courants rapides et contradictoires, la Marine joua encore une fois un rôle essentiel. Le mouvement débute le 12 octobre, au lendemain de la défaite d'Arnold à Valcour. Dans la mesure où son objectif principal était atteint, il fut couronné de succès, Washington se sentant obligé d'abandonner la ligne de Harlem et de changer de front vers la gauche. À la suite des divers mouvements et rencontres des deux armées, il se replia à travers l'Hudson dans le New Jersey, ordonnant l'évacuation du fort Washington et décidant de confier son contrôle de la vallée de l'Hudson à West Point, cinquante milles au-dessus de New York. , une position d'une force naturelle particulière, sur la rive ouest de la rivière. À ces décisions, il fut contraint par son infériorité numérique, ainsi que par la situation très isolée et périlleuse dans laquelle il opérait, entre deux eaux navigables, absolument contrôlées par la navigation ennemie. Cette conclusion lui fut encore imposée par un autre passage réussi devant les canons des forts Washington et Lee par Hyde Parker, avec trois navires, le 9 octobre. A cette occasion, les bâtiments, dont deux frégates de la classe la plus lourde, souffrirent très durement, perdant neuf tués et dix-huit blessés ; mais la menace qui pesait sur les communications des Américains ne pouvait être ignorée, car leurs approvisionnements provenaient principalement de l'ouest de l'Hudson.

C'est au début de novembre que Washington entra dans le New Jersey avec cinq mille hommes ; et peu de temps après, il ordonna au reste de ses forces de le suivre. A ce moment, la bévue d'un subordonné et la désobéissance d'un autre lui portèrent deux coups sérieux. Le fort Washington n'ayant pas été évacué sur ordre, Howe l'emporta d'assaut, capturant non seulement lui mais aussi sa garnison de deux mille sept cents hommes ; une très lourde perte pour les Américains. En revanche, les ordres les plus explicites n'ont pas réussi à amener l'officier resté aux commandes à l'est de l'Hudson, le général Charles Lee, à rejoindre le commandant en chef. Cette perversité criminelle laissait à Washington seulement six mille hommes dans le New Jersey, dont sept mille à New York. Dans ces conditions, il ne restait plus qu'à mettre également le Delaware entre lui et l'ennemi. Il se retira donc rapidement à travers le New Jersey et, le 8 décembre, traversa la Pennsylvanie avec une armée réduite à trois mille hommes à l'expiration des engagements. Le détachement au-delà de l'Hudson, diminuant chaque jour pour la même cause, se dirigea peu à peu vers lui ; son commandant étant heureusement capturé sur la route. Au moment de son arrivée, quelques bataillons arrivèrent également de Ticonderoga, libérés par la retraite de Carleton au pied de Champlain. Les forces de Washington sur la rive ouest du Delaware furent ainsi portées à six mille hommes.

Dans cette série d'opérations, qui s'étendit du 22 août au 14 décembre, lorsque Howe prit ses quartiers d'hiver dans le New Jersey, les Britanniques n'avaient rencontré aucun incident grave, en dehors des pertes inévitables subies par les assaillants de positions bien choisies. Néanmoins, compte tenu de la supériorité du nombre, de l'équipement, de la discipline et de la maîtrise de l'eau, la simple existence de l'armée ennemie en tant que corps organisé, sa simple fuite, prive la campagne de la prétention d'être considérée comme réussie. . Le ruban rouge du Bain n'a probablement jamais été gagné à meilleur prix que par Sir William Howe cette année-là. S'il avait fait preuve de l'énergie de ses deux frères aînés, Washington, avec toute sa vigilance, sa fermeté et son esprit d'entreprise, aurait difficilement pu réunir la force, considérablement diminuée mais toujours un organisme vivant, autour de laquelle la résistance américaine s'est à nouveau cristallisée et durcie. En fait, en un mois, il prit l'offensive et récupéra une grande partie du New Jersey.

Quel que soit le verdict rendu sur le mérite de la conduite militaire des affaires, il n'y a aucun doute sur la valeur, ni sur l'énergie indéfectible, du soutien naval apporté. Sir William Howe y fait fréquemment allusion, tant en général que spécifiquement ; tandis que l'amiral résume ainsi ses expressions d'opinion toujours réservées et souvent lourdes : « Il m'incombe de représenter à Vos Seigneuries, et je ne saurais trop l'exprimer, la persévérance et l'empressement sans relâche avec lesquels les différentes classes d'officiers et les marins ont supporté une longue présence et un degré de fatigue inhabituel, conséquence de ces différents mouvements de l'armée.

Le résultat final de la campagne, et très important, fut l'occupation du Rhode Island et de la baie de Narragansett par une expédition combinée, qui quitta New York le 1er décembre et débarqua le 8 à Newport sans opposition. La force navale, composée de cinq navires de 50 canons et de huit navires plus petits, était commandée par Sir Peter Parker ; les troupes, au nombre de sept mille, par le lieutenant-général Sir Henry Clinton. L'effet immédiat fut de fermer un havre de corsaires, qui se concentraient en grand nombre autour d'un mouillage qui flanquait la route de tous les navires à destination de New York. La possession de la baie facilitait le contrôle des eaux voisines par les navires de guerre britanniques, en plus de leur donner une base centrale pour les opérations côtières et indépendante des considérations de marée pour l'entrée ou la sortie. Le poste a été abandonné quelque peu précipitamment trois ans plus tard. Rodney déplora alors sa perte dans les termes suivants : « L'évacuation du Rhode Island était la mesure la plus fatale qui aurait pu être adoptée. Elle abandonnait le meilleur et le plus noble port d'Amérique, capable de contenir toute la marine britannique, et où ils pouvait en toutes saisons se trouver en parfaite sécurité, et d'où des escadrons, en quarante-huit heures, pouvaient bloquer les trois capitales de l'Amérique, à savoir Boston, New York et Philadelphie.

A la fin de 1776 commença la série de revers britanniques qui caractérisèrent l'année 1777, faisant de cette période la période décisive de la guerre, en raison de l'effet ainsi produit sur l'opinion publique générale à l'étranger ; en particulier sur les gouvernements de France et d'Espagne. Le 20 décembre, Howe, annonçant au ministère qu'il avait pris ses quartiers d'hiver, écrivait : « La chaîne, je l'avoue, est un peu trop étendue, mais j'ai été incité à occuper Burlington pour couvrir le comté de Monmouth ; et confiant dans la loyauté des habitants et dans la force des corps placés aux avant-postes, j'en conclus que les troupes seront en parfaite sécurité. Washington profita rapidement de cette sécurité injustifiée. La nuit de Noël, une descente soudaine, dans une tempête de neige aveuglante, sur un avant-poste britannique à Trenton, emporta un millier de prisonniers ; et même si pour le moment le chef américain se retirait de nouveau derrière le Delaware, il ne devait reprendre l'offensive que quatre jours plus tard. Cornwallis, qui était à New York sur le point de partir pour l'Angleterre, se précipita vers le front, mais en vain. Une série de mouvements rapides et bien dirigés recouvrèrent l'État du New Jersey ; et le 5 janvier, le quartier général américain et le corps principal de l'armée étaient établis à Morristown dans les collines de Jersey, la gauche reposant sur l'Hudson, reprenant ainsi le contact avec le centre d'intérêt stratégique. Cette position menaçante des Américains, sur le flanc de la ligne de communication de New York au Delaware, obligea Howe à contracter brusquement les lignes qu'il avait si légèrement étendues ; et la campagne qu'il fut ainsi contraint de rouvrir à contrecœur se termina dans une sombre tristesse de retraite et de désastre, qui impressionna profondément et à juste titre non seulement la généralité des hommes mais aussi les critiques militaires. « De toutes les grandes conquêtes que les troupes de Sa Majesté avaient faites dans les Jersies », écrit Beatson, « Brunswick et Amboy étaient les deux seules places dignes de mention qu'elles conservèrent ; et si brillants que leurs succès aient été au début de la campagne, ils n'en récoltèrent que peu d'avantages lorsque l'hiver avança, et la contiguïté d'un ennemi si vigilant les força à accomplir les devoirs les plus sévères. Avec un humour délibéré ou inconscient, il conclut alors immédiatement la chronique de l'année par cette annonce : « Sa Majesté était si satisfaite des capacités et de l'activité dont le général Howe avait fait preuve dans cette campagne, que le 25 octobre, il lui conféra le titre le plus élevé. Honorable Ordre du Bain."

Note de bas de page 15 :

Aujourd'hui réduit par les terres récupérées.

Note de bas de page 16 :

« Mémoires militaires et navales » de Beatson, vi. 44, donne 34 614 comme force de l'armée de Howe. La division de Clinton n'est pas incluse dans cela. vi. 45.

Note de bas de page 17 :

Journal de l'amiral James, p. 30. (Société des archives de la Marine.)

CHAPITRE III

LA PÉRIODE DÉCISIVE DE LA GUERRE. REDDITION DE BOURGOYNE ET CAPTURE DE PHILADELPHIE PAR HOWE. LA PARTIE NAVALE DANS CHAQUE OPÉRATION
1777

Le principal objectif du gouvernement britannique dans la campagne de 1777 était le même que celui avec lequel il avait commencé en 1776 : le contrôle de la ligne de l'Hudson et du lac Champlain, qui devait être maîtrisé par deux expéditions, une partant de chaque extrémité. , et tous deux travaillent à un centre commun à Albany, près de la tête de navigation du fleuve. Les difficultés préliminaires avaient été aplanies l'année précédente par la destruction de la flottille américaine sur le lac et par la réduction de New York. La Marine avait contribué de manière remarquable à ces deux objectifs. Restait à achever les travaux en reprenant l'avancée à partir des deux bases d'opérations sécurisées. En 1777, les fortifications de l'Hudson étaient insuffisantes pour arrêter la progression d'une expédition navale et militaire combinée, comme le démontra le cours de la campagne.

L'entreprise du nord fut confiée au général Burgoyne. L'impossibilité de créer une nouvelle force navale, capable de rivaliser avec celle mise à flot par Carleton, avait empêché les Américains de poursuivre leur construction. Burgoyne se déplaça donc par le Lac sans opposition devant Ticonderoga, devant lequel il comparut le 2 juillet. On découvrit une position dominant les travaux, que les Américains avaient négligé d'occuper. Une fois saisi et une batterie établie, le fort dut être évacué. La retraite s'effectuant par voie maritime, la British Lake Navy, dirigée par le capitaine Skeffington Lutwidge, avec lequel Nelson avait servi quelques années auparavant dans les mers arctiques, joua un rôle remarquable dans la poursuite ; il coupa le barrage qui bloquait l'étroit lac supérieur et se joignit impétueusement à une attaque contre le matériel flottant, les transports par bateaux plats et les quelques reliques de la flottille d'Arnold qui avaient échappé à la destruction de l'année précédente. Cette affaire a eu lieu le 6 juillet. A partir de cette époque, la progression de l'armée se fit principalement par voie terrestre. La marine trouva cependant une occupation sur le lac George, où Burgoyne établit un dépôt de ravitaillement, bien qu'il n'utilisait pas sa voie navigable pour la marche de l'armée. Un groupe de marins dirigé par Edward Pellew, toujours aspirant, accompagna l'avancée et partagea les malheurs de l'expédition. On raconte que Burgoyne reprochait ensuite au jeune officier de marine d'être la cause de leur désastre, car lui et ses hommes, en reconstruisant un pont à un moment critique, avaient permis de traverser le haut Hudson. Gênée dans sa marche par d'immenses difficultés, tant naturelles que imposées par l'ennemi, l'armée mit vingt jours pour parcourir vingt milles. Le 30 juillet, il atteignit le fort Edward, à quarante milles d'Albany, et fut obligé d'y rester jusqu'au milieu de septembre. En raison de la négligence du War Office, les ordres péremptoires adressés à Sir William Howe de remonter l'Hudson et de faire une jonction avec Burgoyne ne furent pas envoyés. En conséquence, Howe, agissant sur la base des pouvoirs discrétionnaires qu'il possédait déjà et influencé par des raisons politiques dans lesquelles il n'est pas nécessaire d'entrer en jeu, résolut de renouveler sa tentative contre Philadelphie. Une tentative d'avancée dans le New Jersey et les manœuvres de Washington qui en résultèrent le convainquirent que l'entreprise par cette route était trop hasardeuse. Il embarqua donc quatorze mille hommes, en laissant huit mille à sir Henry Clinton pour tenir New York et faire des diversions en faveur de Burgoyne ; et le 23 juillet, il quitta Sandy Hook, escorté par cinq navires de 64 canons, un de 50 et dix navires plus petits, sous le commandement immédiat de Lord Howe. L'expédition entière comptait environ 280 voiles. Des efforts minutieux furent déployés pour tromper Washington quant à la destination de l'armement ; mais il ne fallait pas beaucoup d'habileté pour empêcher un adversaire compétent d'imaginer un dessein si contraire aux principes militaires sains, compte tenu des mouvements de Burgoyne et du but général bien compris du ministère britannique. En conséquence, Washington a écrit: "Howe abandonne Burgoyne d'une manière ou d'une autre est une affaire si inexplicable que jusqu'à ce que j'en sois pleinement assuré, je ne peux m'empêcher de jeter continuellement les yeux derrière moi." Il soupçonnait une intention de revenir sur New York.

Le 31 juillet, au moment où Burgoyne atteignait Fort Edward, où il resta fidèle pendant six semaines, l'armement de Howe était au large des caps du Delaware. Le vent d'été dominant sur la côte américaine est du sud-sud-ouest, favorable à la remontée du fleuve ; mais on reçut des informations selon lesquelles l'ennemi avait obstrué le canal, qui se prête à de telles défenses à une certaine distance au-dessous de Philadelphie. Par conséquent, même si, après avoir occupé la ville, la libre navigation du fleuve vers la mer serait essentielle au maintien de la position, car les procès avaient montré que l'armée entière ne pouvait pas assurer les communications par terre avec New York, l'autre base maritime, mais Howe Il décida de poursuivre son entreprise par la Chesapeake, dont l'ascension, dans toutes les conditions, ne pouvait être sérieusement entravée. Il fallut encore quinze jours pour lutter contre les vents et les calmes du sud-ouest, avant que la flotte ne mouille le 15 août dans les caps de Chesapeake ; et encore une semaine s'écoula avant que le fond de la Baie ne fût atteint. Le 25, les troupes débarquèrent. Washington, quoique dans le doute depuis si longtemps, était sur place pour disputer la route, mais avec des forces inférieures ; et Howe n'eut pas de grandes difficultés à se frayer un chemin jusqu'à Philadelphie, qui fut occupée le 26 septembre. Une semaine plus tôt, Burgoyne avait atteint Stillwater, sur la rive ouest de l'Hudson, point culminant de sa progression, où il se trouvait encore à vingt milles d'Albany. Trois semaines plus tard, confronté à un nombre écrasant de soldats, il fut contraint de capituler à Saratoga, où il s'était retiré.

Lord Howe est resté à la tête du Chesapeake jusqu'à ce qu'il soit convaincu que son frère n'avait plus besoin de lui. Le 14 septembre, il descendit la baie avec l'escadre et le convoi, envoyant en avant vers le Delaware une petite division, pour aider l'armée, si nécessaire. Les vents restant du sud, il fallut dix jours pour prendre la mer ; et à l'extérieur, un retard supplémentaire était dû au très mauvais temps. L'amiral quitta le convoi et remonta le fleuve en toute hâte. Le 6 octobre, il était au large de Chester, à dix milles au-dessous de Philadelphie. La marine était déjà à l'œuvre depuis une semaine, déblayant les obstacles, dont deux lignes ; tous deux commandés par des batteries sur la rive la plus éloignée, ou Jersey, du Delaware. La batterie inférieure avait été emportée par les troupes ; et quand Howe arriva, les navires, bien que rencontrant une vive opposition de la part des galères et des radeaux de pompiers américains, avaient libéré le chenal pour que les gros navires puissent s'approcher des obstacles supérieurs. Celles-ci étaient défendues non seulement par un ouvrage à Red Bank sur la côte de Jersey, mais aussi, de l'autre côté du ruisseau, par un fort appelé Fort Mifflin, sur Mud Island. [18]Comme le canal à cet endroit, sur une distance d'un demi-mille, n'avait que deux cents mètres de large et que les troupes ne pouvaient atteindre l'île, la position était très forte et retint les Britanniques pendant six semaines . Fort Mifflin était soutenu par deux batteries flottantes et un certain nombre de galères. Ces derniers non seulement combattaient offensivement et défensivement, mais entretenaient les approvisionnements et les munitions de la garnison.

Le 22 octobre, une attaque concertée de l'armée contre les ouvrages de Red Bank et de la marine sur le fort Mifflin eut un résultat désastreux. Le premier fut repoussé avec des pertes considérables, le commandant étant tué. L'escadron, composé d'un 64, de trois frégates et d'un sloop, entra en action avec Mud Island en même temps ; mais, le chenal s'étant déplacé, peut-être à cause des obstructions, le soixante-quatre et le sloop s'échouèrent et ne purent être mis à flot ce jour-là. Le 23, les Américains concentraient leurs batteries, galères et radeaux de pompiers sur les deux ; et le plus gros navire prit feu et explosa au milieu des préparatifs pour l'alléger. Le sloop a ensuite été incendié et abandonné.

Tant que cet obstacle subsistait, toutes les fournitures destinées à l'armée britannique à Philadelphie devaient être transportées par bateaux jusqu'au rivage et transportées sur des distances considérables par voie terrestre. Les attaques directes s'étant révélées inefficaces, des mesures plus délibérées furent adoptées. L'armée construisait des batteries et la marine envoyait à terre des canons pour y monter ; mais le coup décisif porté à Mud Island fut porté par un petit navire armé, le *Vigilant* , 20, qui fut piloté avec succès à travers un chenal du côté ouest de la rivière et atteignit l'arrière de l'ouvrage, remorquant avec lui une batterie flottante avec trois 24 livres. C'était le 15 novembre. Cette nuit-là, les Américains abandonnèrent Fort Mifflin. Selon Beatson, leurs pertes s'élèvent à près de 400 tués et blessés ; celle des Britanniques à 43. Si cela est exact, cela aurait dû établir l'invincibilité d'hommes qui, malgré une si prodigieuse disparité de souffrances, pouvaient maintenir leur position avec autant de ténacité. Après la perte de Mud Island, Red Bank ne put être exploitée et fut évacuée le 21, alors qu'une attaque était imminente. Les navires américains se retirèrent en remontant le fleuve ; mais ils ont été acculés et, bien sûr, finalement détruits. Les obstacles étant maintenant levés, les communications fluviales britanniques par la ligne du Delaware furent établies, huit semaines après l'occupation de la ville, qui devait être évacuée nécessairement six mois plus tard.

Pendant que ces choses se passaient, le triomphe de Howe fut gâché par la nouvelle de la capitulation de Burgoyne, le 17 octobre. Il ne pouvait s'empêcher de penser que le gouvernement de son pays devait le considérer comme largement responsable ; car à Chesapeake, trop tard pour revenir sur son faux pas, il avait reçu une lettre du ministre de la guerre disant que, quoi qu'il entreprenne, le soutien à Burgoyne était le principal objectif à garder en vue.

Au cours des opérations autour de Philadelphie, Sir Henry Clinton, à New York, en avait fait assez pour montrer quelles étaient les fortes probabilités de succès d'une avancée sur l'Hudson des vingt mille hommes que Howe aurait pu emmener avec lui. Parti le 3 octobre avec trois mille soldats, accompagnés d'une petite division navale de frégates, Clinton avait atteint en une semaine West Point, à cinquante milles en amont du fleuve. Les fortifications américaines le long du chemin furent capturées, les défenses nivelées, les magasins et les navires incendiés ; tandis qu'un détachement insignifiant, avec les vaisseaux légers, montait cinquante milles plus haut, et y détruisait d'autres magasins militaires sans rencontrer aucune résistance digne de mention. Certes, si Howe avait suivi la même ligne d'opérations, il aurait dû compter avec les dix mille hommes de Washington qui l'affrontèrent dans la marche de Chesapeake à Philadelphie ; mais son flanc eût été couvert, jusqu'à Albany, par un cours d'eau navigable de part et d'autre duquel il pouvait opérer par ce pont volant que constituait continuellement la présence et le contrôle de la marine. Hormis les fortifications, que Clinton emporta facilement, il n'y avait aucune menace pour ses communications ou pour son flanc, telle que celle offerte par les collines du New Jersey et que Washington avait habilement utilisée.

La campagne de 1777 se termina ainsi pour les Britanniques par un désastre flagrant et par un succès apparent aussi désastreux qu'un échec. À sa fin, ils tenaient la baie de Narragansett, la ville et le port de New York et la ville de Philadelphie. La première était une base navale admirable, notamment pour les voiliers, pour les raisons évoquées par Rodney. La seconde était alors, comme elle l'est aujourd'hui, la plus grande position militaire de la côte atlantique des États-Unis ; et bien que les deux ne pouvaient pas communiquer par voie terrestre, ils se soutenaient mutuellement en tant que stations navales dans une guerre essentiellement dépendante de la puissance maritime. Philadelphie n'avait d'autre but que de diviser et de distraire l'entreprise britannique. Dépendant absolument de la mer pour leur entretien, les forces qui s'y trouvaient et celles de New York ne pouvaient pas coopérer ; ils ne pouvaient même pas s'unir sauf par mer. Lorsque Clinton releva Howe de son poste de commandant en chef, bien qu'à moins de cent milles de distance par voie terrestre, il dut faire un voyage de plus de deux cents milles, de New York à Philadelphie, dont la moitié sur un fleuve difficile, pour atteindre son siège. gare; et les troupes furent transférées par le même processus fastidieux. En conséquence de ces conditions, le lieu dut être abandonné au moment où la guerre avec la France rendait même douteux le contrôle de la mer. Les Britanniques l'ont tenu pendant moins de neuf mois au total.

Au cours de l'année 1777, un certain nombre de raids furent menés par les forces terrestres et maritimes britanniques combinées, dans le but de détruire les dépôts américains et d'autres ressources. Prises ensemble, de telles opérations sont subsidiaires et aident à atteindre le grand objectif d'interrompre ou de harceler les communications d'un ennemi. Dans cette mesure, elles occupent une place de choix parmi les opérations majeures de guerre ; mais pris isolément, ils ne peuvent pas être considérés comme tels, et le fait est donc simplement noté, sans entrer dans les détails. On peut cependant remarquer que, bien que sur une plus petite échelle, la marine y joua le même rôle qu'elle joue aujourd'hui dans les nombreuses expéditions et les petites guerres entreprises par la Grande-Bretagne dans diverses parties du monde ; la même chose que lors des campagnes de Wellington dans la péninsule espagnole, 1808-1812. La force terrestre dépendait de l'eau, et celle-ci était contrôlée par la Marine.

Note de bas de page 18 :

C'était juste en dessous de l'embouchure du Schuylkill, à une courte distance en dessous de l'actuel chantier naval de League Island.

CHAPITRE IV

LA GUERRE COMMENCE ENTRE LA FRANCE ET LA GRANDE-BRETAGNE. LES BRITANNIQUES ÉVACUENT PHILADELPHIE. OPÉRATIONS NAVALES DE D'ESTAING ET HOWE SUR NEW YORK, NARRAGANSETT BAY ET BOSTON. SUCCÈS COMPLET DE LORD HOWE. DÉCEPTION AMÉRICAINE À D'ESTAING. LORD HOWE RETOURNE EN ANGLETERRE.
1778

Les événements de 1777 convainquirent le gouvernement français que les Américains avaient suffisamment de force et d'habileté pour embarrasser sérieusement la Grande-Bretagne et que le moment était donc opportun pour prendre des mesures qui ne pourraient manquer de provoquer la guerre. Le 6 février 1778, la France concluait avec les États-Unis un traité ouvert d'amitié et de commerce ; et en même temps un second traité secret, reconnaissant l'indépendance des dernières colonies, et contractant avec elles une alliance défensive. Le 13 mars, l'ambassadeur de France à Londres communiquait le traité ouvert au gouvernement britannique, en précisant que « les États-Unis étaient en pleine possession de l'indépendance proclamée par leur déclaration du 4 juillet 1776 ». La Grande-Bretagne rappelle aussitôt son ambassadeur et les deux pays se préparent à la guerre, bien qu'aucune déclaration ne soit émise. Le 13 avril, une flotte française de douze navires de ligne et cinq frégates, sous le commandement du comte d'Estaing [12] appareilla de Toulon pour la côte américaine. Il était destiné à la baie du Delaware, dans l'espoir d'intercepter l'escadron de Howe. D'Estaing reçut l'ordre de commencer les hostilités à quarante lieues à l'ouest de Gibraltar.

Le ministère britannique n'était pas insensible au danger dont l'imminence s'était fait sentir dès l'année précédente ; mais il n'avait pas été prêt à temps, peut-être à cause des espoirs confiants de succès de la campagne de 1777. Les navires, en termes de nombre et d'équipement, n'étaient pas aussi avancés que l'Amirauté l'avait représenté ; et on éprouva des difficultés, s'élevant pour le moment à l'impossibilité, à les occuper. Les navires de la flotte de la Manche ont dû être dépouillés de leurs équipages et de leurs provisions pour constituer un renfort adéquat pour l'Amérique. De plus, la destination de l'escadre de Toulon était inconnue, le gouvernement français ayant fait savoir qu'elle se dirigeait vers Brest, où plus d'une vingtaine d'autres navires de ligne étaient dans un état avancé de préparation. Ce n'est que le 5 juin, alors que d'Estaing était déjà à huit semaines, que certaines nouvelles furent apportées par une frégate, qui avait surveillé sa flotte après son passage à Gibraltar, et qui l'avait accompagnée dans l'Atlantique à quatre-vingt-dix lieues à l'ouest du détroit . . Les renforts destinés à l'Amérique furent alors autorisés à partir. Le 9 juin, treize navires de ligne s'embarquèrent pour New York sous le commandement du vice-amiral John Byron. [20]

Ces retards furent l'occasion d'une illustration singulière et frappante des effets néfastes sur le commerce d'une préparation inadéquate de l'équipage de la flotte. Un nombre considérable de navires des Antilles, avec des provisions absolument nécessaires à la conservation des îles, attendirent à Portsmouth le convoi pendant plus de trois mois, tandis que la flotte entière, composée de quatre-vingts voiles, fut retenue pendant cinq semaines après son rassemblement ; "et, bien que le vent soit venu favorable le 19 mai, il n'a appareillé que le 26, à cause des navires de convoi, le *Boyne* et le *Ruby* , qui n'étaient pas prêts." Quarante-cinq propriétaires et capitaines ont signé une lettre à l'Amirauté, exposant ces faits. "Le convoi," dirent-ils, "a été désigné pour partir le 10 avril". De nombreux navires étaient prêts dès février. " N'est-ce pas un usage honteux, mes seigneurs, de tromper ainsi le public en général ? Il y a deux cents navires chargés de provisions, etc., qui attendent à Spithead ces trois mois. La dépense moyenne de chaque navire s'élève à 150 £ par mois, donc que les dépenses de toute la flotte des Antilles depuis février s'élèvent à 90 000 £.

Avant la guerre, les Antilles dépendaient principalement de leurs compatriotes du continent américain pour leurs provisions ainsi que pour d'autres produits de première nécessité. Non seulement ces îles furent interrompues à la suite d'un incident de guerre, ce qui entraîna de grands embarras et de grandes souffrances, ce qui suscita des appels véhéments de la communauté des planteurs au gouvernement local, mais les corsaires américains s'attaquèrent lourdement au commerce des îles, dont les industries furent ainsi frappées. racine et branche, importation et exportation. En 1776, la consommation de sel pour les blancs et les nègres était passée de 50 à 100 pour cent, et le maïs, principal soutien des esclaves, la classe ouvrière, de 400 pour cent. Dans le même temps, le prix du sucre avait chuté de 25 à 40 pour cent et celui du rhum de plus de 37 pour cent. Les mots « famine » et « famine » étaient employés librement dans ces représentations, qui furent répétées en 1778. L'assurance s'élevait à 23 pour cent ; et ceci, avec les pertes réelles dues à la capture [21] et à la cessation du commerce américain, avec la baisse des prix qui en a résulté, a été estimé à donner une perte totale de 66 £ pour chaque 100 £ gagnés avant la guerre. Pourtant, avec tout cela, la flotte des Antilles en 1778 a attendu six semaines, du 10 avril au 26 mai, pour recevoir un convoi. Immédiatement après sa fuite, un embargo rigoureux fut imposé sur tous les navires dans les ports britanniques, afin que leurs équipages puissent être encouragés à équiper la flotte de la Manche. Les bateaux du marché, même, n'étaient pas autorisés à passer entre Portsmouth et l'île de Wight.

Trois jours après le départ de Byron, l'amiral Augustus Keppel prit également la mer avec vingt et un navires de ligne, pour une croisière au large de Brest. Ses instructions étaient d'empêcher la jonction des divisions Toulon et Brest, en attaquant l'une ou l'autre s'il pouvait se rencontrer. Le 17 juin, deux frégates françaises sont aperçues. Afin qu'ils ne puissent pas signaler ses forces ou ses mouvements, l'amiral britannique envoya deux de ses propres frégates, en leur demandant de lui parler. L'une, la *Belle Poule*, 36 ans, a refusé ; et un engagement s'ensuivit entre elle et le navire britannique, l' *Arethusa*, 32. Le roi de France déclara par la suite que cet événement fixait la date du début de la guerre. Bien que les ordres de Keppel et d'Estaing prescrivent des actes d'hostilité, aucune guerre formelle n'existait encore.

Byron eut un passage très orageux, avec des vents contraires, au cours duquel ses navires furent dispersés et endommagés. Le 18 août, à soixante-sept jours de Plymouth, le vaisseau amiral arriva au large de la côte sud de Long Island, à quatre-vingt-dix milles à l'est de New York, sans qu'aucun membre de la flotte ne soit en compagnie. Là, douze navires ont été vus à l'ancre sous le vent (nord), distants de neuf ou dix milles, ayant des mâts de jury et montrant d'autres signes d'incapacité. Le navire britannique s'est approché suffisamment près pour les reconnaître comme étant des Français. Il s'agissait de l'escadre de d'Estaing, paralysée par un très violent vent, dans lequel les forces de Howe avaient également souffert, quoique dans une moindre mesure. Étant seul et ignorant des conditions existantes, Byron jugea inutile de continuer vers New York ou la baie de Narragansett. Le vent étant du sud, il mit le cap sur Halifax, qu'il atteignit le 26 août. Certains de ses navires y entraient également. Très peu d'entre eux avaient déjà réussi à rejoindre Howe à New York, ayant eu la chance d'échapper à l'ennemi.

En ce qui concerne l'aide de l'Angleterre, Lord Howe aurait été écrasé bien avant cela. Il devait son salut en partie à sa propre célérité, en partie aux retards de son adversaire. Au début de mai, il reçut des conseils de chez lui qui le convainquirent qu'un abandon soudain et rapide de Philadelphie et de la baie du Delaware pourrait devenir nécessaire. Il retira donc ses navires de ligne de New York et de Narragansett, les concentrant à l'embouchure de la baie du Delaware, tandis que les transports embarquèrent tous les provisions, à l'exception de celles nécessaires au ravitaillement d'une quinzaine de jours de l'armée en pays ennemi. L'éventualité menaçante d'un ennemi supérieur apparaissant au large de la côte pourrait rendre impératif, et c'est le cas, de ne pas risquer les troupes en mer, mais de choisir à la place l'alternative d'une marche de quatre-vingt-dix milles à travers le New Jersey, qui avait été rejetée un an auparavant. comme trop dangereux pour une force encore plus importante. Ainsi préparés, on ne perdit pas de temps lorsque l'évacuation devint nécessaire. Sir William Howe, qui avait été relevé le 24 mai par sir Henry Clinton et était revenu en Angleterre, échappa à l'humiliation de renoncer à sa conquête chèrement achetée. Le 18 juin, les troupes britanniques, au nombre de douze mille, traversèrent le Delaware, sous la surveillance de la marine, et commencèrent leur dangereuse marche vers New York. Le lendemain, les transports commencèrent à descendre la rivière ; mais, en raison de la navigation complexe, des vents contraires et des calmes, ils ne prirent la mer que le 28 juin. Le 8 juillet, dix jours trop tard, d'Estaing jeta l'ancre à l'embouchure du Delaware. « Si un passage, même d'une longueur ordinaire, avait eu lieu », écrivait Washington, « Lord Howe, avec les navires de guerre britanniques et tous les transports sur le fleuve Delaware, aurait inévitablement dû tomber ; et Sir Henry Clinton aurait dû avoir plus de chance qu'on ne le pense habituellement. à des hommes de sa profession dans de telles circonstances, si lui et ses troupes n'avaient pas partagé au moins le sort de Burgoyne.

Si la flotte de Howe avait été interceptée, il n'y aurait eu aucune défense navale pour New York ; la flotte française aurait surmonté à son aise les difficultés du port ; et Clinton, pris entre elle et l'armée américaine, a dû se rendre. L'arrivée de Howe écarta ce danger immédiat ; mais il reste encore beaucoup à faire, sinon la fin ne serait que retardée, au lieu d'être évitée. Un vent favorable emporta la flotte et tout le convoi du Delaware à Sandy Hook en quarante-huit heures. Le 29 au matin, alors que Howe approchait de son port, il lui annonça un paquet venant d'Angleterre, qui non seulement apportait des nouvelles précises du départ de d'Estaing, mais rapportait également qu'elle-même était tombée avec lui vers le sud, pas très loin. loin des côtes américaines, et avait été pourchassé par ses navires. Son apparition au large de New York était donc imminente.

Les mesures de Howe furent rapides et minutieuses, tout comme sa grande réputation. Pour surveiller l'approche de d'Estaing, un corps de croiseurs fut dépêché, suffisamment nombreux pour que certains apportent des nouvelles fréquentes de ses mouvements, tandis que d'autres restaient en contact avec lui. Les navires à New York reçurent l'ordre de descendre à Sandy Hook, où la défense de l'entrée devait être assurée. Clinton, qui avait été durement pressé par Washington tout au long de sa marche, arriva le 30 juin – le lendemain de Howe lui-même – sur les hauteurs de Navesink, sur la côte, juste au sud de Sandy Hook. Au cours de l'hiver précédent, la mer avait fait une brèche entre les hauteurs et le Crochet, transformant cette dernière en île. De l'autre côté de cette crique, la marine jeta un pont de bateaux, par lequel l'armée, le 5 juillet, passa jusqu'au Crochet, et de là fut transportée vers la ville.

Le même jour, la flotte française fut aperçue au large de la Virginie par un croiseur qui atteignit Howe le 7 ; et deux jours plus tard, un autre rapporta que l'ennemi avait jeté l'ancre le 8 au large du Delaware. D'Estaing y resta encore deux jours, qui furent diligemment améliorés par l'amiral britannique, qui envoya en même temps des dépêches pour avertir Byron, dont il avait maintenant entendu parler. Malgré toute son énergie, ses préparatifs étaient encore loin d'être terminés, lorsque le 11 au matin un troisième navire arriva, annonçant l'approche des Français. Ce soir-là, ils jetèrent l'ancre à l'extérieur, à quatre milles au sud de Sandy Hook. Howe, qui pendant toutes ces journées fut infatigable, non seulement dans la planification mais aussi dans la supervision personnelle des détails, s'empressa aussitôt de placer ses navires selon la disposition qu'il avait déterminée et qu'il avait soigneusement expliquée à ses capitaines, assurant ainsi une coopération intelligente de leur part.

Le bras de terre étroit appelé Sandy Hook s'étend vers le nord à partir de la côte du New Jersey et couvre la baie inférieure de New York du côté sud. Le principal chenal maritime, à l'époque comme aujourd'hui, s'étendait presque à l'est et à l'ouest, à angle droit par rapport au Crochet et à proximité de son extrémité nord. Au-delà du canal, au nord, il n'y avait aucun terrain solide pour la fortification à portée de canon à cette époque. Aussi les canons qui pouvaient être montés à terre, au nombre de cinq, furent placés en batterie à l'extrémité du Crochet. Ceux-ci formaient le flanc droit de la défense, qui se prolongeait de là vers l'ouest par une ligne de sept navires, longeant le bord sud du canal. Comme l'approche des Français, s'ils attaquaient, devait se faire avec un vent d'est et une marée montante, les navires étaient placés dans cette attente ; et de telle sorte que, chevauchant la tête vers l'est, chacun successif, de l'avant vers l'arrière, se trouvait un peu à l'extérieur, au nord, de son prochain devant. Le but de cette formation en retrait était que chaque navire pouvait amener sa bordée vers l'est, tout en tirant loin de ceux qui se trouvaient à l'est d'elle. Afin d'effectuer cette concentration de toutes les batteries dans une direction est, ce qui ratisserait l'approche de l'ennemi, un ressort [23] était actionné depuis la hanche extérieure ou bâbord de chaque navire, à l'exception du chef. [24] Ces ressorts n'étaient pas portés au câble de proue ou à l'ancre, comme cela se faisait souvent, mais à des ancres qui leur étaient propres, placées au large de la proue bâbord. Si donc l'ennemi attaquait, les navires, simplement en gardant fermement les ressorts et en tournant les câbles, se balanceraient avec leurs flancs tournés vers l'est. Si l'ennemi, qui n'avait pas de tir d'arc, survivait à son châtiment et réussissait à s'avancer jusqu'à la ligne britannique, il suffisait de retenir les câbles et de lâcher les ressorts ; les navires feraient face au vent d'est, et les bordées se dirigeraient à nouveau vers le nord, à travers le canal au lieu de le longer. Ces dispositions minutieuses étaient bien entendu sujettes au hasard où des câbles ou des ressorts étaient coupés par grenaille ; mais cela était plus que compensé par les blessures probables aux espars et au gréement de l'ennemi, ainsi qu'aux coques, avant qu'il ne puisse utiliser ses batteries.

Telle était la principale défense organisée par Howe ; avec lequel New York a résisté ou est tombé. Dans la file se trouvaient cinq 64, un 50 et un magasin armé. Une ligne avancée, de un cinquante avec deux navires plus petits, était placée juste à l'intérieur de la barre, à deux ou trois milles en dehors du Crochet, pour ratisser l'ennemi lors de sa traversée, se retirant à son approche ; et quatre galères, formant une seconde ligne, étaient également stationnées dans le même but, de l'autre côté du canal, à la hauteur du Crochet. [25] Leur retraite était assurée dans les hauts fonds, où ils ne pouvaient être suivis. Un 64 et quelques frégates étaient gardés en réserve, à l'intérieur de la ligne principale, pour agir selon les besoins. La force totale disponible était de six 64, trois 50 et six frégates. La flotte de D'Estaing, en détail, se composait d'un navire de 90 canons, d'un de 80, de six de 74 et d'un de 50. Aussi grand que soit cet écart entre les adversaires, il était largement contrebalancé par les dispositions habiles de Howe, que son ennemi ne pouvait pas contourner. Si ces derniers s'accrochaient une fois, il y avait peu d'espoir pour les Britanniques ; mais il était impossible aux Français d'éviter la première nécessité de subir un feu rasant, sans réponse, depuis l'extrême portée des canons ennemis jusqu'au moment de la fermeture. L'enjeu, cependant, était grand, et les chances apparentes ont fait couler le sang des marins britanniques. Les navires de guerre étant à court d'équipage, Howe fit appel à des volontaires dans les transports. Un tel nombre se présentait que les agents des navires pouvaient à peine assurer la surveillance à bord ; et beaucoup dont les noms ne figuraient pas sur les listes se cachèrent dans les bateaux qui transportaient leurs compagnons vers les navires de combat. Les capitaines et les seconds des navires marchands du port offraient également leurs services, prenant poste aux canons. D'autres naviguaient au large de la côte dans de petits bateaux, pour avertir les navires qui approchaient ; dont beaucoup tombèrent néanmoins aux mains de l'ennemi.

Pendant ce temps, d'Estaing était en communication avec Washington, dont un des aides de camp visitait son vaisseau amiral. Un certain nombre de pilotes new-yorkais furent également envoyés. Quand ceux-ci apprirent le tirant d'eau des plus gros navires français, ils déclarèrent qu'il était impossible de les accueillir ; qu'il n'y avait sur la barre que vingt-trois pieds à marée haute. Si cela avait vraiment été le cas, Howe n'aurait pas eu besoin de faire les préparatifs de défense qui étaient visibles à des milliers d'yeux sur mer et à terre ; mais d'Estaing, quoique personnellement courageux comme un lion, était timide dans son métier, où il était entré à trente ans, sans servir dans les bas grades. Les assurances des pilotes furent acceptées après un examen par un lieutenant du vaisseau amiral, qui ne trouva rien de plus profond que vingt-deux pieds. Les faveurs de la fortune sont rejetées, comme par moquerie, sur les incompétents ou les indécis. Le 22 juillet, un vent frais du nord-est s'est associé à une marée printanière pour donner le niveau d'eau le plus haut possible sur la barre. [26]

« A huit heures, écrit un témoin oculaire de la flotte britannique, d'Estaing et toute son escadre parurent en route. Il continua à travailler au vent, comme pour se trouver une position convenable pour franchir la barre au moment où la marée devait servir. Le vent ne pouvait pas être plus favorable à un tel dessein ; il soufflait du point exact d'où il pouvait nous attaquer avec le plus grand avantage. Les marées de printemps étaient au plus haut, et cet après-midi-là, trente pieds sur la barre " Nous nous attendions donc à la journée la plus chaude qui ait jamais eu lieu entre les deux nations. De notre côté, tout était en jeu. Si les bâtiments de guerre avaient été vaincus, la flotte de transports et de ravitaillements aurait dû être détruite, et l'armée, Bien sûr, sont tombés avec nous. D'Estaing, cependant, n'avait pas le courage de courir le risque ; à trois heures, nous l'avons vu partir vers le sud, et en quelques heures il était hors de vue.

Quatre jours plus tard, Howe, rapportant ces événements, écrivait : « Le temps ayant été favorable les trois derniers jours pour forcer l'entrée dans ce port, j'en conclus que le commandant français a renoncé. Il est clair que l'amiral britannique expérimenté n'a pas reconnu l'impossibilité de succès de l'ennemi.

Après la démonstration du 22, d'Estaing se plaça au sud, avec le vent à l'est. Les bateaux-conseils britanniques rapportèrent qu'ils lui avaient tenu compagnie jusqu'aux caps du Delaware, et là, ils l'avaient laissé à quatre-vingt-dix milles de la terre. Lorsque leur départ le libéra de l'observation, il se tourna et se dirigea vers la baie de Narragansett, une attaque pour laquelle, en soutien à une force terrestre américaine, avait été concertée entre lui et Washington. Le 29, il jeta l'ancre à trois milles au sud de Rhode Island, et y attendait le moment opportun pour forcer l'entrée.

La baie de Narragansett contient plusieurs îles. Les deux plus grandes, proches de la mer, sont Rhode Island et Conanicut, cette dernière étant la plus à l'ouest. Leur direction générale, comme celle de la baie elle-même, est le nord et le sud ; et par eux l'entrée est divisée en trois passages. Parmi ceux-ci, l'est, appelé Seakonnet, n'est pas navigable au-dessus du Rhode Island. Le canal central, qui est le canal principal, est rejoint par le canal occidental au-dessus de Conanicut, et ainsi les deux mènent à la partie supérieure de la baie. La ville de Newport se trouve du côté ouest du Rhode Island, à six kilomètres de l'entrée principale.

Le 30 juillet, le lendemain de l'arrivée de la flotte française, deux de ses navires de ligne, sous le commandement du plus tard célèbre Suffren, remontèrent le chenal occidental et y jetèrent l'ancre près de l'extrémité sud de Conanicut. L'un d'eux, au passage, fut bombardé à deux reprises par les batteries britanniques. Au même moment, deux frégates et une corvette entrèrent dans Seakonnet ; sur quoi les Britanniques abandonnèrent et incendièrent un sloop de guerre, le *Kingfisher* , 16, et quelques galères qui y étaient stationnées. Le général britannique, sir Robert Pigot, retira alors ses détachements de Conanicut, après avoir désactivé les canons, et concentra le gros de ses forces dans la partie sud de Rhode Island et autour de Newport. Goat Island, qui couvre le port intérieur de la ville, était toujours occupée, le chenal principal étant commandé par ses batteries, ainsi que par celles au nord et au sud de celle-ci, sur Rhode Island. Le 5 août, les deux navires de Suffren remirent en route, passèrent par le passage occidental et jetèrent l'ancre dans le chenal principal, au nord de Conanicut ; leurs anciennes positions étant prises par deux autres navires de ligne. [27] L'officier supérieur de la marine britannique, voyant la retraite coupée au nord et au sud, détruisit alors les navires de guerre [28] qui ne pouvaient pas entrer dans le port intérieur, en coulant deux entre Goat et Rhode Island, pour empêcher tout ennemi d'y passer. Cinq transports ont également été coulés au nord de Goat Island, entre celle-ci et Coaster's Harbour, pour protéger le mouillage intérieur dans cette direction. Ces opérations préliminaires coûtèrent aux Britanniques cinq frégates et deux sloops, outre quelques galères. Les fusils et les munitions qui leur étaient retirés allaient augmenter les défenses ; et leurs officiers et équipages, au nombre de plus d'un millier, servaient dans les fortifications.

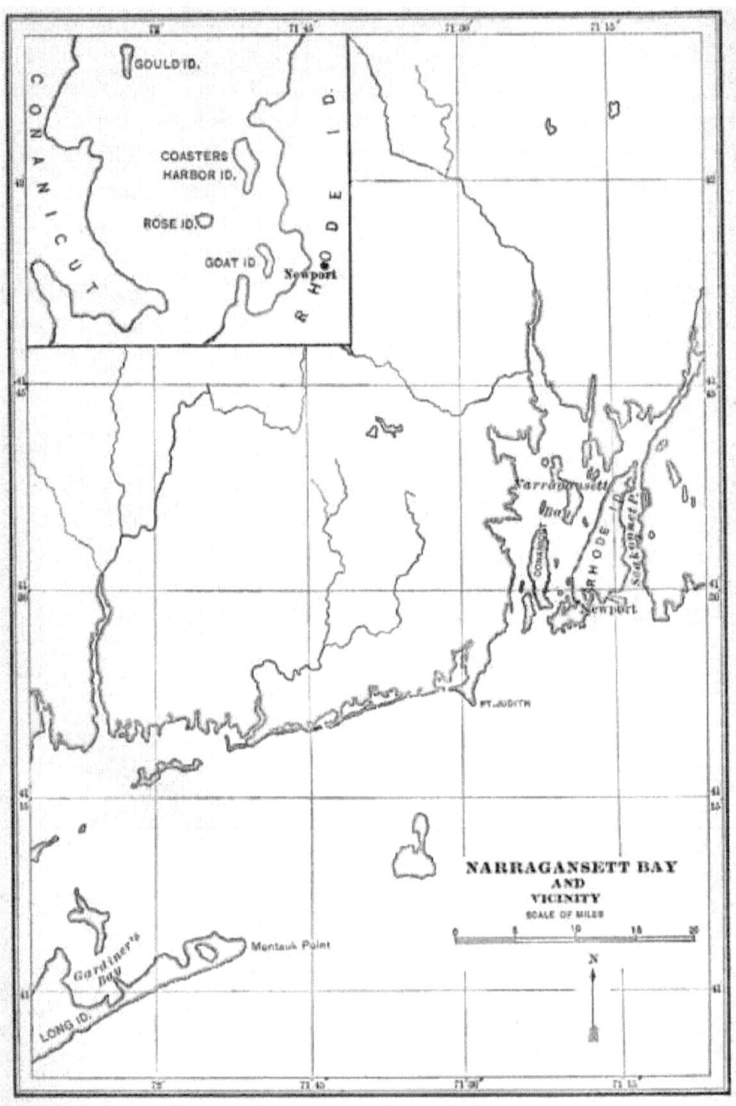

Baie de Narragansett

Le 8 août, les huit navires français restants de ligne passèrent les batteries sur les îles Rhode et Goat, ancrant au-dessus de ces dernières, entre elle et Conanicut, et y furent rejoints par les quatre précédemment détachés dans le passage ouest. Dix mille soldats américains ayant alors traversé du continent vers la partie nord de Rhode Island, d'Estaing débarqua immédiatement quatre mille soldats et marins de la flotte sur Conanicut, pour une organisation préliminaire ; après quoi ils devaient également passer au Rhode

Island et se joindre aux opérations. Pour le moment donc, la garnison britannique, qui comptait probablement six mille hommes [29] était encerclée par des forces largement supérieures, sur terre et sur mer. Son embarras ne dura cependant pas longtemps. Le lendemain matin, Lord Howe apparut et jeta l'ancre au large de la pointe Judith, à sept milles de l'entrée de la baie et douze de la position alors occupée par la flotte française. Il amena une force plus forte que celle qu'il avait pu rassembler pour la défense de New York, ayant maintenant un 74, sept 64 et cinq 50, sur les treize de la ligne, en plus de plusieurs navires plus petits ; mais il était toujours très inférieur à son adversaire, selon tout mode rationnel de calcul naval.

Les énergies de Howe à New York ne s'étaient pas limitées aux préparatifs pour résister à l'entrée de l'ennemi, et elles ne cessèrent pas non plus avec le départ de ce dernier. Lorsqu'il y était arrivé pour la première fois de Philadelphie, il s'était empressé de préparer ses navires à prendre la mer, préoccupation qui retarda quelque peu, mais pas indûment, leur prise de position à Sandy Hook. Deux, par exemple, se trouvaient à l'abreuvoir lorsque l'approche des Français fut signalée. Grâce à cette diligence, sa faute ne perdit pas de temps lorsque la nouvelle destination de l'ennemi lui fut connue, le 28 ou le 29 juillet, par l'arrivée du *Raisonnable* , 64, [30] d'Halifax. Ce navire échappa de peu à la flotte française, l'ayant dépassé le 27 au soir, faisant route vers Rhode Island. Le *Renown* , 50, qui le 26 avait atteint New York depuis les Antilles, eut un résultat similaire, après avoir navigué inaperçu à travers l'arrière de l'ennemi la nuit précédente. Outre ces deux-là, Howe était également rejoint par le *Centurion* , 50 ans, de Halifax, et par le *Cornwall* , 74 ans ; ce dernier, qui franchit la barre le 30, étant le premier de la flotte de Byron à atteindre New York. Les trois autres appartenaient à la propre escadre de Howe. Pour les deux navires d'Halifax qui contribuèrent à constituer ce renfort des plus appréciés, l'amiral fut redevable de la diligence de l'officier qui les commandait, qui les fit partir en toute hâte dès qu'il apprit l'apparition de d'Estaing sur la côte. L'opportunité de leur arrivée a attiré l'attention. « S'ils étaient apparus quelques jours plus tôt, dit un récit contemporain, ou bien ils auraient été empêchés de former une jonction avec notre escadre et forcés de reprendre la mer, ou bien nous aurions eu la mortification de les voir accroître le triomphe de notre escadre. notre ennemi. »

Le 1er août, quarante-huit heures après le retour du *Cornwall après un passage orageux de cinquante-deux jours, l'escadre était prête à prendre la mer, et Howe tenta de mettre à la voile ;* mais le vent tourna mal immédiatement après que le signal de pesée eut été donné. Cela ne devenait pas juste à l'heure des hautes eaux, où seuls les gros navires pouvaient franchir la barre, jusqu'au 6 au matin. « Rhode Island était d'une telle importance, » dit le narrateur déjà cité, « *et le sort d'une si grande partie de l'armée britannique qui formait la garnison était d'une importance si infinie pour la cause générale* , qu'on imaginait que l'amiral ne le ferait pas. perdez un moment à tenter de les soulager. Il avait eu connaissance des détachements faits sur la flotte française, et espérait que l'on pourrait tirer quelque avantage de cette division. Bref, il est allé, comme il convenait et lui incombait dans des circonstances aussi critiques, prendre un grand risque, dans l'espoir d'une offre fortuite favorable. Le 9, comme indiqué précédemment, il jeta l'ancre à la pointe Judith et ouvrit des communications avec la garnison, d'où il apprit les événements qui s'étaient produits jusqu'à présent, et aussi que l'ennemi était bien pourvu d'embarcations de toutes sortes pour faire une descente. sur n'importe quelle partie de l'île.

De même que deGrasse, à Yorktown, lorsque la rumeur annonçait l'approche d'une flotte britannique, ne fut dissuadé que par les appels les plus pressants de Washington d'abandonner son contrôle sur la Chesapeake, essentiel à la prise de Cornwallis, qu'est maintenant d'Estaing, dans la baie de Narragansett, n'était pas disposé à conserver sa place, face à l'escadre très inférieure de Howe. [31] L'influence exercée sur ces deux amiraux par la simple approche d'une flotte ennemie, alors que des avantages décisifs dépendaient de leur maintien sur place, peut être citée de manière plausible à l'appui de la vision la plus extrême de l'effet d'une « flotte en existence » ; mais les exemples également, lorsque les conditions sont analysées, soulèveront la question : un tel effet est-il toujours légitime, inhérent à l'existence de la flotte elle-même, ou ne dépend-il pas souvent des caractéristiques de l'homme affecté ? Le récit britannique contemporain de ces événements dans la baie de Narragansett, après avoir récité les divers obstacles et l'infériorité de l'escadre britannique, dit : « Les officiers les plus habiles étaient donc d'avis que le vice-amiral ne pouvait pas risquer une attaque ; et il semble par Dans la lettre publique de Sa Seigneurie, c'était aussi sa propre opinion : dans de telles circonstances, il a jugé qu'il était impossible d'accorder au général une réparation essentielle. Dans ces deux cas, les amiraux concernés furent contraints de sacrifier la capture presque certaine, non d'une simple position, mais d'une partie décisive des forces organisées de l'ennemi, par la simple possibilité d'action ; par l'effet moral produit par une flotte très inférieure à la leur, qui dans aucun des deux cas n'aurait attaqué, dans l'état actuel des choses. Qu'est-ce que cela prouve ?

Dès l'apparition de Howe, les marins français débarqués la veille à Conanicut furent rappelés sur leurs navires. Le lendemain matin, 10 août, à 7 heures du matin, le vent soufflait fort du nord-est, ce qui est exceptionnel en cette saison. D'Estaing prit aussitôt la mer, coupant les câbles dans sa hâte. Au bout de deux heures, il était dehors, se dirigeant vers l'ennemi. Howe, bien sûr, se retira aussitôt ; son infériorité [32] ne lui permettait de s'engager que selon ses propres conditions. Pour les assurer, il avait besoin de la jauge météorologique, de la position offensive de ce jour-là, qu'il espérait gagner en gardant le sud, lorsque le vent habituel de ce côté se lèverait. L'amiral français avait le même objectif, espérant écraser son adversaire agile; et comme la brise marine du sud-ouest ne soufflait pas ce jour-là, il réussit à conserver l'avantage avec lequel il avait commencé, malgré l'habileté de Howe. A la tombée de la nuit, les deux flottes se dirigeaient toujours vers le sud, bâbord amure, les Français à cinq ou six milles en arrière des Britanniques, avec le vent variable à l'est. Le même cap fut maintenu toute la nuit, les Français renversant progressivement les Britanniques et devenant visibles à 3 heures du matin le 11. D'après la dépêche de Howe, ils portèrent le matin, à une heure non précisée, une direction est-nord-est, ce qui serait presque par le travers, mais un peu plus loin que la nuit précédente, étant apparemment restés plus proches du vent, qui s'était ainsi stabilisé. à l'est-nord-est.

Au cours de la journée, Howe déplaça son pavillon de l' *Aigle* , 64, à l' *Apollo* , 32, et se plaça entre les deux flottes, pour mieux décider des mouvements de la sienne. Se trouvant dans l'impossibilité d'obtenir la jauge météo, et ne voulant probablement pas s'éloigner trop du Rhode Island, il fit alors un large cercle avec la flotte par une succession de changements de cap : à 8 heures du matin au sud, puis au sud. -ouest et ouest, jusqu'à ce qu'enfin, à 13h30, les navires fassent route vers le nord-ouest ; toujours en ligne de bataille. L'amiral français semble avoir suivi ce mouvement avec précaution, sur un cercle extérieur mais avec une vitesse plus élevée, de sorte que depuis l'est-nord-est le matin, qui, alors que les flottes se dirigeaient alors, se trouverait à tribord du Britanniques, de front et au vent, à 16 heures, les Français se dirigeaient vers le sud-sud-est, ce qui serait quelque peu sur la hanche bâbord, ou presque à l'arrière mais sous le vent. A cette époque, Howe estimait que leur avant-garde se trouvait à deux ou trois milles des arrières britanniques, et, d'après sa lecture de leurs manœuvres, d'Estaing formait sa ligne pour le même bord que les Britanniques, en vue de « engageant l'escadre britannique sous le vent », ce qui lui permettrait d'obtenir l'avantage d'utiliser les canons du pont inférieur, le vent et la mer étant devenus beaucoup plus forts. Comme l'amiral français, dans cette nouvelle disposition, avait mis ses navires les plus lourds à l'avant-garde et que sa ligne était presque dans le sillage des Britanniques, Howe en déduisit une attaque sur ses arrières. Il ordonna donc à son navire le plus lourd, le *Cornwall* , 74, de s'y rendre depuis le centre, en échangeant sa place avec le *Centurion* , 50, et en même temps signala à la flotte de se rapprocher *du centre* , détail qui mérite d'être rappelé compte tenu de l'arrivée de Rodney. manœuvre frustrée du 17 avril 1780. Il ne restait plus qu'à attendre fermement le moment où les Français auraient couvert le terrain intermédiaire et engagé l'action sur autant de ses arrières que d'Estaing jugeait bon d'engager ; les conditions de mer favorisant la vitesse des navires les plus volumineux qui composaient la flotte ennemie. Ce dernier, cependant, abandonna bientôt sa tentative et « s'éloigna vers le sud, apparemment à cause de l'état du temps, qui, à cause du vent très frais et des pluies fréquentes, était maintenant rendu très défavorable pour l'engagement ». On peut ajouter qu'il était très tard pour commencer une action. Au coucher du soleil, les Britanniques étaient sous des huniers à ris serré et la mer était telle que Howe ne pouvait pas retourner à l' *Eagle* . [33]

Le vent devint alors d'une grande violence, et une violente tempête fit rage sur la côte jusqu'au soir du 13, jetant les deux flottes dans la confusion, dispersant les navires et provoquant de nombreux désastres. L' *Apollo* a perdu son mât de misaine et a levé le grand mât dans la nuit du 12. Le lendemain, seuls deux navires de ligne britanniques et trois navires plus petits étaient en vue de leur amiral. Lorsque le temps se modéra, Howe monta à bord du *Phœnix* , 44, et de là au *Centurion* , 50, avec lequel il « se dirigea vers le sud, et découvrit le 15 dix voiles de l'escadre française, certaines à l'ancre dans la mer, à environ vingt-cinq lieues à l'est du cap May. [34] Laissant là le *Centurion* , pour diriger vers New York tous les navires de Byron qui pourraient venir sur la côte, il y partit lui-même, et le 17 au soir rejoignit l'escadre au large de Sandy Hook, rendez-vous fixé. De nombreuses blessures avaient été subies par les différents navires, mais elles étaient pour la plupart mineures ; et le 22, la flotte reprit la mer à la recherche de l'ennemi.

Les Français ont souffert beaucoup plus durement. Le vaisseau amiral *Languedoc* , 90, avait emporté son bout-dehors, tous ses mâts inférieurs le suivaient par-dessus bord, et sa barre était également cassée, rendant le gouvernail inutilisable. Le *Marseillais* , 74 ans, a perdu son mât de misaine et son beaupré. Lors de la dispersion des deux flottes qui suivirent le vent, chacun de ces navires paralysés, le 13 au soir, rencontra seul un navire britannique de 50 canons ; le *Languedoc* étant attaqué par les *Renommés* , et les *Marseillais* par les *Preston* . Les conditions dans chaque cas étaient nettement favorables au plus petit combattant ; mais malheureusement tous deux se retirèrent à la tombée de la nuit, faisant l'erreur de remettre au lendemain une chance dont ils n'avaient aucune certitude qu'elle existerait après aujourd'hui. À l'aube, d'autres navires français apparurent et l'occasion s'envola. L' *Isis britannique* , 50 ans, fut également pourchassé et rattrapé par le *César* , 74 ans. Dans l'action qui s'ensuivit, la barre du navire français fut abattue et il se retira ; deux autres navires britanniques, l'un de la ligne, étant en vue. Ces derniers ne sont pas mentionnés dans les récits britanniques, et les deux camps revendiquent l'avantage dans cette action nulle. Le capitaine français a perdu un bras.

Après avoir effectué des réparations provisoires, au mouillage où Howe les avait aperçus le 15 août, la flotte française s'était de nouveau dirigée vers Newport. C'est au cours de ce passage qu'ils furent aperçus par le vaisseau amiral [35] de Byron , le 18, au sud de Long Island. L' *Experience* 50, que Howe avait envoyé pour reconnaître la baie de Narragansett, fut poursuivi par eux dans le détroit de Long Island et n'atteignit New York que par l'East River ; étant le premier navire de ligne ou navire de 50 canons à avoir jamais traversé Hell Gate. Le 20, d'Estaing communiquait avec le général Sullivan, commandant des forces terrestres américaines au Rhode Island ; mais c'était seulement pour lui dire que, dans son opinion et dans celle d'un conseil de guerre, l'état de l'escadre nécessitait d'aller à Boston pour la réarmer. Quoi qu'on puisse penser du bien-fondé de cette décision, sa gravité peut être mieux comprise dans le rapport envoyé par Pigot à Howe. "Les rebelles avaient avancé leurs batteries à moins de quinze cents mètres des ouvrages britanniques. Il n'avait aucune appréhension face à aucune de leurs tentatives de front ; mais, si la flotte française arrivait, cela provoquerait un changement alarmant. Les troupes pourraient être débarquées et avancé sur ses derrières ; et dans ce cas il ne pouvait pas répondre des conséquences. » Faisant fi des supplications de Sullivan pour qu'il reste, d'Estaing s'embarqua le lendemain pour Boston, qu'il atteignit le 28 août. Le 31, l'infatigable Howe apparut ; mais les Français avaient travaillé activement pendant ces trois jours. Quarante-neuf canons de 18 et 24 livres, avec six mortiers, étaient déjà en position pour couvrir le mouillage ; et « l'escadre française, loin de craindre une attaque, la désirait ardemment ». [36] Le retrait de la flotte française du Rhode Island fut suivi de celui des troupes américaines devant Newport.

Howe avait quitté New York à l'instant où il avait appris la réapparition de d'Estaing au large de Rhode Island. Il emmena avec lui le même nombre de navires qu'auparavant, — treize de ligne, — le *Monmouth* , 64 ans, de l'escadre de Byron, arrivé et prenant la place de l' *Isis* , paralysé dans son dernier combat. Avant d'atteindre Newport, il apprit que les Français étaient partis pour Boston. Il espérait qu'ils trouveraient nécessaire de sortir de George's Bank et qu'il pourrait les intercepter en suivant la route la plus courte à l'intérieur. En cela, il fut déçu, comme on l'a vu, et la position de l'ennemi était désormais trop forte pour une attaque. La retraite française vers Boston clôt la campagne navale de 1778 dans les eaux nord-américaines.

Richard, Earl Howe   Charles Henri, comte d'Estaing

L'incapacité ou le refus de d'Estaing de renouveler l'entreprise contre Rhode Island confère à Howe le triomphe incontestable de cette campagne, honneur qu'il doit partager, et qu'il aurait sans doute partagé avec plaisir, avec ses partisans en général. Que sa flotte, en grande partie à deux ans de chez elle, dans un pays sans chantiers navals, aurait pu prendre la mer dans les dix jours suivant le coup de vent, tandis que ses adversaires, venus uniquement de France, mais avec trois mois d'entraînement en mer, furent si endommagés qu'ils durent abandonner le terrain et toutes les perspectives splendides de Rhode Island, — comme ils avaient déjà laissé échapper l'occasion à New York — montrent une supériorité décisive des officiers et des équipages britanniques. Il ne faut cependant pas permettre aux mérites incontestables de la base de détourner l'attention des grandes qualités du chef, pour lesquelles les meilleurs matériaux auraient été inutiles. Les conditions étaient telles qu'elles faisaient ressortir au maximum les qualités les plus fortes de Howe : fermeté, endurance, persévérance ininterrompue plutôt que célérité, grande compétence professionnelle, mûrie par une réflexion constante et prête à l'appel d'un instant. Pas brillant d'intelligence, peut-être, mais absolument clair et rempli d'expédients pour faire face à toutes les éventualités probables, Howe a fait preuve d'une énergie égale et infatigable, qui était sa plus grande caractéristique, et qui l'a éminemment préparé pour la tâche de mettre en échec chaque mouvement d'un ennemi . pour une campagne purement défensive. Il était toujours disponible et toujours prêt ; car il ne se lassait jamais et il connaissait son métier. Il était peut-être inégal aux grandes combinaisons. En tout cas, ceux-ci ne sont pas associés à son nom. La scène lointaine, il ne la vit pas ; mais pas à pas, il voyait son chemin avec une précision absolue et le suivait avec une résolution sans hésitation. Avec une force partout inférieure, avoir sauvé, en une seule campagne, la flotte britannique, New York et Rhode Island, avec toute l'armée britannique, divisée entre ces deux stations et dépendante de la mer, est un exploit sans précédent dans le monde. Annales de la guerre défensive navale. On peut ajouter que son accomplissement est la mesure des déficiences de son adversaire.

L'escadron de Howe avait été constitué en 1776 en référence uniquement à la lutte coloniale et aux eaux peu profondes, et était donc composé, à juste titre, de croiseurs et de navires de ligne des classes inférieures ; il y en a plusieurs cinquante, et rien de plus grand qu'un soixante-quatre. Alors que la guerre avec la France menaçait, le Ministère, longtemps prévenu, commit une faute impardonnable en permettant qu'une telle force se heurte à une force aussi supérieure que celle qui partit de Toulon, en avril 1778. Elle aurait dû être arrêtée en route, ou, à défaut, son arrivée en Amérique aurait dû être précédée d'un renfort britannique. Dans l'état actuel des choses, le gouvernement n'a été sauvé d'un terrible désastre que grâce à l'efficacité de son amiral et à l'inefficacité de son adversaire. Comme cela n'est pas rare, la gratitude a été submergée par l'instinct de conservation de la colère nationale, excitée par cela, et par d'autres preuves simultanées de négligence. On tenta de dénigrer la conduite de Howe et de prouver que sa force était même supérieure à celle des Français, en additionnant les canons de tous ses navires, sans tenir compte de leurs classes, ou en combinant des groupes de ses petits navires contre les canons de d'Estaing . unités plus grandes. L'instrument de l'attaque était un officier de marine, d'un certain rang mais de peu de crédit professionnel, qui, à ce moment le plus opportun, subit une conversion politique, ce qui lui valut un emploi d'une part, et l'accusation d'apostasie de l'autre. Pour ce genre d'arithmétique professionnelle, Howe éprouvait et exprimait un juste et total mépris. Deux et deux font quatre dans une amorce, mais sur le terrain, ils peuvent en faire trois, ou ils peuvent en faire cinq. Sans parler de la plus grande puissance défensive des navires lourds, ni de la concentration de leur feu, l'unité de direction sous un seul capitaine possède ici aussi cette importance qui a fait reconnaître l'unité de commandement et d'effort comme l'élément primordial de la guerre militaire. l'efficacité, des plus grandes choses aux plus petites. Pris ensemble, les trois éléments — une plus grande puissance défensive, une concentration du feu et une unité de direction — constituent un argument décisif et permanent en faveur des grands navires, à l'époque de Howe comme à la nôtre. Sans doute, aujourd'hui comme autrefois, il y a une limite ; la plupart des arguments peuvent être poussés jusqu'à l' *absurdum* , intellectuel ou pratique. Tracer une ligne est toujours difficile ; mais, si nous ne pouvons pas dire exactement où la ligne a été franchie, nous pouvons reconnaître qu'un navire est beaucoup trop gros, tandis qu'un autre ne l'est certainement pas. Entre les deux, une approximation d'un résultat exact peut être faite.

A son retour à New York le 11 septembre, Howe y trouva le contre-amiral Hyde Parker [37] avec six navires de ligne de l'escadre de Byron. Considérant sa tâche désormais accomplie, Howe décida de retourner en Angleterre, en vertu d'une autorisation accordée quelque temps auparavant à sa propre demande. Le devoir contre les Américains, dernièrement ses compatriotes, lui avait toujours déplu, bien qu'il ne refusât pas absolument de l'entreprendre, comme le fit l'amiral Keppel. L'entrée de la France dans la querelle et l'arrivée de d'Estaing rafraîchirent le moral du vétéran, qui dédaignait d'ailleurs d'abandonner son commandement devant de telles difficultés. Maintenant que les positions britanniques étaient assurées et que la supériorité des forces était assurée pour le moment, il remit volontiers sa charge et rentra chez lui ; brûlant contre l'Amirauté avec une colère commune à la plupart des marins distingués de cette guerre. Il ne fut plus employé à flot jusqu'à ce qu'un changement de ministère ait lieu, en 1782.

Note de bas de page 19 :

Charles H., comte d'Estaing. Né en 1729. Servi en Inde sous les ordres de Lally Tollendal, 1758. Après avoir été fait prisonnier à Madras en 1759, échangé dans la marine. Commandé en Amérique du Nord, 1778-80. Guillotiné, 1794. WLC

Note de bas de page 20 :

Grand-père du poète.

Note de bas de page 21 :

Le secrétaire du Lloyd's, pour les besoins de cet ouvrage, a bien voulu faire dresser spécialement un résumé des pertes et des captures pendant la période 1775-1783. Ceci, dans la mesure où il s'agit des marchands et des corsaires, donne les résultats suivants.

	NAVIRES BRITANNIQUES				LES VAISSEAUX ENNEMIS			
	Marchands		Corsaires		Marchands		Corsaires	
	Pris le [22]	Reprise ou rançonnée	Pris le [22]	Reprise ou rançonnée	Pris le [22]	Reprise ou rançonnée	Pris le [22]	Reprise ou rançonnée
1775	—		—	—		—	—		—
1776	229	51	—		—	19	—	6	—
1777	331	52	—		—	51	1	18	—
1778	359	87	5		—	232	5	16	—

1779	487	106	29	5	238	5	31	—
1780	581	260	15	2	203	3	34	1
1781	587	211	38	6	277	dix	40	—
1782	415	99	1	—	104	1	68	—
1783	98	13	1	1	11	2	3	—

Note de bas de page 22 :

Y compris ceux repris ou rançonnés. WLC

Note de bas de page 23 :

Un ressort est une corde généralement tirée du quartier (un côté de la poupe) d'un navire jusqu'à l'ancre. En tirant dessus, la batterie est tournée dans la direction souhaitée.

Note de bas de page 24 :

Le chef, le *Léviathan* , était excepté, évidemment parce qu'il se trouvait sous le crochet et que ses canons ne pouvaient pas descendre dans le canal. Ce n'était pas un navire de combat de l'escadre, mais un navire de magasin armé, bien qu'à l'origine un navire de guerre, et donc par l'épaisseur de ses flancs mieux adapté à la défense qu'un navire marchand ordinaire. Son placement semble avoir été une réflexion après coup, pour combler l'écart dans la ligne et empêcher même la possibilité que les navires ennemis s'y retournent et doublent sur le fourgon. Howe a ainsi évité l'oubli fatal de Brueys vingt ans plus tard, dans la baie d'Aboukir.

Note de bas de page 25 :

On peut se rappeler qu'une disposition similaire fut prise par les Confédérés à Mobile contre l'attaque de Farragut en 1864, et que c'est à partir de ces petits navires que son vaisseau amiral *Hartford* subit ses plus graves pertes. Pour les voiliers, les chances étaient plus grandes, car une blessure aux espars pouvait entraîner un arrêt. De plus, les dispositions de Howe provoquèrent un tel incendie sur tous ses navires les plus lourds.

Note de bas de page 26 :

Une lettre à l'Amirauté, datée du 8 octobre 1779, du vice-amiral Marriot Arbuthnot, alors commandant en chef à New York, déclare qu'« aux grandes marées, il y a généralement trente pieds d'eau sur la barre aux hautes eaux ».

Note de bas de page 27 :

Ces quatre navires étaient parmi les plus petits de la flotte, soit un 74, deux 64 et un 50. D'Estaing réservait très justement ses navires les plus lourds pour forcer le chenal principal.

Note de bas de page 28 :

Flore , 32 ; *Junon* , 32 ans ; Alouette, 32 ans ; *Orphée* , 32 ans ; *Faucon* , 16.

Note de bas de page 29 :

Je n'ai pas pu trouver une indication exacte du nombre ; Beatson donne huit régiments, avec un renfort de cinq bataillons.

Note de bas de page 30 :

Il peut être intéressant de rappeler qu'il s'agit du navire sur lequel le nom de Nelson est apparu pour la première fois dans la marine, en 1771.

Note de bas de page 31 :

Troude attribue la sortie de d'Estaing au sentiment d'insécurité de sa position ; Lapeyrouse Bonfils, à une envie de concours. Chevalier s'attarde sur l'exposé de la situation.

Note de bas de page 32 :

Pour les forces respectives des deux flottes, voir pp. 66 , 67 , 71 .

Note de bas de page 33 :

Ce récit des manœuvres des deux flottes est basé sur la dépêche de Lord Howe et amplifié du journal du capitaine Henry Duncan du vaisseau amiral *Eagle* qui a été publié (1902) depuis la première publication de cet ouvrage. Voir « Navy Records Society, Naval Miscellany ». Vol. je, p. 161.

Note de bas de page 34 :

À l'embouchure de la baie du Delaware.

Note de bas de page 35 :

Antée , p. 62 .

Note de bas de page 36 :

Chevalier : "Marine Française", 1778.

Note de bas de page 37 :

Plus tard, le vice-amiral Sir Hyde Parker, Bart., qui périt sur le *Cato* en 1783. Il était le père de cet amiral Sir Hyde Parker, qui en 1801 était le commandant en chef de Nelson à Copenhague, et qui en 1778 commandait le *Phœnix* . 44, dans la flotte de Howe. (*Anté* , p. 39 , 46.)

CHAPITRE V

LA GUERRE NAVALE EN EUROPE. LA BATAILLE D'OUHANT
1778

Au cours des deux mois qui virent la lutte entre d'Estaing et Howe en Amérique, la seule rencontre entre flottes à peu près égales en 1778 eut lieu dans les eaux européennes. L'amiral Keppel, revenu à Spithead après l'affaire de la *Belle Poule* et de l' *Arethusa* [38], HYPERLINK "https://gutenberg.org/files/16602/16602-h/16602-h.htm" \l "footnote38" reprit la mer le 9 juillet, avec une force portée à trente navires de ligne. Il avait été mortifié par la nécessité d'éviter l'action, et même de se retirer au port, avec les effectifs insuffisants sous son commandement, et son esprit était maintenant déterminé à engager un engagement s'il rencontrait les Français.

La flotte brestoise prit également la mer, la veille de Keppel, sous le commandement de l'amiral comte d'Orvilliers. Il contenait trente-deux navires de ligne. Parmi eux, trois — 64, 60 et 50 — ne furent pas jugés aptes à la ligne de bataille, qui fut ainsi réduite à vingt-neuf voiles, transportant 2 098 canons. À ceux-ci, les Britanniques opposaient un total de 2 278 ; mais la comparaison par ce seul moyen est très grossière. Non seulement la taille des canons, mais aussi les classes et le poids des navires doivent être pris en compte. Dans le cas particulier, la question n'a que peu d'importance ; l'action étant indécise, et le crédit dépendant des manœuvres plutôt que des combats.

L'amiral français était gêné par des instructions vacillantes, reflets des impulsions instables qui animaient le ministère. Quels que soient ses souhaits personnels, il estimait qu'il était censé éviter d'agir, sauf dans des circonstances très favorables. Au moment du départ, il écrit : « Puisque vous me laissez libre de continuer ma croisière, je ne ramènerai la flotte à Brest, que par ordres positifs, avant d'avoir accompli le mois de mer mentionné dans mes instructions, et connu de tous les capitaines. Jusque-là je ne fuirai pas devant l'amiral Keppel, quelle que soit sa force ; seulement, si je le sais trop supérieur, j'éviterai du mieux que je peux une action disproportionnée ; mais si l'ennemi cherche réellement à la forcer , il sera très difficile de l'éviter." Ces propos expliquent sa conduite au cours des prochains jours.

Dans l'après-midi du 23 juillet, les deux flottes s'aperçurent à environ cent milles à l'ouest d'Ouessant, les Français étant alors sous le vent. Vers le coucher du soleil, ils se tenaient au sud-ouest, avec le vent d'ouest-nord-ouest, et se dirigeaient vers le nord-est de l'ennemi, qui mentait, se dirigeant vers le nord. Les Britanniques restant presque immobiles toute la nuit et le vent tournant, d'Orvilliers profita des conditions pour pousser au vent et, le matin, se trouva se diriger vers le nord-ouest de son adversaire. [39] Leurs positions relatives satisfaisaient pour le moment les deux amiraux ; car Keppel se trouvait interposé entre Brest et les Français, tandis que d'Orvilliers, tout en cédant l'avantage d'une retraite ouverte vers son port, avait permis, en se procurant la jauge météorologique, de tenir sa promesse de garder la mer et pourtant de éviter d'agir. Cependant, deux de ses navires, le *Duc de Bourgogne*, 80, et un 74, étaient toujours sous le vent, non seulement de leur propre corps principal, mais aussi des Britanniques. Keppel envoya des poursuivants à leur poursuite, dans le but exprès de contraindre d'Orvilliers à agir pour les soutenir40, et les Britanniques croyaient qu'ils étaient forcés de retourner à Brest pour éviter d'être coupés. Ils quittèrent certainement leur flotte, qui fut ainsi réduite à vingt-sept voiles effectives. À partir de ce moment et jusqu'au 27 juillet, le vent continua à souffler vers l'ouest, et la méfiance de l'amiral français déjoua tous les efforts de son adversaire pour se mettre à portée. Keppel, n'ayant aucun doute sur ce qu'on attendait de lui, poursuivit vigoureusement, guettant sa chance. Le matin du 27 juillet, les deux flottes [Fig. 1, AA, AA] étaient distantes de six à dix milles, vent sud-ouest, toutes deux sur bâbord amure, 41 direction nord- ouest ; les Français plein au vent, en ligne devant. Les Britanniques étaient en ligne de proue et de quart. Dans cette formation, lorsqu'elle était exacte, les navires d'une flotte étaient presque côte à côte ; Cependant, ils étaient si éloignés que s'ils viraient de bord tous en même temps, ils se trouveraient immédiatement en ligne de bataille, près du vent, — l'ordre de combat. [42] Les deux flottes étaient irrégulièrement formées, la britannique en particulier ; car Keppel considérait avec raison qu'il n'atteindrait pas son dessein s'il était pédant quant à l'ordre de son départ. Il avait donc signalé une « chasse générale », qui, en permettant une grande liberté de mouvement individuel, facilitait la progression de tout le corps. À l'aube, la division commandée par sir Hugh Palliser — l'aile droite, alors en tête — avait chuté vers l'arrière [R] ; et à 5 h 30 du matin, le signal fut donné à sept de ses voiliers les plus rapides de poursuivre au vent, d'aller plus au vent en appuyant sur la voile, le but étant de les placer par rapport au corps principal, de manière à soutenir ce dernier , si l'occasion se présentait. pour l'action devrait offrir.

A 9 heures du matin, l'amiral français, voulant s'approcher de l'ennemi et y voir plus clair, ordonna à sa flotte de porter successivement, — de contremarcher. Tandis que les fourgons contournaient (b) sous ce signal, ils devaient se diriger face au vent (be), parallèlement à leur ancienne ligne, sur laquelle se trouvaient encore ceux qui les suivaient, jusqu'à ce qu'ils atteignent le point où le navire arrière avait entre-temps avancé (c), alors qu'ils pouvaient à nouveau tirer au vent. Cela a provoqué une perte de terrain sous le vent, mais pas plus que ce que d'Orvilliers pouvait se permettre, dans l'état actuel des choses. Juste après qu'il se soit bien engagé dans la manœuvre, le vent tirait au sud deux pointes, [43] du sud-ouest au sud-sud-ouest, ce qui favorisait les Britanniques, leur permettant de se rapprocher davantage de l'ennemi (BB). Le changement a également projeté les arcs des Français hors de la ligne qu'ils suivaient, perturbant leur ordre. Keppel continua donc sur bâbord amure, jusqu'à ce que tous les Français (BB), soient sur tribord, et à 10h15, étant presque dans leur sillage, il ordonna à ses propres navires de virer de bord ensemble (dd), ce qui les mettrait en ligne devant. sur le même ton que les Français ; c'est-à-dire avoir le vent du même côté. Cela a mis les Britanniques en colonne, [44] toujours sous le vent, mais presque derrière l'ennemi et le suivant (CC). A ce moment, une grosse rafale de pluie se leva, cachant les flottes les unes aux autres pendant trois quarts d'heure. Avec la bourrasque, le vent est revenu au sud-ouest, favorisant les Britanniques sur ce bord, comme sur l'autre, et leur permettant de se préparer pour l'arrière de l'ennemi, après quoi (BB français) ils étaient debout et pouvaient maintenant passer à l'action. Lorsque le temps s'éclaircit, à 11 heures, on voit les Français avoir recommencé, tous les navires ensemble, et sont encore dans la confusion d'une manœuvre (CC) en partie exécutée. Leur amiral avait sans doute reconnu, au changement de vent et à la direction de l'ennemi lors de sa dernière visibilité, qu'une rencontre ne pouvait être évitée. S'il continuait sur tribord amures, l'avant-garde de l'ennemi poursuivant, dont la détermination à forcer la bataille ne pouvait être mal comprise, dépasserait ses navires arrière, engageant autant d'entre eux qu'il le souhaiterait. En reprenant bâbord amure, les têtes de colonnes se rencontreraient, et les flottes passeraient en sens inverse, à égalité de position ; car tous les Français s'engageraient, et pas seulement une partie de leurs arrières. C'est pourquoi il avait ordonné à ses navires de faire le tour en même temps ; formant ainsi à nouveau rapidement une colonne, mais en inversant l'ordre pour que l'arrière devienne la camionnette.

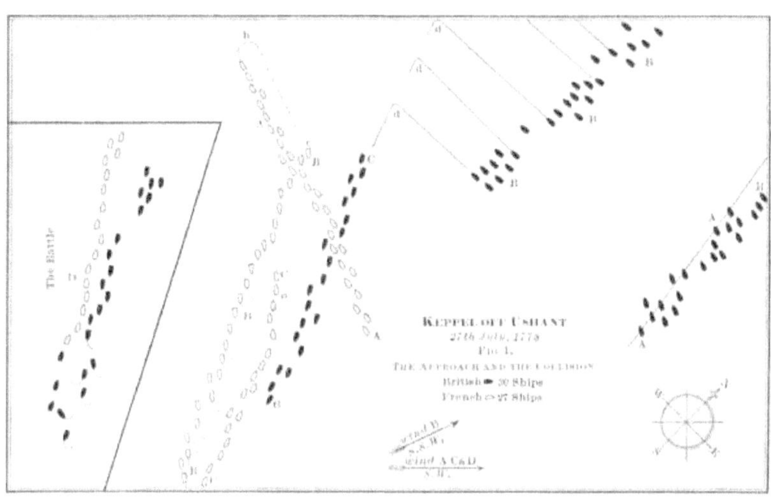

D'Orvilliers et Keppel, au large d'Ouessant, 27 juillet 1778
Figure 1

Jusqu'à présent, Keppel n'avait donné aucun signal indiquant la ligne de bataille, et il ne le faisait pas non plus maintenant. Reconnaissant, après quatre jours de poursuite, que son ennemi évitait l'action, il jugea à juste titre qu'il devait la forcer, même en prenant certains risques. Ce n'était pas l'heure d'un instructeur, ni d'un défilé. En outre, grâce au signal matinal de poursuite des navires sous le vent, ceux-ci, formant l'arrière de la colonne désordonnée dans laquelle il avançait, étaient maintenant bien au vent, capables ainsi de soutenir leurs camarades, s'il le fallait, ainsi que d'attaquer. l'ennemi. Bref, la quasi-totalité des forces entre en action, quoique beaucoup moins régulièrement qu'on aurait pu le souhaiter. Ce qui allait suivre était un combat acharné, mais c'était tout ce qu'on pouvait obtenir, et mieux que rien. Keppel donna donc simplement le signal du combat, et cela au moment même où les tirs commençaient. La collision fut si soudaine que les navires ne portèrent pas d'abord leurs couleurs.

Les Français aussi, bien que leurs manœuvres aient été plus méthodiques, étaient dans une certaine confusion. Il n'est pas donné à un corps de trente navires, de qualités diverses, d'atteindre la perfection du mouvement en quinze jours de pratique maritime. Le changement de vent avait précipité une action qu'un amiral avait recherchée et que l'autre avait évitée ; mais chacun devait y faire face avec autant de changements qu'il le pouvait. Les Britanniques (CC) étant au près, les Français (CC), avançant sur une ligne parallèle, étaient à quatre points 45 du vent. La plupart de leurs navires auraient donc pu passer au vent de leurs adversaires, mais le fait que ces derniers pouvaient atteindre certains des leaders obligeait les autres à les soutenir. Comme l'avait dit d'Orvilliers, il était difficile d'éviter un ennemi résolu à combattre. Les trois premiers navires français [46](e) virèrent leur vent, obéissant au signal de l'amiral pour former la ligne de bataille, c'est-à-dire une ligne au près. Cela eut pour effet de les éloigner progressivement de la ligne hostile, les mettant hors de portée du centre et de l'arrière britanniques. Ceci, s'il était imité par leurs partisans, rendrait l'affaire encore plus partielle et indécise que ne l'était habituellement un tel passage. Le quatrième navire français commença l'action, ouvrant le feu peu après onze heures. Les navires des flottes adverses avançaient sous des toiles courtes (D), tirant selon l'occasion offerte, mais nécessairement très handicapés par la fumée, qui empêchait la vue claire d'un ennemi et provoquait l'inquiétude qu'un ami invisible ne reçoive une bordée. "La distance entre le *Formidable* , 90, (le vaisseau amiral de Palliser) et l' *Egmont* , 74, était si courte", a témoigné le capitaine John Laforey, dont le trois-ponts, l' *Océan* , 90, était de front et en dehors de cet intervalle, "qu'il était avec difficulté, je pouvais me maintenir entre eux pour les engager, sans tirer sur eux, et j'étais une fois très près à bord de l' *Egmont* , "- le prochain en avant de l' *Océan* . Le *Formidable* gardait son hunier d'artimon en arrière la plupart du temps, pour amortir son chemin, pour laisser l'espace nécessaire à l' *océan* et aussi pour permettre aux navires arrière de se fermer. "À une heure et quart", a témoigné le capitaine Maitland de l' *Elizabeth* , 74 ans, "nous étions très près derrière le *Formidable* , et un aspirant sur la dunette a crié qu'il y avait un navire qui arrivait à bord sur la proue. J'ai mis la barre. "... et j'ai découvert, lorsque la fumée s'est dissipée, que j'avais été abattu sous le vent *du Formidable* . Il était alors engagé avec les deux derniers navires de la flotte française, et, comme je ne pouvais pas leur tirer dessus sans tirer à travers le *Formidable* , j'ai été obligé de continuer." [47] Le capitaine Bazely, du *Formidable* , dit à propos du même incident : « Le *Formidable* a fait face, au moment de l'action, à l'un des navires ennemis, pour éviter d'être à son bord, dont le foc touchait presque la chute principale du hunier. le *Formidable* . Je pensais que nous ne pouvions pas éviter d'être à bord.

Contrairement au résultat habituel, les pertes de la division arrière, en tués et en blessés, furent les plus lourdes, égalant presque le total des deux autres. [48] Cela était dû au signal matinal de chasse au vent, qui rapprochait ces navires de leurs chefs. Dès que l'avant-garde britannique, composée de dix navires, eut dépassé l'arrière français, son commandant, le vice-amiral Sir Robert Harland, anticipant les souhaits de Keppel, lui fit signe de contourner et de suivre l'ennemi (Fig. 2, V). Comme la colonne française était en liberté, ces navires, lorsqu'ils étaient à proximité, se mettaient au vent de son sillage. Lorsque le *Victory* sortit du feu, à 13 heures, Keppel fit également un signal similaire et tenta de porter (c), les blessures à son gréement ne permettant pas de virer de bord ; mais il fallait faire preuve de prudence dans les manœuvres à travers la proue des navires suivants, et ce n'est qu'à 14 heures que le *Victory* fut sur l'autre bord (Fig. 2, C), se dirigeant vers les Français. A cette heure, à 14 heures, juste avant ou juste après le port, le signal de bataille était lancé, et celui de la ligne de bataille était hissé. Le but de cette dernière était de reformer l'ordre, et la première fut abandonnée, en partie parce qu'elle n'était plus nécessaire, principalement pour ne pas paraître contredire l'appel urgent à une reformation.

A cette époque, six ou sept de la division Harland étaient sur la proue du *Victory*, au vent (vers l'ouest), mais un peu en avant, et se tenant comme elle derrière les Français ; le tout sur le point d'amure bâbord (Fig. 2). Aucun membre de la division centrale n'a réussi à rejoindre le vaisseau amiral d'un coup. À 14 h 30, le navire de Palliser, le *Formidable* (R), tribord amure, dépasse le *Victory* sous le vent, apparemment le dernier de la flotte hors de combat. Une demi-heure après, la *Victoire* avait été rejointe par trois hommes du centre qui la suivaient de près, la camionnette restant dans la même position relative. À l'arrière de ces deux groupes de l'avant-garde et du centre se trouvaient un certain nombre d'autres navires dans divers degrés de confusion, certains circulant, certains essayant de s'approcher, d'autres complètement désactivés. Surtout, il y avait au sud-sud-est, donc bien sous le vent, un groupe de quatre ou cinq navires britanniques, visiblement temporairement incapables de manœuvrer.

C'est la situation qui frappa l'amiral français, scrutant le terrain alors que la fumée s'éloignait. Le désordre des Britanniques, né de la poursuite générale, s'était accru par la précipitation des manœuvres succédant à la bourrasque, et avait culminé dans les conditions que je viens de décrire. C'était le résultat inévitable d'une exigence militaire à laquelle était confrontée une flotte récemment équipée. Les Français, partis d'une meilleure formation, en étaient sortis en meilleure forme. Mais, après tout, il paraît difficile de remédier entièrement à l'inconvénient d'une politique essentiellement défensive ; et l'ordre suivant de d'Orvilliers, bien que bien conçu, fut sans résultat. À 13 heures [42] il fit signe à sa flotte de se porter successivement et de former la ligne de bataille sur tribord amures (Fig. 2, F). Ce signal n'a pas été vu par le navire de tête, qui aurait dû commencer le mouvement. Le jeune amiral français, dans le quatrième navire de l'avant-garde, fit enfin le tour et parla du vaisseau amiral, pour savoir quel était le désir du commandant en chef. D'Orvilliers expliqua qu'il souhaitait longer la flotte ennemie d'un bout à l'autre, sous *le vent*, parce que dans son état désordonné il y avait une bonne promesse d'avantage, et qu'en se dirigeant sous le vent - en présentant son côté météo à l'ennemi - il pouvait utiliser les canons météorologiques du pont inférieur, alors que, dans l'état de la mer d'alors, les ports inférieurs sous le vent ne pouvaient pas être ouverts. Ainsi expliqué, le mouvement fut exécuté, mais le moment favorable était passé. Ce n'est qu'à 14h30 que la manœuvre devient évidente pour les Britanniques.

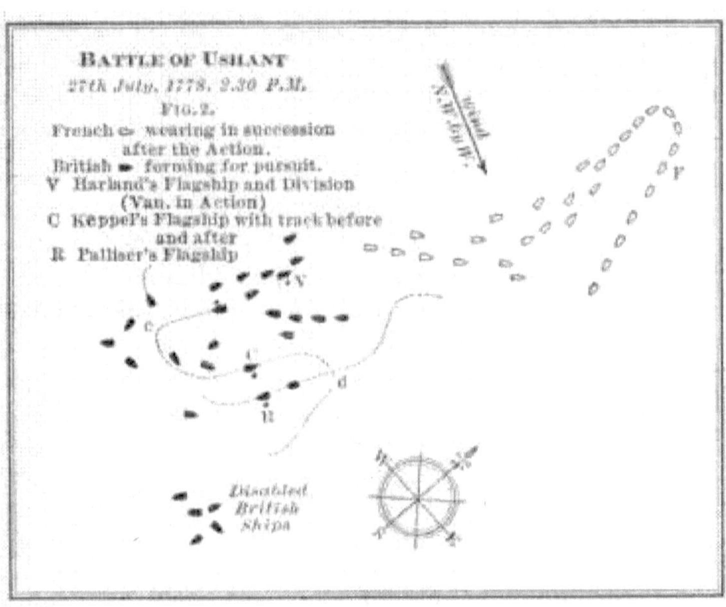

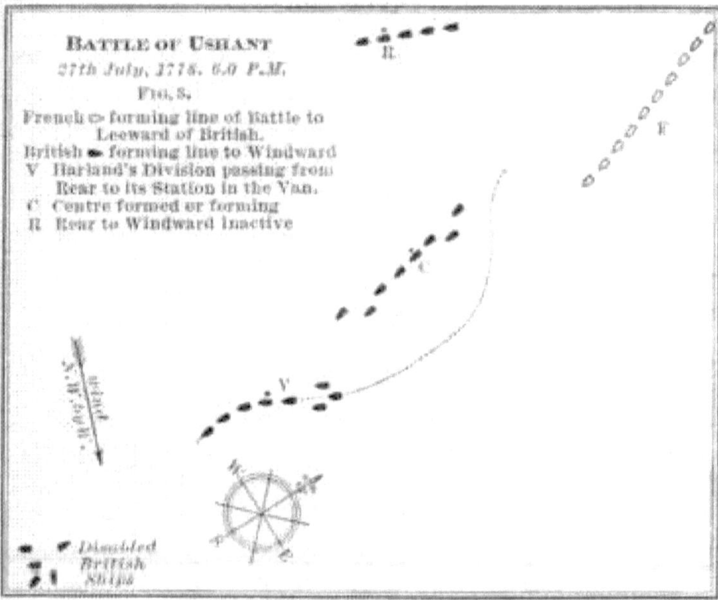

D'Orvilliers et Keppel, au large d'Ouessant, 27 juillet 1778
Figures 2 et 3

Dès que Keppel reconnut l'intention de son adversaire, il porta à nouveau le *Victory* , (d), quelques minutes après 15 heures, et se leva lentement, tribord amure *face au vent* , vers ses navires paralysés au sud-sud-est. , gardant en l'air le signal de la ligne de bataille, qui ordonnait à chaque navire maniable de se rendre à sa station (Fig. 3, C). Comme ce mouvement délibéré s'éloignait de l'ennemi (F), Palliser essaya ensuite d'y apposer le stigmate de la fuite, extravagance absurde. Harland mit aussitôt sa division en mouvement et rejoignit l'amiral. Sur ce point, sa station était en avant du *Victory* , mais à la suite d'un message de Keppel, il se plaça derrière elle, pour couvrir l'arrière jusqu'à ce que la division Palliser puisse réparer les dégâts et prendre sa place. A 16 heures, la division Harland était en ligne. Les navires de Palliser, à mesure qu'ils terminaient leur réaménagement, se rangeaient devant ou derrière son vaisseau amiral ; leurs capitaines considérant, comme ils l'ont déclaré, qu'ils prenaient place auprès de leur commandant de division, et non à partir du navire du commandant en chef. Il se forma ainsi, sur le quartier météorologique du *Victory* , et à un mille ou deux de distance, une ligne distincte de navires, constituant sur ce point l'arrière propre de la flotte, et dépendant pour l'initiative du vaisseau amiral de Palliser (Fig. 3, R). A 17 heures, Keppel fait dire par une frégate à Palliser de se précipiter dans la ligne, car il n'attend que sa reprise de l'action, les Français ayant désormais terminé leur manœuvre. Ils n'avaient pas attaqué, comme ils auraient pu le faire, mais s'étaient rangés sous le vent des Britanniques, leur avant-garde devant le centre de ces derniers. Au même moment, Harland reçut l'ordre de se déplacer vers sa position appropriée dans la camionnette, ce qu'il fit immédiatement (Fig. 3, V). Palliser ne fit aucun mouvement et Keppel, avec une patience extraordinaire, sinon coupable, s'abstint de rappeler les navires arrière en ligne par leurs fanions individuels. C'est ce qu'il fit enfin vers 19 heures, signalant spécifiquement à chacun des navires alors groupés avec Palliser (sauf son propre vaisseau amiral) de quitter ce dernier et de prendre leur poste dans la ligne. Cela a donc été fait, mais il a été jugé alors trop tard pour renouveler l'action. Le lendemain matin, à l'aube, seuls trois navires français étaient en vue depuis les ponts ; mais le corps principal pouvait être vu au sud-est depuis certaines têtes de mât et on pensait qu'il se trouvait à quinze ou vingt milles de distance.

Bien qu'absolument indécise, ce fut une escarmouche plutôt intelligente ; la perte britannique étant de 133 tués et 373 blessés, celle des Français de 161 tués et 513 blessés. Le résultat général semblerait indiquer que les Français, conformément à leur politique habituelle, avaient tiré pour paralyser les espars et les gréements de leur ennemi, la force motrice. Cela serait conforme à l'objectif avoué de d'Orvilliers d'éviter toute action sauf dans des circonstances favorables. À mesure que la fumée s'épaississait et que la confusion augmentait, les flottes se rapprochèrent et, quelle que soit l'intention, de nombreux tirs trouvèrent leur chemin vers les coques britanniques. Néanmoins, comme le montrent les résultats, le nombre d'hommes touchés parmi les Français était de près de 7 contre 5 pour les

Britanniques. D'un autre côté, il est certain que la puissance de manœuvre des Français après l'action était supérieure à celle des Britanniques. .

Les deux camps ont revendiqué l'avantage. C'était simplement un point d'honneur ou de crédit, car aucun avantage matériel ne revenait à aucun des deux. Keppel avait réussi à forcer d'Orvilliers à agir contre sa volonté ; d'Orvilliers, par une évolution bien jugée, avait conservé après l'engagement une supériorité de puissance de manœuvre. Si son prochain signal avait été promptement obéi, il aurait pu repasser à côté de la flotte britannique, en assez bon ordre, avant qu'elle ne se reforme et concentrer son feu sur le plus sous le vent de ses navires. Même avec ce retard, il était clairement en son pouvoir de reprendre le combat ; et le fait qu'il ne l'ait pas fait perd toute prétention à la victoire. Sans parler du meilleur état des navires français, Keppel, en courant face au vent, avait donné à son adversaire toute l'opportunité d'atteindre sa flotte et d'attaquer. Au lieu de cela, d'Orvilliers se rangea sous le vent des Britanniques, hors de portée, et offrit la bataille ; un défi vaillant, mais envers un ennemi estropié.

Le temps fut ainsi donné aux Britanniques pour réaménager suffisamment leurs navires pour qu'ils puissent à nouveau s'enfoncer. L'amiral français n'aurait pas dû permettre cela. Il aurait dû attaquer promptement, ou bien battre en retraite ; au vent ou sous le vent, comme cela semblait le plus opportun. Dans ces conditions, il n'était pas bon de donner du temps à l'ennemi et d'attendre son bon plaisir. Keppel, en revanche, ayant eu cette chance, aurait dû reprendre le combat ; C'est là qu'est née la controverse qui a frappé toute l'Angleterre par les oreilles, et dont on peut dire qu'elle a immortalisé cet incident par ailleurs insignifiant. La division Palliser devait être au vent de 16 heures à 19 heures, pendant que les signaux volaient pour former une ligne de bataille et se diriger dans le sillage de l'amiral ; et Keppel a allégué que, si ces règles avaient été respectées avant 18 heures, il aurait repris la bataille, ayant encore plus de deux heures de jour. On a déjà dit qu'outre les signaux, une frégate fit savoir à Palliser que l'amiral n'attendait que lui.

Le différend immédiat présente peu d'intérêt à l'heure actuelle, sauf en tant que lien historique dans le développement des combats de la marine britannique ; et seule cette signification historique justifie plus qu'une mention passagère. En 1778, les esprits étaient encore pleins de l'exécution de Byng en 1757 et de l'affaire Mathews et Lestock en 1744, qui avaient sensiblement influencé Byng dans son action au large de Minorque. Keppel a parlé à plusieurs reprises de lui-même comme étant jugé pour sa vie ; et il avait été membre de la cour martiale de Byng. L'essentiel des accusations portées contre lui, préférées par Palliser, était qu'il avait attaqué en premier lieu sans former correctement sa ligne, ce pour quoi Mathews avait été censuré ; et, deuxièmement, qu'en ne renouvelant pas l'action après le premier passage et en épuisant la flotte française, il n'avait pas fait tout son possible pour « prendre, couler, brûler et détruire ». C'est pour cette raison que Byng a été abattu. Keppel, outre ses raisons justifiant sa conduite en général, alléguait et prouvait sa pleine intention d'attaquer de nouveau, si Palliser n'avait pas manqué de s'aligner, délinquance la même que celle de Lestock, qui contribua à la ruine de Mathew.

En d'autres termes, les esprits s'éloignaient, sans toutefois s'en débarrasser complètement, de la tyrannie de l'Ordre de Bataille, une des pires tyrannies, parce que fondée sur la vérité. L'erreur absolue, comme tout mensonge, peut être rapidement détectée ; les demi-vérités sont gênantes. L'Ordre de Bataille [50] était un serviteur admirable et un despote des plus répréhensibles. Mathews, désespéré d'un second récalcitrant, jeta le joug, engagé avec une partie de ses forces, fut mal soutenu et censuré ; Lestock s'échappe. Byng, considérant cela, et étant un pédant de nature, ne romprait pas sa ligne ; l'ennemi s'éclipsa, Minorque se rendit et il fut fusillé. Lors de la cour martiale de Keppel, vingt-huit des trente capitaines qui étaient en ligne furent cités comme témoins. La plupart d'entre eux juraient que si Keppel avait poursuivi en ligne de bataille ce jour-là, il n'y aurait pu avoir aucune action, et la majorité d'entre eux approuvèrent cordialement sa décision ; mais il y avait évidemment encore un courant sous-jacent de dissidence, et particulièrement dans les navires arrière, où il y avait eu certaines des dispersions inévitables dans de tels mouvements. Leurs commandants faisaient donc l'expérience inconfortable du manque de soutien mutuel, que la ligne de bataille était censée assurer.

Un autre indice d'un pédantisme encore survivant était l'obligation ressentie par les navires arrière de prendre poste aux côtés de leur propre amiral et d'y rester lorsque les signaux de la ligne de bataille retentissaient et de foncer dans le sillage de l'amiral. Ainsi, la propre inaction de Palliser, quelle qu'en soit la cause, paralysa les six ou huit voiles qui l'accompagnaient ; mais il semble à l'auteur que Keppel a commis une grave négligence en n'appelant pas ces navires par leurs propres fanions, dès qu'il a commencé à se méfier des desseins du vice-amiral, au lieu de retarder le fait de le faire jusqu'à 19 heures, comme il l'a fait. C'est une curieuse image que nous présentent les preuves. Le commandant en chef, son état-major et le capitaine du navire, s'inquiétant et fulminant sur le Le pont arrière *de la Victoire ;* les signaux volants qui ont été mentionnés ; La division Harland se met en ligne en avant ; et quatre points sur le quartier météorologique, distants de seulement deux milles, de sorte que « chaque canon et chaque port puissent être comptés », un groupe de sept ou huit naviguaient, parmi eux le drapeau du troisième commandant, spectateurs apparemment indifférents. Le seul signe d'incapacité *du Formidable* était le hunier déplié pendant quatre heures, un retard qui, étant inexpliqué, plutôt accru que dissipé les soupçons, alors répandus dans toute la Marine. Palliser était conservateur et avait quitté le conseil d'amirauté pour prendre son commandement. Keppel était un Whig si fort qu'il ne voulait pas servir contre les Américains ; et il craignait évidemment d'être trahi et de se ruiner.

La défense de Palliser reposait sur trois points principaux : (1) que le signal de la ligne de bataille n'était pas vu à bord du *Formidable* ; (2), que le signal pour se mettre dans le sillage de l'amiral a été répété par lui-même ; (3), que son mât de misaine était blessé, et de plus trouvé en si mauvais état qu'il craignait d'y porter des voiles. En ce qui concerne le premier, le signal a été vu à bord de l' *Océan*, immédiatement à l'arrière et « non loin » du [51]*Formidable* ; pour le second, l'amiral aurait dû être informé d'une incapacité par laquelle un seul navire neutralisait une division. La frégate qui a apporté le message de Keppel aurait pu le rapporter. Troisièmement, l'aspect le plus préjudiciable de l'argumentation de Palliser était qu'il affirmait qu'après avoir échappé au feu, il se dirigeait immédiatement vers l'ennemi ; ensuite, il l'a porté à nouveau. Un navire qui portait ainsi deux fois avant trois heures aurait pu faire preuve de suffisamment de zèle et d'efficacité pour parcourir deux milles, face au vent, [52]à cinq heures, pour soutenir un combat. Une trahison délibérée est impossible. Pour cet auteur, le comportement du vice-amiral semble être celui d'un homme boudeur, qui ne fera que ce qu'il ne trouve aucune excuse pour négliger. Dans de tels cas de navigation serrée, les hommes franchissent généralement la ligne et commettent de graves erreurs.

Keppel a été innocenté de toutes les accusations portées contre lui ; l'accusateur n'avait pas cru bon d'inclure parmi eux le retard nécessaire au rappel des navires que son propre exemple retenait. Aucune accusation précise ne fut portée contre Palliser, mais l'Amirauté ordonna une enquête générale sur sa route le 27 juillet. Le tribunal trouva sa conduite « dans de nombreux cas très exemplaire et méritoire » (il s'était bien battu), « mais répréhensible de ne pas avoir informé le commandant en chef de sa détresse, ce qu'il aurait pu faire soit par le Renard, soit par le Renard . d'autres moyens qu'il avait en son pouvoir. L'opinion publique étant fortement favorable à Keppel, son acquittement fut célébré par des feux de joie et des illuminations à Londres ; la foule s'est enivrée, a brisé les fenêtres des amis de Palliser, a détruit la propre maison de Palliser et a failli tuer Palliser lui-même. L'Amirauté, en 1780, le nomma gouverneur de l'hôpital de Greenwich.

Le 28 juillet, les Britanniques et les Français n'étant plus en vue l'un de l'autre, Keppel, considérant sa flotte trop blessée en altitude pour croiser près des côtes françaises, s'éloigna vers Plymouth, où il arriva le 31. Avant de reprendre la mer, il prévoyait contre la répétition du méfait du 27 par un ordre général, selon lequel « à l'avenir, la ligne sera toujours prise du Centre ». Si cela avait été en vigueur auparavant, les capitaines du Palliser auraient pris position aux côtés du commandant en chef, et le *Formidable* aurait été laissé seul au vent. Au même moment, Howe rapprochait son escadre du centre de l'Amérique ; et Rodney, deux ans plus tard, subit les effets néfastes de la distance prise par rapport au prochain navire en tête, lorsque le navire de tête d'une flotte ne respectait pas un ordre.

Bien qu'il ait critiqué en privé la conduite de Palliser, le commandant en chef n'a déposé aucune plainte officielle, et ce n'est que lorsque l'affaire a été publiée dans les journaux, grâce aux discussions de la flotte, que les difficultés ont commencé et ont abouti au procès des deux officiers, très tôt. l'année suivante. Après cela, Keppel, mécontent du traitement réservé par l'Amirauté, fit part de son souhait d'abandonner le commandement. L'ordre de frapper son drapeau était daté du 18 mars 1779. Il ne fut plus employé à flot, mais lors du changement d'administration en 1782, il devint Premier Lord de l'Amirauté et resta ainsi, avec une brève interruption, jusqu'en décembre 1783.

Il est peut-être nécessaire de mentionner que les Britanniques et les Français affirmaient, et affirment encore aujourd'hui, que l'autre partie avait abandonné le terrain. [53] Le point est trop trivial, de l'avis de l'auteur, pour justifier une discussion plus approfondie d'un épisode dont l'intérêt historique est très mince, bien que les enseignements professionnels soient précieux. Le cas britannique avait l'avantage, grâce aux cours martiales, des témoignages sous serment de vingt à trente capitaines, qui convenaient que les Britanniques gardaient le même bord à voile courte toute la nuit, et que le matin, seuls trois navires français étaient à bord. visible. Pour autant que l'auteur le sache, l'affirmation française ne repose que sur les rapports habituels.

Note de bas de page 38 :

Ante , p. 61 , 62 .

Note de bas de page 39 :

Témoignage des capitaines Hood, Robinson et Macbride, et du contre-amiral Campbell, capitaine de la flotte de Keppel.

Note de bas de page 40 :

Voir remarque à la page précédente.

Note de bas de page 41 :

On dit qu'un navire est sur bâbord amures lorsqu'il a le vent qui souffle sur son bâbord, ou sur son côté gauche ; sur tribord amure, lorsque le vent est du côté droit. Ainsi par vent d'est, s'il se dirige vers le nord, il est tribord amure ; si sud, sur le port.

Note de bas de page 42 :

Voir aussi la remarque ; *article* , p. 200.

Note de bas de page 43 :

Vingt-deux degrés.

Note de bas de page 44 :

Colonne et ligne en avant sont des termes équivalents, chaque navire se dirigeant dans le sillage de son prochain en avant.

Note de bas de page 45 :

Quarante-cinq degrés.

Note de bas de page 46 :

Chevalier dit, p. 89, "Les Anglais sont passés hors de portée" de ces navires. Comme ces navires avaient le vent, ils avaient le choix de la portée, sauf signaux de leur propre amiral. En vérité, ils obéissaient à son ordre.

Note de bas de page 47 :

Ce témoignage des capitaines de l' *Ocean* et de l' *Elizabeth* contredit l'accusation de Palliser selon laquelle son navire n'était pas suffisamment soutenu.

Note de bas de page 48 :

C'était en réalité tout à fait égal, mais cela était dû à une explosion accidentelle à bord du *Formidable* .

Note de bas de page 49 :

Chevalier. Probablement plus tard que les autres heures utilisées dans ce récit.

Note de bas de page 50 :

L'ordre de bataille était constitué par les navires « de ligne » se rangeant les uns derrière les autres dans une succession prescrite ; la position de chacun et les intervalles entre les prises du navire suivant. Cela faisait du navire de tête le pivot de l'ordre et des manœuvres, sauf indication contraire particulière ; ce qui, en cas d'urgence, n'est pas toujours facile à réaliser. A la rigueur, si les circonstances le favorisaient, la ligne sur laquelle les navires se formaient ainsi était l'une des deux lignes au plus près ; « au près » signifiant amener la tête du navire aussi « près » que possible de la direction du vent, généralement à environ 70 degrés. L'avantage de la ligne au plus près était que les navires étaient plus maniables que lorsqu'ils étaient « hors du vent ».

Note de bas de page 51 :

Témoignage du capitaine John Laforey, de l' *Océan* .

Note de bas de page 52 :

"Je ne me souviens pas combien de points j'ai parcouru à cause du vent ; j'ai dû parcourir un parcours assez large." Témoignage du Capitaine J. Laforey, de l' *Océan* , sur ce point.

Note de bas de page 53 :

"Pendant la nuit (du 27), l'amiral Keppel s'est éloigné (*route convenable*) pour Portsmouth." Chevalier, "Marine Française", p. 90. Paris, 1877. Curieusement, il ajoute que « le 28 au soir, l'escadre française, *emportée vers l'est par les courants* , aperçut Ouessant ».

CHAPITRE VI

OPÉRATIONS AUX ANTILLES, 1778-1779.
L'INVASION BRITANNIQUE DE LA GÉORGIE ET
DE LA CAROLINE DU SUD

Les conditions saisonnières exercèrent une grande influence sur le moment et le lieu des hostilités pendant la guerre maritime de 1778 ; dont les scènes d'ouverture, en Europe et en Amérique du Nord, viennent d'être racontées. Dans les mers européennes, on s'est rendu compte que les entreprises navales par flottes, nécessitant des évolutions par masses de grands navires, n'étaient possibles qu'en été. Les vents hivernaux dispersèrent les navires, gênèrent les manœuvres et rendirent les tirs inefficaces. La même considération a prévalu pour limiter l'activité dans les eaux nord-américaines à l'été ; De plus, aux Antilles, des ouragans d'une violence excessive se sont produits de juillet à octobre. La pratique consistait donc à transférer l'effort d'un quartier à l'autre de l'hémisphère occidental, selon la saison.

Dans le récent traité avec les États-Unis, le roi de France avait formellement renoncé à toute prétention d'acquérir pour lui-même une partie du continent américain alors en possession de la Grande-Bretagne. En revanche, il s'était réservé le droit exprès de conquérir n'importe laquelle de ses îles au sud des Bermudes. Les Antilles étaient alors la région commerciale la plus riche du globe en valeur de leurs produits ; et la France souhaitait non seulement y accroître ses possessions déjà considérables, mais aussi établir plus solidement son mandat politique et militaire.

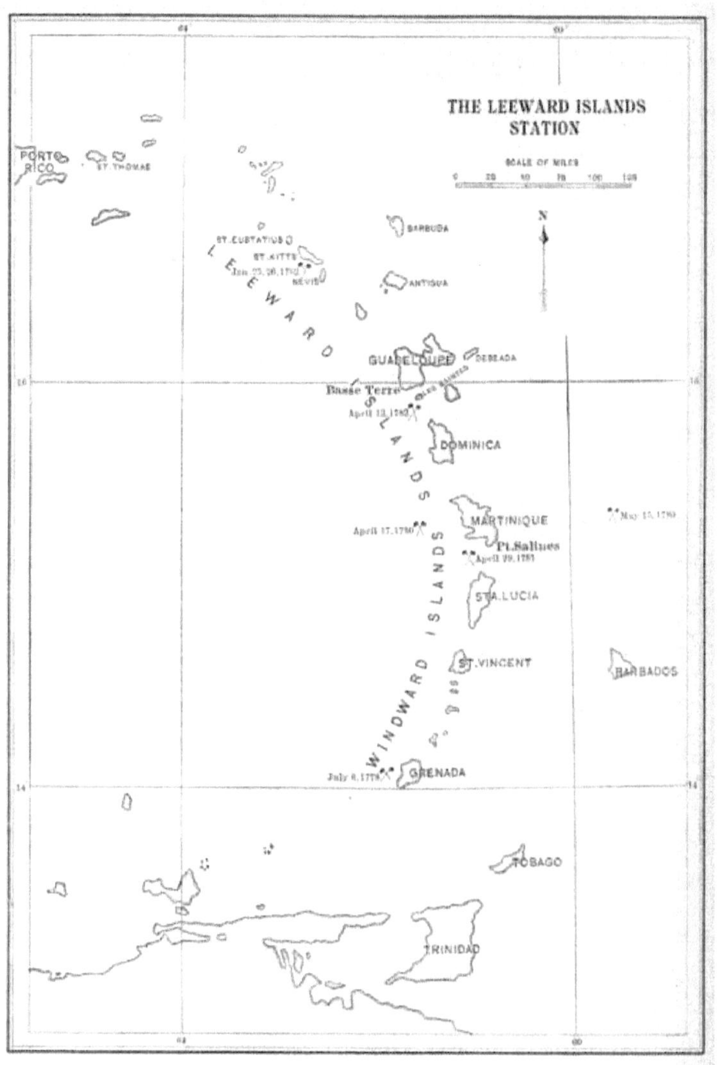

Station des Îles sous le Vent (Antilles)

En septembre 1778, l'île britannique de la Dominique fut saisie par une expédition de la colonie française adjacente de la Martinique. L'affaire fut une surprise et ne présente aucun intérêt militaire particulier ; mais il est instructif de constater que la Grande-Bretagne n'était pas préparée, aux Antilles comme ailleurs, lorsque la guerre éclata. Un changement avait été effectué peu de temps auparavant dans le commandement de la station des îles sous le Vent, comme on l'appelait, qui s'étendait d'Antigua vers le sud au-dessus des Petites Antilles, avec son quartier général à la Barbade. Le contre-amiral l'hon. Samuel Barrington, le nouveau venu, quittant son pays avant que la guerre ne soit déclarée, reçut l'ordre de ne pas quitter la Barbade jusqu'à ce que de nouvelles instructions arrivent. Celles-ci ne lui étaient pas parvenues lorsqu'il apprit la perte de la Dominique. Les Français avaient reçu leurs ordres le 17 août. Le coup était intrinsèquement assez grave, dans la mesure où la simple prise d'une position peut l'être, car les fortifications étaient solides, bien qu'elles n'aient pas été suffisamment garnies. C'est une erreur de construire des ouvrages et de ne pas les équiper, car leur chute transfère à l'ennemi une force qu'il aurait autrement besoin de temps pour créer. Pour les Français, la conquête était utile au-delà de sa valeur commerciale, car elle comblait une brèche dans leurs possessions. Ils détenaient désormais quatre îles consécutives, du nord au sud, la Guadeloupe, la Dominique, la Martinique et Santa Lucia.

Barrington possédait deux navires de ligne : son vaisseau amiral, le *Prince of Wales* , 74 ans, et le *Boyne* , 70 ans. S'il avait fait une croisière, ceux-ci auraient probablement dissuadé les Français. Dès qu'il reçut la nouvelle, il prit la mer, allant jusqu'à Antigua ; mais il n'osait pas rester à l'écart parce que les instructions attendues n'étaient pas encore arrivées et, comme Keppel, il craignait une interprétation peu généreuse de ses actions. Il est donc resté à la Barbade, guettant patiemment une opportunité d'agir.

Le départ de Howe et l'approche de l'hiver déterminèrent le transfert des troupes et des navires britanniques du continent vers les îles sous le Vent. Les renforts avaient donné à la flotte britannique en Amérique une supériorité numérique, qui imposait pour le moment un frein à d'Estaing ; mais Byron, proverbialement malchanceux du point de vue météo, fut conduit paralysé à Newport, laissant les Français libres de quitter Boston. La difficulté d'approvisionner une force aussi importante que douze navires de ligne menaçait d'abord d'empêcher le retrait, les approvisionnements étant alors extrêmement rares dans le port ; mais au moment critique, les corsaires américains apportèrent un grand nombre de prises, chargées de provisions venues d'Europe pour l'armée britannique. Ainsi d'Estaing put s'embarquer pour la Martinique le 4 novembre. Le même jour, une escadre britannique, composée de deux 64, trois 50 et trois petites embarcations, quitta New York pour la Barbade, sous le commandement du commodore William Hotham, convoyait cinq mille hommes pour servir aux Antilles.

Étant en route vers le même point, les deux corps hostiles suivirent des directions parallèles, chacun ignorant la proximité de l'autre. Sous la latitude des Bermudes, tous deux souffraient d'un violent coup de vent, mais les Français le plus ; le vaisseau amiral *Languedoc* perd ses mâts principaux et d'artimon. Le 25 novembre, un ~~54e~~ convoi de Hotham tomba aux mains de d'Estaing, qui fut alors le premier à connaître la navigation britannique. Ne sachant pas si leur destination était la Barbade ou Antigua, leurs deux principales stations, il opta pour cette dernière. Arrivé le 6 décembre, il croisa pendant quarante-huit heures, puis s'embarqua pour le fort Royal de la Martinique, principal dépôt français aux Antilles, où il jeta l'ancre le 9. Le 10, Hotham rejoignit Barrington à la Barbade.

Barrington savait déjà ce qu'il voulait faire et ne perdit donc pas un instant en délibération. Les troupes sont restées à bord, les dispositions relatives au convoi de Hotham étant laissées telles quelles. Le matin du 12 décembre, toute la force repartit, les principaux changements concernant le commandement en chef et l'ajout des deux navires de ligne de Barrington. Dans l'après-midi du 13, le navire jeta l'ancre dans le Grand Cul de Sac, une crique du côté ouest de Santa Lucia, à soixante-dix milles à l'est-nord-est de la Barbade. Une partie des troupes débarqua aussitôt et s'empara des batteries et des hauteurs du côté nord de la baie. Le reste a été débarqué le lendemain matin. Les forces françaises étaient insuffisantes pour défendre leurs ouvrages ; mais il faut remarquer qu'ils furent menés avec une énergie infatigable, et que c'est à cette promptitude que les Britanniques durent leur capacité à tenir la position.

Île de Santa Lucia

À trois milles au nord du Cul de Sac se trouve une baie alors appelée le Carénage ; maintenant Port Castries. A son extrémité nord se trouve un promontoire escarpé, La Vigie, alors fortifié, de la tenure duquel dépendait non seulement le contrôle de ce mouillage, mais aussi l'accès à l'arrière des ouvrages qui commandaient le Cul de Sac. Si ces ouvrages échouaient, l'escadre britannique devait abandonner sa position et prendre la mer, où l'attendrait la flotte bien supérieure de d'Estaing. En revanche, si l'escadre était écrasée à ses ancres, les troupes étaient isolées et devaient finalement capituler. La Vigie et l'escadre étaient donc les deux clés de la situation, et la perte de l'une ou de l'autre serait décisive.

Le 14 au soir, les Britanniques tenaient le littoral depuis La Vigie jusqu'à la pointe sud du Cul de Sac, ainsi que Morne Fortuné (Fort Charlotte), la capitale de l'île. La faible garnison française se retira à l'intérieur, laissant ses canons intacts, ses munitions et ses magasins intacts, autre exemple du danger que les travaux tournent à son propre désavantage. Le but de Barrington était maintenant de déplacer les transports vers le Carénage, en tant que port plus spacieux, probablement aussi mieux défendu ; mais il en fut empêché par l'arrivée de d'Estaing dans l'après-midi. « Au moment où toutes les stations importantes étaient sécurisées, les couleurs françaises ont frappé et le quartier général du général Grant établi à la maison du gouverneur, la frégate *Ariadne* est arrivée en vue avec le signal à l'étranger de l'approche d'un ennemi. » [55] La flotte française fut aperçue peu après depuis les hauteurs au-dessus de l'escadre.

Les Britanniques avaient jusqu'à présent beaucoup gagné en célérité, mais ils n'avaient toujours pas le temps de reprendre leur souffle. La nuit fut passée par les soldats à renforcer leurs positions, et par le contre-amiral à rectifier son ordre de faire face à l'attaque attendue. Les transports, au nombre de cinquante à soixante, étaient déplacés à l'intérieur des navires de guerre, et ces derniers étaient très soigneusement disposés à l'embouchure de la baie de Cul-de-Sac. A l'extrémité nord (au vent) [56] était placé l' *Isis* , 50, bien en dessous de la pointe pour empêcher quoi que ce soit de passer autour d'elle ; mais pour plus de sécurité, elle était soutenue par trois frégates, ancrées le long de l'intervalle qui la séparait du rivage. Depuis l' *Isis*, la ligne s'étendait vers le sud, en s'inclinant légèrement vers l'extérieur ; le *Prince of Wales* , 74 ans, vaisseau amiral de Barrington, prenant le flanc sud comme position la plus exposée. Entre elle et l' *Isis* se trouvaient cinq autres navires, le *Boyne* , 70, *le Nonsuch* , 64, *le St. Albans* , 64, *le Preston* , 50, et *le Centurion* , 50. Les ouvrages laissés par les Français aux points nord et sud de la baie peut avoir été utilisé pour soutenir les flancs, mais Barrington ne le dit pas dans son rapport.

D'Estaing disposait de douze navires de ligne, et, deux jours après, il put débarquer sept mille hommes. Avec une telle supériorité, il est évident que les Britanniques auraient été arrêtés au milieu de leurs opérations s'il était arrivé vingt-quatre heures plus tôt. Pour gagner du temps, Barrington avait cherché à empêcher les renseignements d'atteindre Fort Royal, à moins de cinquante milles de distance, en envoyant des croiseurs en avant de son escadre, pour couvrir les abords de Santa Lucia ; mais, malgré ses soins, d'Estaing eut la nouvelle le 14. Il appareilla immédiatement et, comme on l'a dit, était au large de Santa Lucia ce soir-là. Le 15, au point du jour, il remplaça le Carénage ; mais lorsqu'il arriva à portée, une vive canonnade lui apprit que l'ennemi était déjà en possession. Il décide donc d'attaquer l'escadre dans le Cul de Sac, et à 11 h 30 les Français le longent du nord au sud, en tirant, mais sans effet. Une deuxième tentative fut faite dans l'après-midi, dirigée sur le flanc sous le vent, mais elle fut également infructueuse. Les Britanniques ont fait tuer trois hommes ; la perte française n'est pas indiquée, mais on dit qu'elle a été légère. On affirme que ce jour-là, la brise marine n'a pas pénétré assez loin dans la baie pour permettre la fermeture. Cela arrive fréquemment, mais cela ne change rien au fait que l'escadron était le bon point d'attaque et que, surtout en hiver, une occasion de se rapprocher devait bientôt se présenter. D'Estaing, gouverné probablement par le parti pris militaire qu'il avait trahi à plusieurs reprises, décida maintenant d'attaquer les ouvrages à terre. Ancré dans une petite baie au nord du Carénage, il débarqua sept mille hommes et tenta le 18 de prendre d'assaut les lignes britanniques à La Vigie. Le cou de terre reliant le promontoire à l'île est très plat, et les Français travaillaient donc dans de grandes conditions désavantageuses en raison de la position dominante de leur ennemi. C'était une répétition de Bunker Hill et de nombreuses autres attaques frontales précipitées et malavisées. Après trois charges vaillantes mais inefficaces, dirigées par d'Estaing en personne, les assaillants se retirèrent, entraînant la perte de quarante et un officiers et huit cents soldats, tués et blessés.

Amiral, l'honorable Samuel Barrington

D'Estaing rembarqua ses hommes et se tint de nouveau prêt à attaquer Barrington ; une frégate étant stationnée au large du Cul-de-Sac, pour donner avis quand le vent devrait servir. Le 24, elle fit un signal et la flotte leva la balance ; mais Barrington, qui avait pris un très grand risque pour un objet adéquat, ne prenait aucun risque inutile par présomption. Il avait utilisé son répit pour diriger les navires de guerre plus loin, là où la brise arrivait moins sûrement et où les eaux plus étroites donnaient un meilleur soutien aux flancs. Il avait renforcé ces derniers également par de nouveaux ouvrages, dans lesquels il avait placé des canons lourds provenant des navires, manœuvrés par des matelots. Pour ces raisons ou pour d'autres, d'Estaing n'attaqua pas. Le 29, il quitta l'île, et le 30, le gouverneur français, le chevalier de Micoud, capitula formellement.

Cette réussite de Barrington et du major-général James Grant, qui lui était associé, fut saluée à l'époque par des applaudissements qui trouveront un écho dans le jugement militaire d'une époque ultérieure. Il y a un plaisir particulier à trouver la volonté d'encourir un grand risque, jointe à un souci qui ne risque rien contre lequel la plus grande diligence et la plus grande compétence peuvent se prémunir. La célérité, la prévoyance, la méfiance et l'audace de l'amiral Barrington ont inscrit dans les archives de la marine britannique un succès dont la distinction doit être mesurée, non pas par l'ampleur de l'échelle, mais par la perfection de l'exécution et par le l'énergie de l'exécution face à de grandes difficultés.

Santa Lucia est restée aux mains des Britanniques tout au long de la guerre. C'était une acquisition importante, car à son extrémité nord-ouest se trouvait un bon mouillage défendable, la baie de Gros Ilet, à seulement trente milles du Fort Royal en Martinique. La flotte britannique pouvait s'y trouver, lorsqu'elle le souhaitait, pour surveiller de près l'ennemi, sans toutefois s'inquiéter pour la sécurité du port lorsqu'elle était éloignée ; car ce n'était qu'un avant-poste, et non une base d'opérations, comme l'était le fort Royal. Il fut ainsi utilisé continuellement, et Rodney en sortit pour sa grande victoire en avril 1782.

Durant les six premiers mois de 1779, aucun incident important ne se produisit aux Antilles. Le 6 janvier, le vice-amiral Byron, avec dix navires de ligne venus de la baie de Narragansett, atteignit Santa Lucia et releva Barrington du commandement en chef. Les flottes britannique et française furent renforcées au cours du printemps, mais la force relative resta à peu près la même qu'auparavant, jusqu'au 27 juin, date à laquelle l'arrivée d'une division de Brest rendit les effectifs français quelque peu supérieurs.

Peu de temps auparavant, Byron avait été contraint par l'une des exigences commerciales qui gênaient constamment l'action militaire des amiraux britanniques. Un grand convoi de navires de commerce, à destination de l'Angleterre, se rassemblait à Saint-Kitts, et il jugea nécessaire de l'accompagner sur une partie du chemin du retour, jusqu'à ce qu'il soit bien à l'écart des croiseurs français des Antilles. Il quitta pour cela Santa Lucia au début du mois de juin. Dès que la côte fut libre, d'Estaing, informé du but de Byron, envoya une petite expédition combinée contre Saint-Vincent, qui se rendit le 18 du mois. Le 30, l'amiral français quitta lui-même le fort Royal avec toute sa flotte, vingt-cinq navires de ligne et plusieurs frégates, se dirigeant vers l'île britannique de Grenade, devant laquelle il jeta l'ancre le 2 juillet. Avec une promptitude louable, il débarqua ses troupes le soir même et, le 4, l'île capitula. À l'exception d'un petit sloop armé qui a été pris, la marine britannique n'a pris aucune part à cette transaction. Trente navires marchands richement chargés furent capturés dans le port.

Au point du jour du 6 juillet, Byron apparut avec vingt et une voiles de ligne, une frégate et un convoi de vingt-huit vaisseaux transportant des troupes et du matériel. Il était revenu à Sainte-Lucie le 1er, et y avait appris la perte de Saint-Vincent, avec le bruit que les Français étaient partis contre Grenade. Il avait donc pris la mer le 3, avec la force mentionnée.

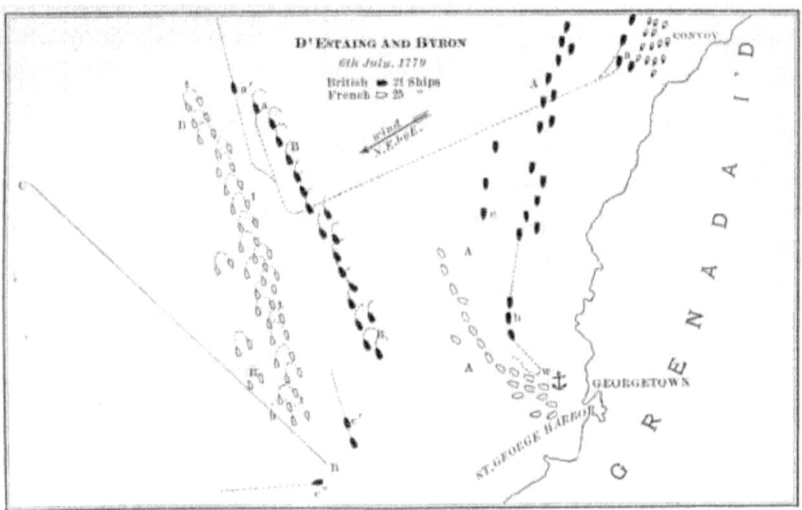

D'Estaing et Byron, 6 juillet 1779

L'approche britannique est signalée à d'Estaing dans la nuit du 5 juillet. La majeure partie de sa flotte était alors au mouillage au large de Georgetown, au sud-ouest de l'île ; certains navires, qui faisaient route en veille, étaient tombés sous le vent. [57] À 4 heures du matin, les Français commencèrent à lever leurs ancres, avec l'ordre de former une ligne de bataille sur tribord amure, par ordre de vitesse ; c'est-à-dire le plus rapidement possible sans tenir compte des stations habituelles. Lorsque le jour s'est complètement levé, la flotte britannique (A) a été vue se dirigeant vers le nord, près de la côte, sur bâbord amure, avec le vent libre du nord-est à l'est. Cela n'était pas en ordre, comme le montre le fait que les navires les plus proches de l'ennemi, et donc les premiers à se rapprocher, auraient dû être à l'arrière au moment où ils se rapprochaient. Pour cette condition, il n'y a aucune excuse évidente ; car une flotte ayant un convoi avance nécessairement si lentement que les navires de guerre peuvent maintenir un ordre raisonnable pour se soutenir mutuellement. De plus, les irrégularités autorisées en cas d'urgence ou lorsqu'aucun ennemi ne peut être rencontré soudainement, cessent de l'être lorsqu'il existe une probabilité imminente d'une rencontre. Les pires résultats de la journée sont à imputer à cette faute. Manquant de frégates, Byron avait affecté trois navires de ligne (a), sous les ordres du contre-amiral Rowley, au convoi, qui était bien sûr à l'écart de l'ennemi et quelque peu à l'arrière. Il était toutefois entendu que ceux-ci seraient rappelés en ligne, si nécessaire.

Lorsque les Français (AA) furent aperçus pour la première fois par Byron, leur ligne se formait ; la longue colonne mince s'allongeant progressivement vers le nord-nord-ouest, à partir de l' amas confus [58] encore visible au mouillage. Espérant profiter de leur désordre, il signala « une poursuite générale dans ce quartier [59], ainsi que le contre-amiral Rowley qui devait quitter le convoi ; et comme pas plus de quatorze ou quinze navires ennemis ne semblaient être en ligne, le le signal a été donné pour que les navires s'engagent *et se forment dès qu'ils pouvaient se relever* . [60] Il ressort de cela non seulement que les navires n'étaient pas en ordre, mais aussi qu'ils devaient se former sous le feu. Trois navires, le *Sultan* , 74, le *Prince of Wales* , 74, et le *Boyne* , 70, dans l'ordre nommé, le second portant le pavillon de Barrington, étaient bien en avance sur la flotte (b). La direction prescrite pour l'attaque, celle des navires regroupés à l'arrière des Français, entraîna les Britanniques vers le sud-sud-ouest, ou sud-ouest ; et comme l'avant-garde et le centre de l'ennemi s'éloignaient vers le nord-nord-ouest, les deux lignes ressemblaient alors aux jambes d'un « V », dont la pointe était le mouillage au large de Georgetown. Les trois navires de Barrington se rapprochèrent donc progressivement de l'ordre français, et durent recevoir son feu pendant un certain temps avant de pouvoir répondre, à moins qu'en tirant au vent, ils ne s'écartent du cap fixé. Ceci, ainsi que leur isolement, ont rendu leur perte très lourde. Lorsqu'ils atteignirent l'arrière des Français, la colonne de ces derniers était assez formée, et les navires de Barrington portèrent successivement (w), — tout comme ceux de Harland l'avaient fait lors de l'action de Keppel, — pour suivre l'autre bord . Ce faisant, le *sultan* se tenait à l'écart sous la poupe du navire ennemi le plus en arrière, pour le ratisser ; pour éviter que ces derniers ne s'ennuient. Le *sultan* perdit ainsi du temps et du terrain, et Barrington prit la tête, se tenant le long de la ligne française, de l'arrière à l'avant-garde et au vent.

Pendant ce temps, la formation de l'ennemi avait révélé pour la première fois à Byron, et à son grand désarroi, qu'il avait été trompé en pensant que les forces françaises étaient inférieures aux siennes. "Cependant, la poursuite générale s'est poursuivie et le signal a été donné pour un engagement rapproché." [61] Le reste des navires se plaça sur bâbord amure, comme l'avaient fait les trois premiers, et se porta dans le sillage de ce dernier, qu'ils suivirent ; mais avant d'atteindre le point d'usure, trois navires, « le *Grafton* , 74, le *Cornwall* , 74, et le *Lion* , 64 (c), *se trouvant sous le vent* , [62] soutinrent le feu de toute la ligne ennemie, alors qu'elle passait. sur tribord amure." Il semble clair que, ayant eu du vent, pendant la nuit et maintenant, et étant à la recherche d'un ennemi, il n'aurait pas dû «arriver» qu'un navire se trouve si loin sous le vent qu'il ne soit plus soutenu. Le capitaine Thomas White, RN, écrivant en tant que défenseur de Byron, dit, [63] "pendant que la camionnette portait... les navires les plus à l'arrière approchaient sous le commandement du contre-amiral Hyde Parker... Parmi ces navires, le *Cornwall* et le *Lion*, étant plus près de l'ennemi que ceux qui l'entouraient (car la division arrière ne s'était pas alors *formée en ligne*), ils ont attiré sur eux presque tout le feu de l'ennemi. Aucun mot ne peut montrer plus clairement le désordre désastreux et précipité dans lequel cette attaque a été menée. Le *Grafton*, dit White, se trouvait dans une situation similaire. En conséquence, ces trois-là furent si paralysés, outre une lourde perte en hommes, qu'ils tombèrent loin sous le vent et vers l'arrière (c', c"), alors qu'ils étaient sur l'autre amure.

Lorsque les navires britanniques en général eurent contourné et se trouvèrent en ligne devant sur tribord amure, — comme les Français, — allant de l'arrière à l'avant-garde de l'ennemi (positions B, B, B), Byron fit signe aux huit conduisant les navires à se rapprocher, à se soutenir mutuellement et à s'engager de manière rapprochée. Ceci, qui aurait dû être fait – non pas avec une précision extrême, mais avec une aptitude militaire – avant de s'engager, était moins facile maintenant, dans le vacarme de la bataille et avec des navires paralysés. Un subordonné à l'œil vif a cependant fait quelque chose pour remédier à l'erreur de son chef. Le contre-amiral Rowley était encore considérablement en arrière, devant rattraper la distance entre le convoi et la flotte. Alors qu'il suivait ce dernier, il vit les trois navires de Barrington indûment séparés et sans doute visiblement très mutilés. Au lieu donc de suivre aveuglément son chef, il coupa directement (aa) jusqu'à la tête de la colonne pour soutenir l'avant-garde, acte presque absolument identique à celui qui fit la renommée de Nelson au cap Saint-Vincent. En cela, il fut suivi par le *Monmouth*, 64 ans, dont l'éclat de la tenue était si remarquable aux yeux des deux flottes qu'on dit que les officiers français, après la bataille, portèrent un toast au « petit navire noir ». Elle et le *Suffolk*, 74 ans, le vaisseau amiral de Rowley, ont également beaucoup souffert de cet exploit vaillant.

Il était désormais impératif pour Byron de garder son avant-garde à la hauteur de l'ennemi, de peur qu'il ne découvre le convoi, largement sur la proue météo des deux flottes. "Ils semblaient très enclins à couper le convoi, et l'avaient en grande partie en leur pouvoir au moyen de leurs grandes frégates, indépendantes des navires de ligne." [64] D'un autre côté, les *Cornwall*, *Grafton* et *Lion*, bien qu'ils aient tourné la tête, ne pouvaient pas suivre la flotte (c', c") et descendaient également sous le vent, vers l'ennemi. À midi, ou peu après, d'Estaing accourait avec le corps de ses forces pour rejoindre quelques-uns de ses vaisseaux tombés sous le vent. Byron très justement, dans ses conditions d'infériorité, gardait le vent ; et la séparation des deux flottes , ainsi produit, a provoqué l'arrêt des tirs à 13 heures

Les ennemis étaient désormais rangés sur des lignes parallèles, à une certaine distance les unes des autres ; toujours tribord amures, cap nord-nord-ouest. Entre les deux, mais loin à l'arrière, le *Cornwall, le Grafton, le Lion* et un quatrième navire britannique, le *Fame* , peinaient, gravement paralysés. A 15 heures, les Français, désormais en bon ordre, virent de bord ensemble (t, t, t), ce qui les pousse à se diriger vers ces navires en panne. Byron imita aussitôt le mouvement, et les yeux de tous les membres des deux flottes observaient avec inquiétude le résultat. Le capitaine Cornwallis du *Lion* , mesurant la situation avec précision, vit que, s'il continuait en avant, il serait au milieu des Français le temps qu'il les atteigne. N'ayant que son mât de misaine debout, il releva son gouvernail et se tint large face au vent (c"), à travers la proue de l'ennemi, vers la Jamaïque. Il ne fut pas poursuivi. Les trois autres, incapables de virer de bord et craignant de porter, ce qui les mettrait également au pouvoir de l'ennemi, s'arrêta, passa au vent de ce dernier, reçut plusieurs bordées, et s'échappa ainsi vers le nord. Le *Monmouth* fut également maltraité ; en fait, il n'avait pas pu virer de bord vers le sud avec " La flotte. Continuant vers le nord (a'), elle se trouva maintenant très séparée. D'Estaing rétablit ensuite son ordre de bataille sur bâbord amures, se formant sur le navire alors le plus sous le vent, sur la ligne BC.

L'action de Byron au large de Grenade, considérée comme un événement isolé, fut le résultat le plus désastreux que la marine britannique ait combattu depuis Beachy Head, en 1690. Le fait que le *Cornwall, le Grafton* et *le Lion* n'aient pas été capturés était simplement dû à une prudence tendue et inepte. de l'amiral français. C'est ce que Byron a pratiquement admis. "À ma grande surprise, aucun navire ennemi n'a été détaché après le *Lion* . Le *Grafton* et *le Cornwall* auraient pu être résistés par les Français s'ils avaient gardé le vent,... mais ils ont persévéré si strictement en refusant toute chance d'action rapprochée. qu'ils se sont contentés de tirer sur ces navires lorsqu'ils passaient à peine à portée de feu, et les ont laissé rejoindre l'escadre, sans aucun effort pour les couper. Suffren, 65 ans , qui menait les Français sur tribord amures, et dont le navire, le *Fantasque* , 64 ans, a perdu 22 tués et 43 blessés, a écrit : « Si les qualités de matelotage de notre amiral avaient égalé son courage, nous n'aurions pas permis à quatre navires démâtés de s'échapper. " Il est extrêmement probable que le *Monmouth* et *le Fame* auraient également pu être obtenus ; et si Byron, pour les sauver, s'était acharné à renouveler l'action, le désastre aurait pu devenir une catastrophe.

Que rien n'ait résulté pour les Français de leur grand avantage doit donc être attribué à l'incapacité de leur commandant en chef. Il est instructif de noter également les causes de la grave calamité qui frappa les Britanniques lorsque vingt et un navires en rencontrèrent vingt-quatre, 66 — une supériorité sensible mais non écrasante. Ces faits ont été suffisamment démontrés. Le désastre de Byron était dû à une attaque inutilement précipitée et dans un désordre inutile. Il avait la jauge météo, c'était tôt le matin, et l'alizé du nord-est, déjà une brise active, devait se rafraîchir à mesure que la journée avançait. Les Français étaient liés à leur nouvelle conquête, qu'ils ne pouvaient abandonner sans humiliation ; sans parler de leurs troupes à terre. Même s'ils avaient voulu battre en retraite, ils n'auraient pas pu le faire avant une poursuite générale, à moins d'être prêts à sacrifier leurs navires plus lents. Si vingt-quatre navires pouvaient se résoudre à fuir vingt et un, il n'était guère possible que le plus rapide d'entre eux rattrape le plus lent d'entre eux. Il y avait du temps pour se battre, une opportunité de forcer une action qui ne pouvait être éludée, et du temps aussi pour que les Britanniques se forment en assez bon ordre.

Il est important d'en tenir compte, car si Keppel doit être approuvé pour avoir attaqué dans un désordre partiel, Byron doit être blâmé pour avoir attaqué dans un désordre total. Keppel a dû saisir l'opportunité d'un ennemi réticent. Ayant lui-même la jauge sous le vent, il ne pouvait ni choisir, ni encore manœuvrer ; Pourtant, il a mis sa flotte en action, se soutenant mutuellement sur presque, sinon entièrement, toute la ligne. Ce que Byron a fait a été exposé ; le problème est que ses tactiques maladroites ne peuvent trouver aucune atténuation face à l'urgence de l'affaire.

Les pertes des deux flottes, telles qu'indiquées par les autorités des deux nations, étaient les suivantes : Britanniques, 183 tués, 346 blessés ; Français, 190 tués, 759 blessés. Sur le total britannique, 126 tués et 235 blessés, soit les deux tiers, tombèrent aux mains des deux groupes de trois navires chacun, qui, à cause de la mauvaise gestion de Byron, furent successivement exposés à être découpés en détail par le feu concentré de l'ennemi. La perte britannique en espars et en voiles (en force motrice) dépassait également largement celle des Français.

Après l'action, d'Estaing rentra tranquillement à Grenade. Byron est allé à Saint-Kitts pour réparer ; mais les réparations furent des plus difficiles, à cause du manque de magasins dans lesquels l'Amirauté avait quitté les Antilles. Malgré toute l'habileté des marins de l'époque à faire de bonnes avaries, les navires restèrent longtemps hors d'usage, provoquant une grande appréhension pour les autres îles. Cet état de choses ne fut pas amélioré par d'Estaing, qui avait l'avantage dans la bataille. Il fit effectivement défiler sa force supérieure devant la flotte de Byron alors qu'elle était au mouillage ; mais, au-delà de l'humiliation naturellement ressentie par une marine qui se piquait de gouverner la mer, aucun autre préjudice ne fut causé.

En août, Byron s'embarqua pour l'Angleterre. Barrington était déjà rentré chez lui, blessé. La station fut donc laissée aux commandes du contre-amiral

Hyde Parker, 67 ans, et le resta jusqu'en mars 1780, lorsque le célèbre Rodney arriva en tant que commandant en chef de la station des îles Sous-le-Vent. La station nord-américaine fut confiée au vice-amiral Marriot Arbuthnot, qui avait sous ses ordres une demi-douzaine de navires de ligne, dont le quartier général était à New York. Son commandement était habituellement indépendant de celui de Rodney, mais ce dernier n'hésitait pas à se rendre à New York en cas d'urgence et à en prendre le commandement ; ce faisant, il avait l'approbation de l'Amirauté.

L'approche de l'hiver de 1778 avait déterminé la cessation des opérations, tant navales que militaires, dans la partie nord du continent américain, et avait conduit au transfert de cinq mille soldats vers les Antilles, déjà évoqué. Dans le même temps, une extension injustifiable des efforts britanniques, compte tenu des moyens disponibles, a été entreprise dans les États du sud de la Géorgie et de la Caroline du Sud. Le 27 novembre, un petit détachement de troupes dirigé par le lieutenant-colonel Archibald Campbell partit de Sandy Hook, convoyé par une division de frégates commandée par le capitaine Hyde Parker. L'expédition pénétra dans la rivière Savannah quatre semaines plus tard et occupa peu après la ville du même nom. Simultanément, sur ordre de Clinton, le général Prévost quitta la Floride, alors colonie britannique, avec tous les hommes qu'il pouvait consacrer à la défense de Saint-Augustin. À son arrivée à Savannah, il prit le commandement de toute la force ainsi rassemblée.

Ces opérations, qui en 1779 s'étendirent jusqu'aux environs de Charleston, dépendaient du contrôle de l'eau et sont un exemple frappant d'une mauvaise utilisation du pouvoir jusqu'à l'autodestruction. Ils étaient en 1778-79 essentiellement d'un caractère mineur, surtout dans la partie maritime, et on les écartera donc en remarquant que la Marine, par de petits bâtiments, accompagnait tous les mouvements dans un pays découpé dans toutes les directions par des cours d'eau, grands et petits. . « La défense de cette province, écrit Parker, doit dépendre grandement de la force navale sur les différents ruisseaux de l'intérieur des terres. Je forme donc quelques galères couvertes de mousqueterie, ce qui, je crois, aura un bon effet. Ce furent les précurseurs des « tin-clads » de la guerre de Sécession américaine, un siècle plus tard. Même un navire blindé n'est pas une nouveauté sous le soleil.

Dans les États du Sud, de la Géorgie à la Virginie, le rôle de la Marine, du début à la fin, fut subsidiaire, quoique important. Il est donc inutile d'entrer dans les détails, mais surtout de noter que c'est ici, par une mauvaise direction des efforts et un abus des moyens, que fut initié le mouvement fatal qui divisa désormais la petite armée britannique en Amérique du Nord en deux sections, entièrement par soutien mutuel. . Ici, l'erreur de Sir William Howe de 1777 a été reproduite à plus grande échelle et a donc été plus fatale. Cela a conduit directement, par la logique inévitable d'une fausse position, à la marche de Cornwallis à travers la Caroline du Nord jusqu'en Virginie, à Yorktown en 1781, et à la démonstration éclatante de la puissance maritime au large de la baie de Chesapeake, qui a d'un seul coup accompli l'indépendance des États-Unis. . Aucun stratège hostile n'aurait pu diviser l'armée britannique de manière plus désespérée que le gouvernement britannique ; aucun destin n'aurait pu être plus inexorable que ne l'était sa propre volonté perverse. L'aliénation personnelle et la querelle officielle entre Sir Henry Clinton et Lord Cornwallis, leurs conseils divisés et leurs actions divergentes n'étaient que le résultat naturel et le reflet d'une situation essentiellement contradictoire et exaspérante.

A mesure que la saison des ouragans de 1779 avançait, d'Estaing, qui avait ordre de ramener en France les navires de ligne avec lesquels il avait navigué depuis Toulon en 1778, résolut de se rendre d'abord sur les côtes américaines, au large de la Caroline du Sud ou de la Géorgie. Arrivé avec toute sa flotte à l'embouchure de la Savannah, le 31 août, il décide de tenter d'arracher la ville de Savannah aux Britanniques. Cela aurait rendu un réel service à ces derniers, si cela avait tué dans l'œuf leur entreprise excentrique ; mais, après trois semaines d'ouverture de tranchées, l'assaut sur la place échoua. D'Estaing s'embarqua ensuite pour l'Europe avec les navires désignés pour l'accompagner, les autres retournant aux Antilles en deux escadres, sous les ordres de Grasse et de La Motte-Picquet. Bien que vaine dans son objectif principal, cette entreprise de d'Estaing eut pour effet indirect important d'amener les Britanniques à abandonner la baie de Narragansett. À la nouvelle de son apparition, Sir Henry Clinton avait estimé qu'avec son armée considérablement réduite, il ne pourrait pas tenir à la fois le Rhode Island et New York. Il ordonna donc l'évacuation du premier, se rendant ainsi, pour reprendre les mots de Rodney, « le meilleur et le plus noble port d'Amérique ». L'été suivant, elle fut occupée en force par les Français.

D'Estaing fut remplacé au commandement en chef, aux Antilles et en Amérique du Nord, par le contre-amiral de Guichen, 69 ans, qui arriva à la station en mars 1780, presque en même temps que Rodney.

Note de bas de page 54 :

Les comptes français en disent trois.

Note de bas de page 55 :

Beatson, « Mémoires militaires et navales », iv. 390.

Note de bas de page 56 :

Santa Lucia étant dans la région des alizés du nord-est, le nord et l'est sont toujours au vent par rapport au sud et à l'ouest.

Note de bas de page 57 :

Vers l'ouest. Ces îles se trouvent dans les alizés, qui sont constants en direction *générale* du nord-est.

Note de bas de page 58 :

L'amiral Keppel, dans son témoignage devant la cour Palliser, a donné une description intéressante d'une scène similaire, bien que l'auteur du présent article soit persuadé qu'il racontait les choses telles qu'elles semblaient, plutôt que telles qu'elles étaient, comme à Grenade . "Les Français formaient leur ligne exactement de la même manière que M. Conflans l'avait fait lorsqu'il était attaqué par l'amiral Hawke." (Keppel avait participé à cette action.) "C'est une manière particulière à eux-mêmes ; et pour ceux qui ne la comprennent pas, cela ressemble à de la confusion. Ils tirent navire par navire d'un groupe."

Note de bas de page 59 :

C'est-à-dire vers les navires à l'ancre, les arrières de l'ennemi comme c'était alors le cas.

Note de bas de page 60 :

Le rapport de Byron. Les italiques sont ceux de l'auteur.

Note de bas de page 61 :

Le rapport de Byron.

Note de bas de page 62 :

Ibid. Italique de l'auteur.

Note de bas de page 63 :

«Recherches navales». Londres, 1830, p. 22.

Note de bas de page 64 :

Le rapport de Byron.

Note de bas de page 65 :

Pierre A. de Suffren de Saint Tropez, Bailli de l'Ordre des Chevaliers de Malte. Né en 1726. Présent à deux actions navales avant l'âge de vingt ans. Participa en 1756 à l'attaque de Port Mahon et en 1759 à l'action au large de Lagos. Chef d'escadre en 1779. Envoyé aux Indes orientales en 1781. Combattit une escadre britannique dans la baie de Praya et une succession d'actions brillantes avec Sir Edward Hughes, 1782-83. Vice-amiral, 1783. Tué en duel, 1788. L'un des plus grands officiers de la marine française.—WLC

Note de bas de page 66 :

Troude dit qu'un soixante-quatorze français, ayant touché en quittant le port, n'était pas au combat.

Note de bas de page 67 :

Premier du nom. Né en 1714. En 1780, il tomba sous la censure de Rodney et rentra chez lui. En 1781, il commanda l'action générale contre les Néerlandais, connue sous le nom de Dogger Bank. En 1782, il s'embarqua pour les Indes orientales à bord du *Cato* , 64 ; de quel navire on n'a plus jamais eu de nouvelles.

Note de bas de page 68 :

Sir Hyde Parker, Kt. Deuxième du nom, fils du premier. Né en 1739. Capitaine, 1763. Contre-amiral, 1793. Vice-amiral, 1794. Amiral, 1799. Décédé en 1807. Chef de Nelson à Copenhague, en 1801.

Note de bas de page 69 :

Louis Urbain de Bouënic, comte de Guichen. Né en 1712. Entré dans la marine en 1730. Commanda l' *Illustre* avec succès en Amérique du Nord en 1756. Commandant en second dans l'action au large d'Ouessant en 1778. Combattit Rodney trois fois aux Antilles en 1780. Combattit Kempenfelt au large des Açores en 1781. Décédé en 1790.—WLC

CHAPITRE VII

LA GUERRE NAVALE DANS LES EAUX EUROPÉENNES, 1779. LES FLOTTES ALLIÉES ENVAHISSENT LA MANCHE ANGLAISE. RODNEY DÉTRUIT DEUX ESCADRONS ESPAGNOL ET SOULAGE GIBRALTAR

En juin 1779, la situation maritime de la Grande-Bretagne était devenue bien plus grave à la suite de la déclaration de guerre de l'Espagne. Au moment même où d'Estaing avec vingt-cinq navires de ligne affrontait les vingt et un de Byron, la flotte de la Manche, composée de quarante voiles, avait vu rassembler contre elle une armée de soixante-six. De ce grand nombre, trente-six étaient espagnols.

La déclaration ouverte de l'Espagne avait été précédée d'une alliance secrète avec la France, signée le 12 avril. Craignant que le gouvernement britannique ne prenne à temps la mesure raisonnable et appropriée de bloquer la flotte brestoise des trente avec la Manche quarante, assumant ainsi une position centrale par rapport à ses ennemis et anticipant la politique de Lord Saint-Vincent, le ministère français hâta son action. les navires prennent la mer le 4 juin ; L'amiral d'Orvilliers, adversaire de Keppel, toujours aux commandes. Ses ordres étaient de naviguer près de l'île de Cizarga, au large de la côte nord-ouest de l'Espagne, où les Espagnols devaient le rejoindre. Le 11 juin, il était au rendez-vous, mais ce n'est que le 23 juillet que le gros des forces espagnoles apparut. Pendant ce temps, les Français, insuffisamment équipés dès le début, en raison de la précipitation de leur départ, consommaient des provisions et de l'eau, sans parler du beau temps d'été. Leurs navires furent également ravagés par une fièvre épidémique. Lors de la jonction, d'Orvilliers constata que les Espagnols n'avaient pas reçu le système de signaux français, bien que, selon le traité, l'amiral français devait être aux commandes en chef. La rectification de cet oubli provoqua un nouveau retard, mais le 11 août, la flotte combinée aperçut Ouessant, et le 14 elle se trouva au large du Lézard. Le 16, il apparut devant Plymouth et, le 17, il captura le navire britannique *Ardent de 64 canons* .

Trente-cinq navires de la flotte de la Manche avaient pris la mer le 16 juin et naviguaient désormais au large, sous le commandement de l'amiral sir Charles Hardy. Sa station était de dix à vingt lieues au sud-ouest de Scilly ; aussi n'avait-il pas été aperçu par l'ennemi, qui, depuis Ouessant, avait remonté la Manche. Les alliés, désormais presque deux fois plus nombreux que les Britanniques, se trouvaient entre eux et leurs ports, situation grave sans doute, mais nullement désespérée ; ce n'est pas aussi dangereux pour les voiliers qu'il le sera probablement pour les bateaux à vapeur d'avoir un ennemi entre eux et leur charbon.

L'alarme fut très grande en Angleterre, surtout dans le sud. Le 9 juillet, une proclamation royale avait ordonné que tous les chevaux et le bétail soient chassés des côtes en cas d'invasion. Des estacades avaient été placées à l'entrée du port de Plymouth et des ordres avaient été envoyés par l'Amirauté pour couler les navires à l'embouchure du port. Beaucoup de ceux qui en avaient les moyens se retirèrent à l'intérieur, ce qui augmenta la panique. De grandes flottes marchandes étaient alors en mer et rentraient chez elles. Si d'Orvilliers allait croiser dans les abords de la Manche, au lieu de se rendre sur les côtes espagnoles, celles-ci pourraient être prises ; et pendant un certain temps on ignora où il se trouvait. Dans l'état actuel des choses, le convoi de la Jamaïque, composé de plus de deux cents voiles, arriva quelques jours avant l'arrivée des alliés, et la flotte des îles Sous le Vent eut une chance similaire. Huit Indiens des Indes orientales qui rentraient chez eux eurent moins de chance, mais, avertis de leur danger, se réfugièrent dans le Shannon et y restèrent jusqu'à ce que les troubles disparaissent. En revanche, la bourse a tenu bon. Néanmoins, on a estimé à juste titre qu'une situation telle qu'une flotte hostile largement supérieure dans la Manche n'aurait pas dû se produire. Sir John Jervis, plus tard comte de Saint-Vincent, qui commandait un navire de la flotte, écrivit à sa sœur : « À quel état humiliant notre pays est-il réduit ! mais il ajouta qu'il riait à l'idée d'une invasion.

Les Français avaient placé une force de cinquante mille hommes au Havre et à Saint-Malo, et rassemblé quatre cents navires pour leur transport. Leurs projets n'étaient pas connus avec certitude, mais il s'en était passé suffisamment pour provoquer une inquiétude raisonnable ; et la crise, à première vue, était très grave. Ce ne sont pas leurs propres préparatifs, mais l'inefficacité de leurs ennemis, en matière de conseils et de préparation, qui ont sauvé les îles britanniques de l'invasion. Quels en auraient été les résultats ? C'est une autre question : une question de guerre terrestre. Le plan initial du ministère français était de s'emparer de l'île de Wight, de faire de Spithead un mouillage pour la flotte, et de poursuivre son entreprise à partir de cette base proche et raisonnablement sûre. A propos de ce premier projet, d'Orvilliers écrivait : « Nous chercherons l'ennemi à Sainte-Hélène, [70] et ensuite, si je trouve cette rade inoccupée, ou si je m'en rends maître, j'enverrai mot au maréchal de Vaux, à Le Havre, et l'informer des mesures que je prendrai pour assurer son passage, qui dépendront des forces supérieures des Anglais. C'est-à-dire que je dirigerai moi-même le flotte combinée de ce côté [contre leur corps principal], pour contenir l'ennemi, et j'enverrai, de l'autre côté [en convoi], une escadre légère, avec un nombre suffisant de navires de ligne et de frégates ; ou j'enverrai proposez à M. de Cordova de prendre cette dernière station, afin que le passage de l'armée soit libre et sûr. Je suppose qu'alors, soit par l'engagement j'aurai combattu avec l'ennemi, *soit par leur retraite dans leurs ports.* , je serai certain de leur situation et du succès de l'opération. [71] On observera que d'Orvilliers, considéré alors et aujourd'hui comme l'un des meilleurs officiers de son époque dans la marine française, prend ici pleinement en compte la « flotte britannique actuelle ». Le corps principal des alliés, cinquante navires, devait contenir cela, tandis qu'une force plus petite — Cordova avait le commandement d'un « escadron d'observation » spécial, composé de seize navires de ligne — devait convoyer la traversée.

Ces projets sont tous tombés à l'eau sous un fort vent d'est et un changement d'avis du gouvernement français. Le 16 août, devant Plymouth, d'Orvilliers fut informé que ce n'était pas l'île de Wight, mais la côte de Cornouailles, près de Falmouth, qui devait être le théâtre du débarquement. Cela avait pour effet de priver l'immense flotte de tout mouillage, ressource nécessaire même aux paquebots, et bien plus encore aux voiliers cherchant à rester en position. En ce qui concerne également le lancement et le maintien des opérations à terre, il était absurde d'envahir une région aussi reculée du pays. D'Orvilliers représenta bien tout cela, mais ne put rester là où il était assez longtemps pour obtenir une réponse. Un vent d'est s'est levé, qui a soufflé fort pendant plusieurs jours et a chassé les alliés de la Manche. Le 25 août, on apprit que la flotte britannique était près de Scilly. Un conseil de guerre se tint alors, qui décida qu'étant donné la terrible multiplication des maladies dans la navigation et le manque de provisions, il était opportun de ne pas rentrer dans la Manche, mais de rechercher l'ennemi et de l'amener à bataille. Cela a été fait. Le 29, Hardy fut aperçu, alors qu'il remontait la Manche. Compte tenu de la disparité des forces, il ne pouvait que refuser l'action, et les alliés étaient incapables de l'y contraindre. Le 3 septembre, il atteignit Spithead. D'Orvilliers reçut peu après l'ordre de retourner à Brest, et le 14 la flotte combinée y jeta l'ancre.

Les critiques à adresser sur la conduite de cette campagne estivale par le ministère britannique sont doubles. En premier lieu, elle n'était pas prête selon les normes raisonnables de l'époque, qui reconnaissaient dans la coopération probable des deux royaumes bourbons, la France et l'Espagne, la mesure de la force navale minimale admissible à la Grande-Bretagne. Deuxièmement, l'entrée de l'Espagne dans la guerre était prévue des mois auparavant. Pour la force inférieure, il fallait donc empêcher une jonction, prendre une position intérieure. La flotte de la Manche aurait dû être au large de Brest avant le départ des Français. Après leur départ, l'opposition avait encore de bonnes raisons de prétendre qu'ils auraient dû être suivis et attaqués au large des côtes espagnoles. Pendant les six semaines où ils attendirent là-bas, ils furent inférieurs aux forces de Hardy. Il faut cependant tenir compte ici de l'incapacité d'un gouvernement représentatif à ignorer le tollé populaire et à découvrir les principales approches de ses propres ports. Ceci, en effet, ne fait qu'amplifier l'erreur commise en ne surveillant pas Brest à temps ; car dans ce cas une flotte avant Brest couvrait également la Manche.

En ce qui concerne les objectifs de la guerre dans laquelle ils étaient devenus partenaires, les vues de la France et de l'Espagne ne s'accordaient que sur un point : l'opportunité de nuire à la Grande-Bretagne. Chacun avait son propre objectif particulier pour son propre avantage. Cela introduisait nécessairement une divergence d'effort ; mais la France s'étant d'abord engagée seule dans la lutte, puis ayant sollicité le secours de l'Espagne, les objets particuliers de son alliée obtinrent naturellement dès le début une certaine préséance. Jusqu'à la fin de la guerre, on peut dire que les principales ambitions de la France étaient aux Antilles ; ceux de l'Espagne, en Europe, pour reconquérir Minorque et Gibraltar.

De cette façon, Gibraltar est devenu un facteur majeur dans la lutte et a affecté, directement ou indirectement, les principales opérations à travers le monde, par la quantité de force absorbée pour l'attaquer et la préserver. Après l'effort vain dans la Manche, en 1779, l'Espagne rappelle ses navires de Brest. "Le projet d'une descente sur l'Angleterre a été provisoirement abandonné. Blocage de Gibraltar, disposer en Amérique et en Asie de forces suffisantes pour tenir les Britanniques en échec, et prendre l'offensive aux Antilles, voilà", écrit le gouvernement français à son ambassadeur à Madrid, « fut le plan de campagne adopté pour 1780 ». Immédiatement après la déclaration de guerre, les relations entre Gibraltar et le continent espagnol furent interrompues. Peu après, un blocus maritime fut institué ; quinze croiseurs étant stationnés à l'entrée de la Baie, où ils saisirent et envoyèrent dans les ports espagnols tous les navires, neutres ou britanniques, liés au Rocher. Ce blocus était efficacement soutenu depuis Cadix, mais une force espagnole composée de quelques navires de ligne et de nombreux petits navires le maintenait également plus directement depuis Algésiras, du côté espagnol de la baie de Gibraltar. L'escadre britannique de la Méditerranée, composée alors d'un seul navire de 60 canons, de trois frégates et d'un sloop, était totalement incapable de se procurer des secours. A la fin de l'année 1779, la farine à Gibraltar était de quatorze guinées le baril, et les autres provisions en proportion. Il devenait donc urgent d'apporter des approvisionnements de toutes sortes, ainsi que de renforcer la garnison. Rodney fut affecté à ce service ; et c'est ainsi qu'il commença une brillante carrière dont la scène principale devait être aux Antilles.

Rodney fut nommé commandant de la station des Îles-sous-le-Vent le 1er octobre 1779. Il ne devait y être accompagné immédiatement que par quatre ou cinq navires de ligne ; mais on profita de sa navigation pour placer sous la direction d'un officier de sa réputation approuvée une grande force, composée de sa petite division et d'une grande fraction de la flotte de la Manche, pour transporter des ravitaillements et des renforts à Gibraltar et à Minorque. Le 29 décembre, le corps tout entier, après de nombreux retards pour descendre la Manche, prit la mer depuis Plymouth : vingt-deux navires de ligne, quatorze frégates et navires plus petits, outre une énorme collection de magasins, de ravitailleurs, de vaisseaux de munitions, de troupes. -les navires et les marchands, ce dernier étant le « commerce » pour les Antilles et le Portugal.

Le 7 janvier 1780, à cent lieues à l'ouest du cap Finisterre, les navires des Antilles partaient pour leur destination, sous le convoi d'un navire de ligne et de trois frégates. Le 8, à l'aube, vingt-deux voiles furent aperçues au nord-est, l'escadre les ayant apparemment dépassées dans la nuit. Chase fut immédiatement donné, et le tout fut pris en quelques heures. Sept étaient des navires de guerre, un 64 et six frégates ; le reste des navires marchands, chargés de provisions navales et de provisions pour la flotte espagnole à Cadix. Les navires de ravitaillement, au nombre de douze, furent immédiatement détournés vers le secours de Gibraltar, sous la direction des soixante-quatre espagnols, qui faisaient partie de leur convoi avant la capture, et étaient maintenant pilotés par un équipage britannique. Poursuivant leur route, des navires de passage recevaient de temps à autre des renseignements selon lesquels une escadre espagnole naviguait au large du cap Saint-Vincent. Ainsi prévenus, l'ordre fut donné à tous les capitaines de se préparer au combat à l'approche du cap. Le 16, il fut dépassé et à 13 heures, les voiles au sud-est furent signalées. Il s'agissait d'une escadre espagnole de onze navires de ligne et de deux frégates de 26 canons. Rodney se précipita aussitôt vers eux sous une pression de toile, faisant le signal de la ligne de front. [72] Cependant, voyant que l'ennemi essayait de former une ligne de bataille en avant sur tribord amure, qui avec un vent d'ouest se dirigeait vers le sud, vers Cadix, à cent milles au sud-est, il modifia les ordres pour une « poursuite générale », les navires devaient s'engager à mesure qu'ils arrivaient ; "sous le vent", de manière à se placer entre l'ennemi et son port, et "en rotation", ce qui signifiait probablement que le navire britannique de tête devait attaquer le plus à l'arrière des Espagnols et que ses partisans devaient le passer sous le vent, s'engageant successivement depuis l'arrière de l'ennemi vers le fourgon.

A 16 heures, le signal du combat fut donné, et quelques minutes plus tard, les quatre poursuivants les plus en tête entraient en action. A 4 h 40, un des navires espagnols, le *Santo Domingo* , 80 ans, a explosé avec tous à bord, et à 6 heures un autre a frappé. À cette heure, c'était janvier, l'obscurité s'était installée. Une action nocturne s'ensuivit donc, qui dura jusqu'à 2 heures du matin, lorsque la tête de l'ennemi se rendit et que tous les tirs cessèrent. Sur les onze navires hostiles de la ligne, quatre seulement s'échappèrent. Outre celui qui a explosé, six ont été capturés. Il s'agissait du *Fénix* , 80, drapeau de l'amiral espagnol Don Juan de Langara, du *Monarca* , 70, du *Princesa* , 70, du *Diligente* , 70, du *San Julian* , 70 et du *San Eugenio* , 70. Les deux derniers conduisirent à terre et ont été perdus. [73] Les quatre autres furent amenés à Gibraltar et furent finalement ajoutés à la Marine. Tous conservèrent leurs anciens noms, à l'exception du *Fénix* , qui fut rebaptisé *Gibraltar* . "Le temps pendant la nuit", selon le rapport de Rodney, "était parfois très orageux, avec une grande mer. Le temps a continué à être très mauvais le lendemain, lorsque le *Royal George* , 100, *le Prince George* , 90, *le Sandwich* , 90 (Rodney's vaisseau amiral), et plusieurs autres navires étaient en grand danger, et dans la nécessité de faire voile pour éviter les hauts-fonds de San Lucar, et ils ne sont entrés en eau profonde que le lendemain matin.

C'est dans ce danger provenant d'une rive sous le vent, qui a été délibérément mais rapidement encouru, que consiste la distinction de cette action de Rodney. L'escadre ennemie, composée de seulement onze navires de ligne, ne représentait que la moitié de la force britannique, et elle fut prise par surprise ; ce qui, bien entendu, n'est pas une excuse pour avoir un corps de navires de guerre en temps de guerre. Pris au dépourvu, les Espagnols prirent la fuite trop tard. C'était le mérite de Rodney, et non négligeable étant donné les conditions météorologiques et de navigation, de ne pas avoir été autorisé à réparer leur erreur. Son action ne laissait rien à désirer en termes de résolution ou de préparation. Il est vrai que Rodney en discuta avec son capitaine de pavillon, Walter Young, et que la rumeur attribuait le mérite de la décision à ce dernier ; mais ce genre de dénigrement est trop fréquent pour affecter l'opinion. Sir Gilbert Blane, médecin de la flotte, donne le récit suivant : « Quand le coucher du soleil approchait, la question se posa de savoir si la poursuite devait se poursuivre. Après une discussion entre l'amiral et le capitaine, à laquelle j'étais présent, l'amiral étant confiné par la goutte, il fut décidé de persister dans le même cap, avec le signal d'engager sous le vent. Rodney avait alors près de soixante-deux ans et était un martyr constant de la goutte aux pieds et aux mains.

Les deux succès donnaient d'ailleurs un caractère un peu triomphal à l'accueil de l'amiral par la garnison, alors en grand besoin de bonnes nouvelles. L'arrivée de fournitures indispensables de chez nous était en soi une source de joie ; mais il était plus inspirant encore de voir suivre à la suite de la flotte amie cinq navires de ligne ennemis, l'un d'eux portant le pavillon d'un commandant en chef, et d'apprendre qu'en plus de ceux-ci, trois autres avaient été coulés. ou détruit. L'exultation était encore plus grande en Angleterre, et particulièrement à l'Amirauté, qui souffrait de la juste indignation du peuple face au manque de préparation de la marine. "Vous avez pris plus de navires de ligne de bataille", écrivit le Premier Lord à

Rodney, "qu'il n'en avait été capturé lors d'une seule action au cours de l'une ou l'autre des deux dernières guerres précédentes."

Il ne faut pas oublier non plus, comme élément du triomphe, que cet avantage sur un détachement exposé avait été arraché, pour ainsi dire, aux dents d'une flotte principale supérieure à celle de Rodney ; car vingt navires de ligne espagnols et quatre français, commandés par l'amiral de Cordova, se trouvaient alors dans la baie de Cadix. Pendant les dix-huit jours où les Britanniques restèrent dans et à proximité du détroit, Cordoue ne fit aucune tentative pour se venger du désastre ou pour profiter du bénéfice d'une force supérieure. L'inaction était probablement due au mauvais état des navires espagnols en termes d'efficacité et d'équipement, et en grande partie au fait qu'ils n'avaient pas de fonds en cuivre. Cet élément d'infériorité de la marine espagnole doit être gardé à l'esprit comme un facteur de la guerre générale, même si les flottes espagnoles n'ont pas beaucoup participé aux batailles. Un commodore français, alors de la flotte espagnole à Ferrol, écrivait ainsi : « Leurs navires naviguent tous si mal qu'ils ne peuvent ni rattraper un ennemi ni lui échapper. Le *Glorieux* est un mauvais voilier dans la marine française, mais meilleur que le le meilleur parmi les Espagnols. Il ajoute : "Les navires de l'escadre de Langara ont été surpris à des distances immenses les uns des autres. Ainsi ils naviguent toujours, et leur négligence et leur sécurité sur ce point sont incroyables."

À l'approche de Gibraltar, la persistance du mauvais temps et le fort courant d'est du détroit placèrent de nombreux navires et convois de Rodney sous le vent, à l'arrière du rocher, et ce ne fut que le 26 que le vaisseau amiral lui-même jeta l'ancre. Les magasins pour Minorque furent expédiés immédiatement, sous la direction de trois navires de ligne cuivrés. La pratique du cuivre, bien qu'alors pleinement adoptée, n'avait pas encore été étendue à tous les navires. En tant qu'élément de rapidité, c'était un facteur important dans une occasion comme celle-ci, lorsque le temps pressait pour se rendre aux Antilles ; comme c'était aussi le cas lors d'un engagement. L'action du 16 avait été ouverte par les navires de ligne cuivrés, qui les premiers rattrapèrent l'ennemi en retraite et amenèrent ses arrières au combat. A l'époque, dans la marine française, Suffren pressait l'adoption auprès d'un ministre apparemment réticent. Il semblerait que cela ait été plus général parmi les Britanniques, compensant largement les qualités autrement inférieures de leurs navires. « Les navires de guerre espagnols que nous avons pris, écrivit Rodney à sa femme à propos de ces prises, sont bien supérieurs aux nôtres. On se souvient que Nelson, treize ans plus tard, dit la même chose des navires espagnols qu'il observait. "Je n'ai jamais vu de plus beaux navires." « Je vois que vous criez haut et fort pour des navires cuivrés », écrivit le Premier Lord à Rodney après cette action ; " et je suis donc déterminé à vous fermer la bouche. Vous aurez assez de cuivre. "

Au retour des navires de Minorque, Rodney reprit la mer le 13 février, pour les Antilles. Le détachement de la flotte de la Manche l'accompagna pendant trois jours de navigation, puis partit pour l'Angleterre avec les prises. Lors de ce voyage de retour, il croise quinze navires ravitailleurs français, convoyés par deux 64, à destination de l'Ile de France, [74] dans l'océan Indien. Un des navires de guerre, le *Protée* , et trois des magasins furent pris. Bien que trivial, l'incident illustre l'effet des opérations en Europe sur la guerre en Inde. On peut mentionner ici, comme révélateur des dilemmes du gouvernement, que Rodney fut censuré pour avoir laissé un navire de ligne au Rocher. " Cela nous a donné la peine *et le risque* d'envoyer exprès une frégate pour lui ordonner de rentrer immédiatement ; et si vous examinez vos instructions originales, vous constaterez qu'il n'y avait aucun point plus fortement protégé contre celui de quitter une ligne. -un vaisseau de combat derrière vous." Ces paroles montrent clairement l'exigence et le péril de la situation générale, dus au développement insuffisant de la force navale par rapport à ses ennemis. Ces navires isolés formaient le gant des flottes de Cadix, Ferrol et Brest flanquant les routes.

Note de bas de page 70 :

Un mouillage à trois milles au large de Spithead.

Note de bas de page 71 :

Chevalier, « Marine Française », 1778, p. 165. Italique de l'auteur.

Note de bas de page 72 :

En ligne « de front », comme le mot l'indique, les navires ne sont pas dans le sillage les uns des autres, comme en ligne « en avant », mais de front ; c'est-à-dire aligné sur une ligne perpendiculaire à la route suivie.

Note de bas de page 73 :

Le rapport de Rodney. Chevalier dit que l'un d'eux fut repris par son équipage et transporté à Cadix.

Note de bas de page 74 :

Maintenant l'Île Maurice britannique.

CHAPITRE VIII

CAMPAGNE NAVALE DE RODNEY ET DE GUICHEN AUX ANTILLES. DE GUICHEN RETOURNE EN EUROPE ET RODNEY VA À NEW YORK. LORD CORNWALLIS DANS LES CAROLINES. DEUX ACTIONS NAVALES DU COMMODORE CORNWALLIS. RODNEY RETOURNE AUX ANTILLES

Lorsque Rodney arriva à Santa Lucia avec ses quatre navires de ligne, le 27 mars 1780, il y trouva une force de seize autres hommes, composée en proportions à peu près égales de navires qui avaient quitté l'Angleterre avec Byron au cours de l'été 1778, et de un renfort apporté par le contre-amiral Rowley au printemps 1779.

Sous le commandement provisoire du contre-amiral Hyde Parker, entre le départ de Byron et l'arrivée de Rodney, une affaire délicate s'était déroulée entre un détachement de l'escadron et un détachement de la division française, commandé par La Motte-Picquet, alors couché à Fort Royal, Martinique.

Le 18 décembre 1779, entre 8 et 9 heures du matin, le navire de vigie britannique, le *Preston* , 50, entre la Martinique et Santa Lucia, fit signe d'une flotte au vent, qui se révéla être un corps de navires de ravitaillement français, au nombre de vingt-six, sous convoi d'une frégate. Les escadres britanniques et françaises étaient en plein désarroi, voiles dépliées, navires à la gîte ou partiellement désarmés, équipages à terre pour chercher du bois et de l'eau. Dans les deux cas, les signaux retentirent immédiatement pour que certains navires se mettent en route, et dans les deux cas les ordres furent exécutés avec une rapidité qui satisfit les deux commandants, qui sortirent aussi en personne. Les Britanniques, cependant, étaient dehors les premiers, avec cinq voiles de ligne et un navire de 50 canons. Neuf des navires de ravitaillement ont été capturés par eux et quatre forcés à terre. Le contre-amiral français était alors sorti du Fort Royal avec trois navires de ligne, l' *Annibal* , 74, *le Vengeur* , 64, et *le Réfléchi* , 64, et, étant au vent, couvrait l'entrée du reste du fort. le convoi. Comme les deux divisions ennemies étaient maintenant proches l'une de l'autre, avec une bonne brise de travail, les Britanniques tentèrent de battre l'ennemi ; le *Conquérant* , 74 ans, le capitaine Walter Griffith, étant en avant et au vent de ses consorts. Arrivé à portée à 5 heures, des tirs commencèrent entre lui et le vaisseau amiral français *Annibal* , 74, puis entre lui et les trois navires ennemis. Vers le coucher du soleil, l' *Albion*

, 74, s'était rapproché du *Conqueror*, et les autres navires étaient à portée lointaine ; "mais comme ils avaient bien travaillé non seulement dans les dangers des hauts-fonds de la baie (Fort Royal), mais aussi à portée des batteries, je les ai rappelés au signal de nuit à sept heures moins le quart." Dans cette ~~escarmouche~~ chevaleresque, — car ce n'était guère plus, bien que le préjudice causé aux Français par la perte du convoi fût notable — Parker était également ravi de sa propre escadre et de son ennemi. "La fermeté et le sang-froid avec lesquels, à chaque bord, le *Conquérant* recevait le feu de ces trois navires et rendait le sien, faisant fonctionner son navire avec autant d'exactitude que s'il s'était transformé en Spithead, et à chaque bord gagnant sur l'ennemi, m'a fait un plaisir infini. C'est avec une inquiétude inexprimable, ajouta-t-il, que j'ai appris que le capitaine Walter Griffith, du *Conqueror*, avait été tué par la dernière bordée. [76] Ayant eu l'occasion, quelques jours plus tard, d'échanger un drapeau de trêve avec le contre-amiral français, il lui écrivit ; « La conduite de Votre Excellence dans l'affaire du 18 de ce mois justifie pleinement la réputation dont vous jouissez parmi nous, et je vous assure que je ne pourrais être témoin sans envie de l'habileté dont vous avez fait preuve en cette occasion. Notre inimitié est passagère, selon sur nos maîtres ; mais votre mérite a imprimé dans mon cœur la plus grande admiration pour vous-même. C'était l'officier qui était communément connu à son époque sous le nom de « Vinegar » Parker ; mais ces lettres montrent que l'épithète convenait à la croûte plutôt qu'à l'amande.

Peu de temps après que de Guichen [77] ait pris le commandement, en mars 1780, il s'arrangea avec le marquis de Bouillé, gouverneur de la Martinique, pour lancer une attaque combinée contre l'une des îles britanniques des Antilles. Dans ce but, trois mille soldats furent embarqués dans la flotte, qui appareilla dans la nuit du 13 avril 1780, avec l'intention d'accompagner d'abord un convoi pour Saint-Domingue, jusqu'à ce qu'il soit hors de portée des Britanniques. Rodney, qui fut aussitôt informé du départ des Français, prit la mer à la poursuite avec tous ses navires, vingt de ligne, dont deux de 90 canons, et le 16 arriva en vue de l'ennemi sous le vent (vers l'ouest). de la Martinique, luttant contre les alizés du nord-est, et comptant passer par le canal entre cette île et la Dominique. "Une poursuite générale vers le nord-ouest a suivi, et à cinq heures du soir, nous avons clairement découvert qu'ils se composaient de vingt-trois voiles de ligne et d'un navire de 50 canons." [78]

À la tombée de la nuit, Rodney forma sa ligne de bataille, immobile au nord ouest, donc sur tribord amures ; et il était attentif à se tenir au vent de l'ennemi, que ses frégates surveillaient assidûment pendant la nuit. « Leurs manœuvres, écrit-il, indiquaient une volonté d'éviter la bataille », et il prit donc soin de les contrecarrer. Au point du jour du 17 avril, on les vit former une ligne de bataille, bâbord amures, à quatre ou cinq lieues sous le vent, c'est-à-dire vers l'ouest. Le vent étant d'est, ou d'est par nord, les Français se dirigeraient vers le sud-sud-est (Fig. 1, aa). L'ordre britannique était maintenant rectifié par un signal provenant des irrégularités de l'obscurité, les navires ayant pour instruction de maintenir deux longueurs de câbles [79] l'une de l'autre et de se diriger comme auparavant vers le nord et l'ouest. A 7 heures du matin, jugeant cette ligne trop étendue, l'Amiral réduit les intervalles à un câble (aa). Les deux flottes passaient ainsi sur des lignes presque parallèles, mais dans des directions opposées, ce qui tendait à amener toute la force de Rodney, dont la ligne était meilleure et plus compacte que celle de l'ennemi, à la hauteur des arrières de ce dernier, sur lesquels il entendait se concentrer. À 8 heures du matin, il a fait signe général que tel était son objectif ; et à 8 heures 30, pour l'exécuter, il fit signe aux navires de former une ligne de front, se dirigeant les uns des autres du sud à l'est et du nord à l'ouest, et se dressa immédiatement sur l'ennemi (Fig. 1, bb). Le but des Britanniques étant évident, de Guichen fit serrer sa flotte jusqu'au tribord amure (bb). L'arrière français est ainsi devenu l'avant-garde, et leur ancien fourgon, trop étendu pour une assistance rapide à l'arrière menacé, se dirige maintenant vers le soutenir.

Rodney, hésitant lors de son premier ressort, tira immédiatement au vent sur bâbord amures (Fig. 1, *cc*), encore une fois contrairement aux Français, se tenant ainsi une fois de plus le long de leur ligne, vers leur nouvel arrière. Les intervalles ont été à nouveau ouverts à deux câbles. Les flottes passaient ainsi à nouveau sur des lignes parallèles, chacune ayant inversé son ordre ; mais les Britanniques conservaient toujours l'avantage, quels que soient le trajet et l'intervalle, d'être beaucoup plus compacts que les Français, dont la ligne, d'après l'estimation de Rodney, s'étendait sur quatre lieues de longueur. La méfiance des deux combattants, tous deux formés à l'école du XVIIIe siècle et de son respect pour la ligne de bataille, apparaîtra au lecteur attentif. Rodney, bien que luttant à travers cette étape de chrysalide pour retrouver sa vigueur ultérieure, et sérieusement déterminé à porter un coup mortel, était toujours contraint par les traditions de l'escrime vigilante. Sa prudence n'était pas non plus extravagante ; les conditions ne justifiaient pas encore l'apparente imprudence de la tactique de Nelson. « Les différents mouvements de l'ennemi, écrit-il, m'obligeaient à être très attentif et à guetter chaque occasion qui s'offrait de l'attaquer avec avantage.

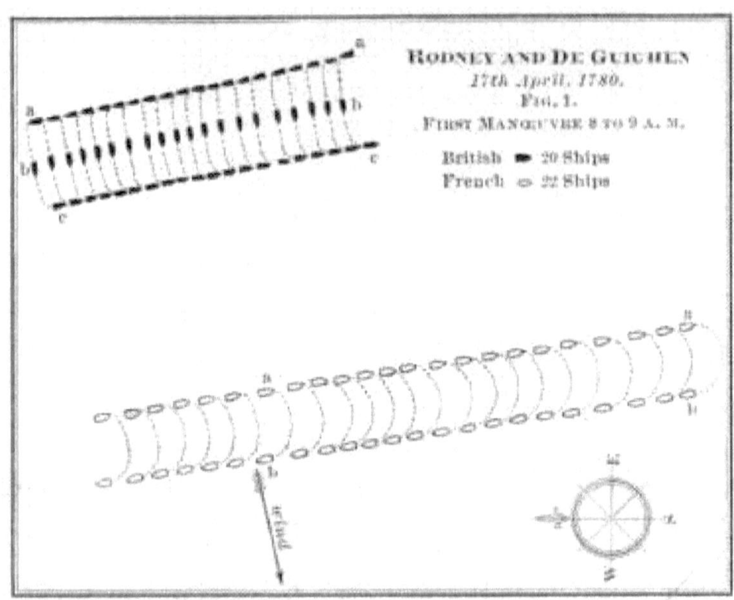

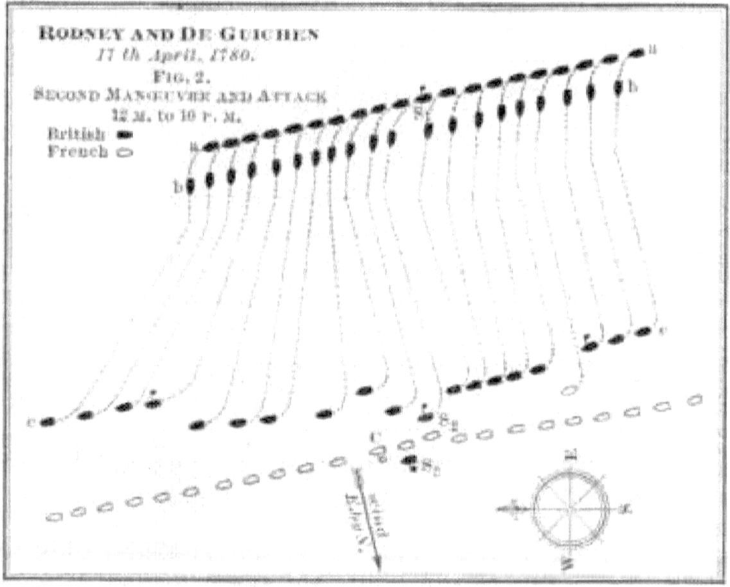

Rodney et De Guichen, 17 avril 1780, figures 1 et 2

Les deux flottes ont continué à se tenir sur des routes parallèles opposées - la française du nord à l'ouest, la britannique du sud à l'est - jusqu'à ce que le vaisseau amiral *Sandwich*, 90 (Fig. 2, S^1) soit à la hauteur de la *Couronne*, 80, (C). le vaisseau amiral de Guichen. Puis, à 10 h 10, le signal fut donné de se rassembler, se formant sur le même bord que l'ennemi. Il y a eu un certain retard dans l'exécution, cela a dû être répété et renforcé par le fanion du *château de Stirling* , qui, en tant que navire arrière, devrait commencer l'évolution. A dix heures et demie, apparemment, la flotte était en mouvement (Fig. 2, aa), car l'ordre fut alors donné de rectifier la ligne, toujours à deux câbles. À 11 heures du matin, l'amiral donna le signal de se préparer au combat, « pour convaincre toute la flotte que j'étais déterminé à amener l'ennemi à un engagement », et à cela succéda bientôt l'ordre de modifier le cap vers bâbord (bb), vers l'ennemi. On ne peut certainement pas dire pourquoi il pensait que l'un des membres de la flotte aurait dû exiger une telle assurance. Peut-être, bien qu'il fût si récemment entré, avait-il déjà détecté la mauvaise volonté, ou le relâchement, dont il se plaignit ensuite ; peut-être craignait-il que la méfiance de sa tactique ne laisse croire qu'il n'avait pas l'intention de dépasser l'action tiède et indécise de jours à peine révolus, ce qui avait conduit Suffren à stigmatiser la tactique comme un simple voile derrière lequel la timidité pense se cacher. cacher sa nudité.

À 11 h 50, le signal décisif fut donné « pour que chaque navire fonce et se dirige vers *son opposé dans la ligne ennemie* , conformément à l'article 21 des Instructions de combat supplémentaires ». Cinq minutes plus tard, alors que les navires avaient vraisemblablement modifié leur cap pour l'ennemi, le signal de bataille fut donné, suivi du message indiquant que l'intention de l'amiral était d'engager un combat rapproché ; il s'attendait naturellement à ce que chaque navire suive l'exemple qu'il se proposait de donner. Le capitaine du navire qui, dans la formation (aa), avait été le chef, et dont l'action dépendait de ceux qui se trouvaient à proximité, comprit malheureusement que le signal de Rodney signifiait qu'il devait attaquer le chef ennemi, et non le navire en face de lui à l'heure. moment d'abattage. Ce navire s'écarta donc sensiblement de la route de l'amiral, entraînant après lui de nombreuses camionnettes. Quelques minutes avant 13 heures, l'un des navires les plus en tête a commencé à s'engager à longue distance ; mais ce n'est que quelque temps après 13 heures que le *Sandwich* , après avoir reçu plusieurs bordées, entra en action rapprochée (S^2) avec le deuxième navire derrière l'amiral français, l' *Actionnaire* , 64. Ce dernier fut bientôt mis hors de combat. la ligne par la supériorité de la batterie *du Sandwich* , et le même sort est arrivé au navire qui se trouvait derrière lui, probablement l' *Intrépide* , 74, qui est venu combler l'écart. Vers 14 h 30, le *Sandwich* , soit par ses propres efforts pour se rapprocher, soit par l'éloignement de ses adversaires immédiats , se trouva sous le vent (S^3) de la ligne ennemie ; la *Couronne* (C) étant sur son arc météo. Le fait a été signalé par Rodney au capitaine du navire, Walter Young, qui se trouvait alors dans la passerelle sous le vent. Young, allant chercher par lui-même, a vu qu'il en était ainsi et que le *Yarmouth* , 64 ans, s'était éloigné au vent, où il reposait avec ses grand-voiles et son hunier d'artimon en arrière. Des signaux lui furent alors adressés, ainsi qu'au *Cornwall* , 74, pour se rapprocher davantage, tous deux étant sur la proue météo du vaisseau amiral.

De Guichen, reconnaissant cet état de choses, à ce moment-là ou un peu plus tard, l'attribua au dessein délibéré de l'amiral britannique de briser sa ligne. Il ne semble pas que Rodney en ait eu l'intention. Son idée tactique était de concentrer toute sa flotte sur l'arrière et le centre français, mais rien n'indique qu'il cherchait désormais à briser la ligne. De Guichen, en l'interprétant ainsi, a cependant donné le signal de porter ensemble, loin de la ligne britannique. Quoi qu'il en soit, cela aurait eu pour effet de pousser sa flotte quelque peu sous le vent ; mais avec des navires plus ou moins paralysés, prenant donc une plus grande marge de manœuvre, et avec la nécessité de reformer la ligne sur eux, la tendance était exagérée. Le mouvement que les Français appelaient porter ensemble fut donc interprété différemment par Rodney. " L'action au centre dura jusqu'à 16 h 15, lorsque M. de Guichen, dans la *Couronne* , le *Triomphant* et le *Fendant* , après avoir engagé le *Sandwich* pendant une heure et demie, battit. La supériorité du feu du *Sandwich* , et le comportement courageux des officiers et des hommes lui permit de soutenir un combat si inégal, bien qu'avant d'être attaqué par eux, il eût repoussé trois navires hors de leur ligne de bataille, l'avait entièrement brisée et se trouvait sous le vent de l'amiral français. ". Peut-être que les comptes français, s'ils n'étaient pas si maigres, contesteraient cette prouesse du vaisseau amiral ; mais il ne fait aucun doute que Rodney avait donné un exemple qui, s'il avait été suivi par tous, aurait rendu cet engagement mémorable, sinon décisif. Il rapporte que les capitaines, à de très rares exceptions près, avaient mal placé leurs navires (cc). Le *Sandwich* avait quatre-vingts coups dans sa coque, avait perdu son mât de misaine et sa grand-voile et avait tiré 3 288 coups, soit une moyenne de 73 pour chaque canon de la bordée engagé. Trois de ses coups étant sous la ligne de flottaison, il fut difficilement maintenu à flot pendant les vingt-quatre heures suivantes. Avec l'usure des Français, la bataille cessa.

Dans l'avantage offert par l'ennemi, dont l'ordre était trop étendu, et dans son propre plan d'attaque, Rodney considéra toujours cette action du 17 avril 1780 comme avoir été la grande occasion de sa vie ; et sa colère était amère contre ceux dont il pensait qu'il avait été frustré par la mauvaise conduite. « L'amiral français, qui m'a paru être un officier courageux et vaillant, a eu l'honneur d'être noblement soutenu pendant toute l'action. C'est avec une inquiétude inexprimable, mêlée d'indignation, que le devoir que je dois à mon souverain et à mon pays m'oblige à " Je dois informer Vos Seigneuries que lors de l'action entre la flotte française, le 17, et celle de Sa Majesté, le drapeau britannique n'était pas correctement soutenu. " Divisée comme l'était alors la Marine en factions, les mains à la gorge les unes des autres ou à la gorge de l'Amirauté, celle-ci crut plus discrète de supprimer ce paragraphe, ne laissant apparaître que le stigmate négatif de l'éloge des officiers français, seul, sans personne. Rodney, cependant, dans ses lettres publiques et privées, ne cachait pas ses sentiments ; et la censure parvint aux oreilles des intéressés. Par la suite, trois mois après l'action, dans une lettre publique, il témoigna de l'excellente conduite de cinq des capitaines, Walter Young, du vaisseau amiral, George Bowyer de l' *Albion* , John Douglas du *Terrible* , John Houlton du *Montagu.* , et AJP Molloy [83] du *Trident* . "Je leur ai remis des certificats, sous ma main", "gratuitement et non sollicités". Au-delà de cela, « aucune considération dans la vie ne l'inciterait » à partir ; et les deux officiers généraux subalternes furent implicitement condamnés dans les mots « à l'inattention aux signaux, tant dans les divisions de fourgonnette que dans les divisions arrière, il faut attribuer la perte de cette glorieuse opportunité (peut-être jamais récupérée) de mettre fin à la lutte navale. dans ces mers. » Ces amiraux juniors étaient Hyde Parker et Rowley ; ce dernier était le même qui s'était comporté, non seulement avec tant de vaillance, mais avec une initiative si inhabituelle, lors des fiançailles de Byron. Un incident singulier dans cette affaire le conduisit à une pareille indépendance d'action, ce qui déplut à Rodney. Le *Montagu* , de sa division, en fermant la ligne française, portait contre la barre et ne pouvait être mis en action que sur le mauvais bord (bâbord). Immédiatement après, une partie de l'arrière français fut également portée, et Rowley les suivit de son propre mouvement. Prié de répondre par Rodney, il expose les faits, justifiant son acte par l'ordre selon lequel « la plus grande impression devait être faite sur les arrières de l'ennemi ». Les deux partis ont rapidement reculé.

Hyde Parker rentra chez lui en colère quelques semaines plus tard. Les certificats de Bowyer et Douglas, certainement, et probablement de Molloy, tous de la division Parker, portaient les mots cinglants que ces officiers « avaient de bonnes intentions et auraient fait leur devoir s'ils y avaient été autorisés ». Il est dit que leurs navires, qui constituaient l'arrière de la division des fourgons, allaient descendre pour s'engager de près, suivant l'exemple de Rodney, lorsque Parker leur fit signe de garder la ligne. S'il en était ainsi, comme le courage de Parker était hors de tout doute, il s'agissait simplement d'une récurrence de la vieille superstition de la ligne, aggravée par une incompréhension des signaux ultérieurs de Rodney. Il faut en discuter, car tout cet incident fait partie de l'histoire de la marine britannique, bien plus important que de nombreuses rencontres indécises mais sanglantes.

L'un des capitaines les plus expressément blâmés, le Carkett du *Stirling Castle* , qui avait été le navire de tête au moment où le signal de changement de cap vers l'ennemi fut donné, écrivit à Rodney qu'il comprenait que son nom avait été mentionné, défavorablement à l'ennemi. bien sûr, dans la lettre publique. La réponse de Rodney met parfaitement en évidence le point en litige, son propre plan, les idées qui lui trottent dans la tête au fur et à mesure de ses signaux successifs, les idées fausses des juniors et le fiasco qui en résulte. Il

faut dire cependant que, compte tenu des faits tels qu'ils semblent
certainement s'être produits, aucun malentendu, aucune allégation verbale
technique ne peut justifier une bêtise militaire aussi grande que celle dont il
se plaignait. Il y a des occasions où non seulement la désobéissance littérale
est permise, mais où l'obéissance littérale, allant à l'encontre des conditions
évidentes, devient un crime.

A 8 heures du matin, Rodney avait donné un signal général indiquant son
intention d'attaquer les arrières de l'ennemi. Ceci, ayant été compris et
répondu, fut abattu ; tous les juniors connaissaient un but général auquel
devaient conduire les manœuvres ultérieures. La façon dont il avait l'intention
de réaliser son intention était démontrée par la ligne d'action consécutive
alors qu'il était sur ce bord, le tribord ; le moment venu, la flotte accourait
ensemble, en ligne de front, debout pour les arrières français. Cette tentative,
repoussée alors par le port de de Guichen, fut renouvelée deux heures plus
tard ; seulement, à la place du signal de former une ligne de front, fut donné
celui de modifier la route vers bâbord, c'est-à-dire vers l'ennemi. Comme cela
suivait immédiatement celui de se préparer au combat, cela indiquait presque
sans aucun doute que Rodney souhaitait, pour des raisons de moment,
s'abattre d'abord dans une direction oblique, - non pas en ligne de front,
comme auparavant, - les navires prenant le cap . et intervalle du vaisseau
amiral. Plus tard encore, à 11 h 50, le signal fut donné, « conformément à
l'article 21 des Instructions supplémentaires de combat, pour que chaque
navire se dirige vers son vis-à-vis dans la ligne ennemie » ; et c'est ici que les
ennuis ont commencé. Rodney parlait du navire d'en face lorsque le signal a
été descendu. Il avait dirigé le bateau de biais jusqu'à ce qu'il ait atteint le plus
près possible la position qu'il désirait, probablement jusqu'à ce qu'il soit à
longue portée ; il était alors souhaitable de couvrir le terrain restant aussi
rapidement et aussi ordonné que possible, ce pour quoi le navire ennemi alors
à la hauteur donnait à chacune de ses flottes son point de direction
convenable. Il considérait que son objectif annoncé d'attaquer les arrières de
l'ennemi, n'ayant jamais été modifié, restait impératif ; et en outre, que le
signal pour un intervalle de deux encablures gouvernerait tous les navires et
les lierait à lui et à ses mouvements, au centre. Carkett a interprété « opposé »
comme signifiant opposé dans l'ordre numérique, un fourgon britannique
contre un fourgon français, où que se trouve ce dernier. Rodney déclare —
dans sa lettre à Carkett — que la camionnette française se trouvait alors à
deux lieues. "Vous avez conduit au fourgon, même si vous aviez répondu à
mes signaux signifiant que j'avais l'intention d'attaquer l'arrière de l'ennemi;
signal que je n'avais jamais modifié.... Votre direction de la manière dont vous
l'avez fait a incité les autres à suivre si mal. un exemple ; et ainsi, oubliant que
le signal pour la ligne n'était qu'à deux encablures l'un de l'autre, la division
fourgon a été conduite par vous à plus de deux lieues de distance de la
division centrale, qui n'était donc pas correctement soutenue. ". [84]

Carkett était le capitaine le plus âgé de la flotte, sa commission de poste étant datée du 12 mars 1758. Dans quelle mesure il pouvait être excusable d'interpréter comme il l'a fait les instructions de combat, qui provenaient de la conception insensée selon laquelle le devoir suprême d'un commandant en chef Le chef devait opposer navire à navire, et le fait qu'une action de flotte ne soit qu'un agglomérat de duels navals n'est pas très important, bien qu'historiquement intéressant. Il y a certainement eu dans l'histoire passée de la marine britannique quelque chose qui a atténué l'offense d'un homme qui devait avoir atteint la quarantaine. Mais depuis que les Instructions de Combat avaient été publiées pour la première fois, il y avait eu des cours martiales, également instructives, contre Mathews, Lestock, Byng, Keppel et Palliser, qui tournaient toutes plus ou moins autour de la contrainte de la ligne de bataille, et le devoir de soutenir les navires engagés, et surtout un commandant en chef engagé. Rodney a peut-être sous-estimé le poids des instructions de combat sur un homme ennuyeux ; mais il avait raison de prétendre que ses signaux antérieurs et la prescription de distance créaient au moins un conflit d'ordres, un doute, auquel il n'aurait dû y avoir qu'une seule solution, à savoir : appuyer les navires engagés et fermer les navires engagés. sur l'ennemi, aussi près que possible du commandant en chef. Et dans les moments de véritable perplexité, telle sera toujours la vérité. C'est comme marcher au son d'un canon ou, pour reprendre les mots de Nelson : « *Dans le cas où* les signaux ne peuvent pas être compris, aucun capitaine ne peut faire grand mal s'il place son navire à côté de celui d'un ennemi. Cependant, le « Au cas où » doit également être gardé à l'esprit ; et que c'était Nelson qui l'avait dit. Les déclarations d'aujourd'hui, comme celles de tous les temps, montrent combien rares sont les hommes capables de soutenir fermement les deux côtés d'une vérité, sans exagération ni défaut. L'impartialité judiciaire est possible, ainsi que des convictions positives ; mais leur combinaison est rare. Un homme à deux faces est également susceptible d'être irrésolu.

Les pertes en hommes au cours de cette rencontre acharnée étaient les suivantes : Britanniques, tués, 120, blessés, 354 ; Français, tués, 222, blessés, 537. [85] Cela donne trois coups français pour deux Britanniques, d'où, et des dégâts bien plus importants subis en altitude par ces derniers, on peut déduire que tous deux suivirent leur coutume habituelle de viser, le Les Britanniques à la coque, les Français aux espars. C'est à ces derniers qu'on a également donné la jauge sous le vent que possédaient les Français. Les Britanniques, en tant qu'attaquants, subirent également des tirs nourris alors qu'ils fonçaient.

Rodney répara les avaries en mer et poursuivit sa route en prenant soin de se maintenir entre la Martinique et les Français. Celui-ci se rendant en Guadeloupe, il les y reconnut sous les batteries, puis prit son poste devant le fort Royal. « La seule chance de les amener à l'action », écrivait-il à l'Amirauté le 26 avril, « était de quitter ce port avant eux, où se trouve actuellement la flotte, dans l'attente quotidienne de leur arrivée. » Les Français prétendent qu'il les a évités, mais comme ils affirment qu'ils s'en sont mieux sortis le 17, et pourtant admettent qu'il est apparu au large de la Guadeloupe, cette affirmation n'est pas tenable. Rodney a ici fait preuve d'une grande ténacité. Les ordres de de Guichen étaient « de garder la mer, autant que le permettaient les forces maintenues par l'Angleterre dans les îles du Vent, sans trop compromettre la flotte qui lui était confiée ». [86] Avec de telles instructions, il a naturellement et systématiquement reculé devant un engagement décisif. Après avoir débarqué ses blessés et réarmé en Guadeloupe, il reprit la mer, avec l'intention de se rendre à Santa Lucia, reprenant contre cette île le projet que lui et de Bouillé avaient continuellement entretenu. Ce dernier et ses troupes restèrent avec la flotte.

Entre-temps, Rodney s'était senti obligé de retourner momentanément à Santa Lucia. « La flotte a continué devant Fort Royal jusqu'à ce que l'état de plusieurs des navires sous mon commandement et les courants sous le vent [87] aient rendu nécessaire de jeter l'ancre dans la baie de Choque (Anse du Choc), Sainte-Lucie, afin de mettre les blessés et des hommes malades à terre, et pour abreuver et réarmer la flotte, des frégates ayant été détachées sous le vent et au vent de chaque île, afin de prendre connaissance des mouvements de l'ennemi et d'être informées à temps de leur approche vers la Martinique, le seul endroit où ils pourraient se rééquiper dans ces mers. Dans cette dernière clause se retrouve l'idée stratégique de l'amiral britannique : les Français doivent revenir en Martinique.

De la vigilance de ses frégates il résulta que lorsque les vigies de Guichen, passées au vent de la Martinique le 7 mai, arrivèrent en vue de Gros Ilet le 9, ce fut simplement pour trouver les Britanniques en route. pour rencontrer l'ennemi. Pendant les cinq jours suivants, les deux flottes furent engagées dans des mouvements constants, sur le caractère desquels les écrivains de chaque nation donnèrent des constructions différentes. Tous deux sont cependant d'accord sur le fait que les Français ont été au vent tout au long, à l'exception d'une brève heure le 15, où un changement de vent passager a donné cet avantage aux Britanniques, pour ensuite le perdre à nouveau. Ils l'ont immédiatement utilisé pour forcer l'action. Comme la position au vent donne la puissance d'attaquer, et que les Français étaient au nombre de vingt-trois contre vingt pour les Britanniques, il n'est probablement pas difficile de dire que ces derniers poursuivaient au vent et que les premiers évitaient l'action, en faveur, peut-être, de la position au vent. , de cette arrière-pensée, la conquête de Santa Lucia, pour laquelle ils avaient navigué. Rodney déclare dans sa lettre que, lorsque les deux flottes se séparèrent le 20 mai, elles se trouvaient à quarante lieues au vent (à l'est) de la Martinique, en vue de laquelle elles avaient été le 10.

Durant ces jours-là, de Guichen, dont la flotte, selon Rodney, naviguait le mieux, et certainement assez bien pour conserver l'avantage du vent, fonça plus d'une fois, généralement dans l'après-midi, lorsque la brise est la plus constante, à portée de main. des Britanniques. Sur ce mouvement, les Français fondent l'affirmation selon laquelle l'amiral britannique évitait une rencontre ; on peut également interpréter qu'il ne jetterait pas de munitions avant d'être sûr de la distance effective. Les deux amiraux montrèrent beaucoup d'habileté et de maîtrise de leur métier, une grande prudence également et une vivacité d'œil ; mais il est tout à fait intenable de prétendre qu'une flotte ayant la jauge météorologique pendant cinq jours, dans les alizés, n'ait pas pu mettre son ennemi en action, surtout lorsqu'on admet que celui-ci fermait à l'instant où le vent lui permettait de se mettre en action. fais-le.

Dans l'après-midi du 15 mai, à peu près à l'heure habituelle, Rodney « fit beaucoup de navigation au vent ». Les Français, laissant entendre qu'il essayait de descendre, ce qu'il voulait qu'ils fassent, se rapprochèrent un peu plus que les jours précédents. Leur fourgon s'était approché à longue portée, au niveau du centre des Britanniques, qui étaient bâbord amure au sud-sud-est, avec le vent à l'est (aa, aa). Ici, la brise s'est soudainement dirigée vers le sud-sud-est (vent b). Les têtes de tous les navires des deux flottes furent ainsi renversées au sud-ouest (s, s), sur bâbord amure, mais le décalage laissa l'arrière britannique, qui sur ce bord menait la flotte, au vent de l'avant-garde française. . Le signal de Rodney retentit aussitôt, pour virer de bord successivement et retenir le vent de l'ennemi ; ce dernier, ne voulant pas céder l'avantage, portait tous ensemble (w), tirant au vent sur tribord amure, et pour reprendre les mots de Rodney, « s'enfuit avec une foule de voiles » (a', a').

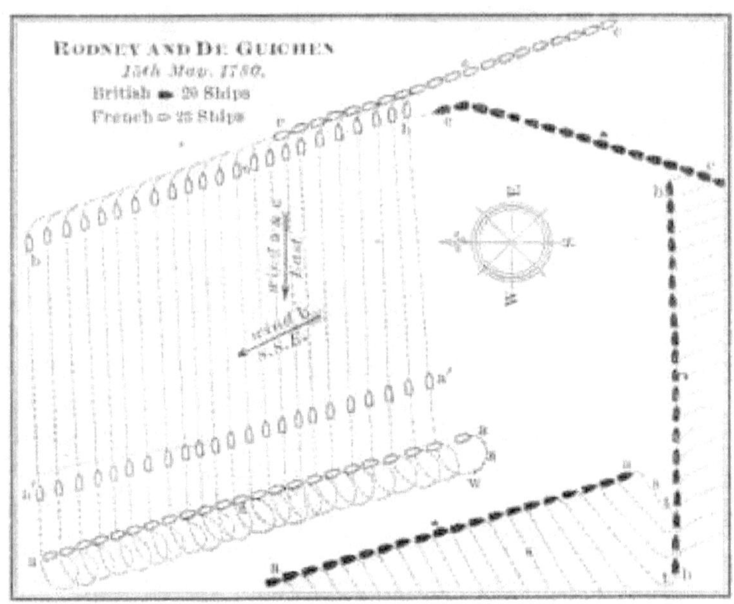

Rodney et De Guichen, 15 mai 1780

La flotte britannique virant de bord successivement après ses leaders (t, t), le résultat immédiat fut que tous deux se trouvaient maintenant sur tribord amure, — vers l'est — les Britanniques ayant un léger avantage sur le vent, mais bien en arrière de la flotte britannique. faisceau des Français (bb, bb). Le résultat, si le vent avait tenu, aurait été une épreuve de vitesse et de résistance aux intempéries. "La flotte de Sa Majesté", écrit Rodney, "par cette manœuvre avait gagné le vent et aurait forcé l'ennemi à se battre, si elle n'avait pas immédiatement changé de six points (retour à l'est, son ancienne direction) lorsqu'elle était proche de l'ennemi. et leur a permis de récupérer cet avantage. Lorsque le vent tourna à nouveau, de Guichen rassembla ses navires et se plaça devant la proue de l'ennemi qui avançait (cc, cc). Le chef britannique frappa la ligne française derrière le centre et courut sous le vent, la camionnette britannique échangeant une canonnade rapprochée avec l'arrière de l'ennemi. Un tel engagement, deux lignes passant sur des bords opposés, est généralement indécis, même lorsque les flottes entières sont engagées, comme à Ouessant ; mais lorsque, comme dans ce cas, l'engagement n'est que partiel, le résultat est naturellement moindre. L'avant-garde et le centre français, ayant dépassé la tête de l'ennemi, s'écartèrent à ce point de plus en plus loin de la trace des navires britanniques venant en sens inverse, qui du centre vers l'arrière ne tirèrent pas. "Comme l'ennemi était sous pression, seul l'avant-garde de notre flotte pouvait intervenir pour une quelconque partie de l'action sans gaspiller la poudre et les balles de Sa Majesté, l'ennemi dépensant sans raison les leurs à une telle distance qu'il n'avait aucun effet. " Ici encore, les Français tentaient évidemment de mettre hors d'état de nuire l'ennemi éloigné dans ses espars. La perte britannique lors de l'action du 15 mai s'élève à 21 tués et 100 blessés.

Comte de Guichen

George Brydges, Lord Rodney

Les flottes continuèrent leurs mouvements respectifs, chacune agissant comme auparavant, jusqu'au 19, où eut lieu une autre rencontre, exactement du même caractère que la précédente, quoique sans les mêmes manœuvres préalables. A cette occasion, les Britanniques, qui entre-temps avaient été renforcés par un navire de 74 et un navire de 50 canons, perdirent 47 tués et 113 blessés. Le résultat était tout aussi indécis, tactiquement réfléchi ; mais à ce moment-là, tous deux avaient épuisé leur endurance. Les Français, absents de la Martinique depuis le 13 avril, n'avaient plus que six jours de provisions. [88] Rodney trouva le *Conqueror, Cornwall* et *Boyne* tellement brisés qu'il les envoya devant le vent à Santa Lucia, tandis que lui-même, avec le reste de la flotte, se dirigea vers la Barbade, où il arriva le 22. Les Français jetèrent l'ancre le même jour au Fort Royal. « Les Anglais, dit Chevalier, se tenaient sur tribord amures, vers le sud, après l'action du 19, et le lendemain n'étaient plus visibles. "L'ennemi", rapporta Rodney, "se tenait vers le nord avec toutes les voiles qu'il pouvait pousser, et était hors de vue le 21e instant. L'état des navires de Sa Majesté était tel qu'il ne permettait pas une poursuite plus longue."

Par leur dextérité et leur vigilance, chaque amiral avait contrecarré les objectifs de l'autre. Rodney, par un effort offensif prononcé, quoique prudent, avait absolument empêché le « but ultérieur » des Français, qu'il comprenait clairement comme étant Santa Lucia. De Guichen avait réussi à éviter une action décisive, et il avait momentanément paralysé quelques navires britanniques à ce point que la flotte dut attendre leurs réparations avant de reprendre la mer. Le gain tactique lui appartenait, la victoire stratégique appartenait à son adversaire ; mais que ses navires avaient également été très maltraités, comme le montre le fait qu'une demi-douzaine ne purent prendre la mer trois semaines plus tard. L'amiral français s'effondre sous la tension, à laquelle s'ajoute le chagrin de perdre un fils, tué lors des récents combats. Il a demandé son rappel. « Le commandement d'une si grande flotte, écrit-il, dépasse infiniment mes capacités à tous égards. Ma santé ne peut supporter une fatigue et une anxiété si continuelles. Cela semble certainement un témoignage tacite de l'habileté, de la persévérance et de la détermination offensive de Rodney. Ce dernier écrit à sa femme : « Pendant quatorze jours et quatorze nuits, les flottes furent si proches les unes des autres qu'on ne pouvait dire que ni les officiers ni les hommes dormaient. Seule la bonté du temps et du climat nous auraient permis d'endurer une fatigue aussi continue. " Si cela avait été en Europe, la moitié du peuple aurait dû sombrer. Pour ma part, cela m'a fait du bien. "

Rodney a également déclaré dans ses lettres personnelles que l'action de ses subordonnés dans les dernières affaires avait été efficace ; mais il ne leur en accordait que peu de crédit. « Comme j'avais fait savoir publiquement à tous mes capitaines, etc., que j'attendais une obéissance implicite à chaque signal émis, sous peine certaine d'être immédiatement remplacé, cela a eu un effet admirable ; comme ils en étaient tous convaincus, après leur dernier gros signal. comportement, qu'ils n'avaient rien à attendre de ma part mais une punition immédiate pour ceux qui négligeaient leur devoir. Mon regard sur eux avait plus d'effroi que le feu de l'ennemi, et ils savaient que ce serait fatal. Aucune considération n'était accordée au rang : les amiraux comme ainsi que les capitaines, s'ils sortaient de leur poste, étaient immédiatement réprimandés par des signaux ou des messages envoyés par des frégates ; et, malgré eux, je leur ai appris à être ce qu'ils n'avaient jamais été auparavant : des *officiers* . Rodney a également dit à ses officiers qu'il déplacerait son pavillon sur une frégate, si nécessaire, pour mieux les surveiller. Il n'est en aucun cas obligatoire d'accepter ces calomnies grossières comme révélatrices de quelque chose de pire que la méfiance qui prévaut dans toute la Marine, imputable en fin de compte à une administration corrompue de l'Amirauté. Ce dernier, comme le gouvernement de 1756, était sujet à la censure pour mauvaise administration politique ; tout le monde craignait que le blâme ne soit rejeté sur lui, comme il l'avait été sur Byng, qui le méritait ; et non seulement cela, mais ce blâme serait poussé à la ruine, comme dans son cas. La Marine était en proie à la méfiance, voire à la panique. Dans cet état d'appréhension et de doute, la tradition de la ligne de bataille, reposant sur des hommes qui ne s'arrêtaient pas pour étudier les faits ou analyser les impressions, et qui avaient vu des officiers censurés, caissiers et fusillés, pour erreurs de jugement ou d'action, naturellement engendré des hésitations et des malentendus. Un ordre de bataille est une bonne chose, nécessaire pour assurer un soutien mutuel et élaborer un plan. L'erreur du siècle, non éclatée alors, fut de l'observer dans la lettre plutôt que dans l'esprit ; considérer l'ordre comme une fin plutôt que comme un moyen ; et y rechercher non seulement l'efficacité, qui admet une construction large dans les positions, mais la précision, qui est aussi étroite qu'une paire de menottes. Rodney lui-même, bien que conservateur, a trouvé à redire à l'administration. Malgré toute sa sévérité et sa hauteur, il n'a pas perdu de vue la justice, comme le montre une phrase de sa lettre à Carkett. "Aurais-je pu imaginer que votre conduite et votre inattention aux signaux provenaient de autre chose que d'une erreur de jugement, je vous avais certainement remplacé, mais Dieu m'en préserve de le faire uniquement pour une erreur de jugement", - encore une fois une illusion, non obscure, pour Byng. destin.

À la Barbade, Rodney reçut certaines informations selon lesquelles une escadre espagnole de douze navires de ligne, avec un important convoi de dix mille soldats, avait appareillé de Cadix le 28 avril à destination des Antilles. Le navire apportant la nouvelle était tombé avec eux en route. Rodney étendit une ligne de frégates « au vent, de la Barbade à Barbuda », pour obtenir un avertissement en temps opportun, et avec la flotte mise en mer le 7 juin, pour naviguer vers l'est de la Martinique pour intercepter l'ennemi. Cette dernière avait été découverte le 5 par une frégate, à cinquante lieues à l'est de l'île, qui se dirigeait vers elle ; mais l'amiral espagnol, voyant qu'il serait signalé, changea de route et passa au nord de la Guadeloupe. Le 9, il fut rejoint dans ce quartier par de Guichen, qui ne put emporter avec lui que quinze voiles, fait qui montre qu'il avait souffert dans les derniers pinceaux aussi gravement que Rodney, qui avait avec lui dix-sept de ses bateaux. vingt.

Après avoir échappé aux Britanniques, les alliés ancrèrent à Fort Royal ; mais l'amiral espagnol refusa absolument de s'associer à aucune entreprise contre la flotte ou les possessions ennemies. Non seulement cela, mais il a insisté pour être accompagné sous le vent. L'escadre espagnole fut ravagée par une épidémie, due à l'insalubrité des navires et à la malpropreté des équipages, et la maladie fut transmise à leurs alliés. De Guichen avait déjà l'ordre de quitter les îles du Vent à l'approche de l'hiver. Il décida maintenant d'anticiper ce moment et, le 5 juillet, quitta Fort Royal avec les Espagnols. Après avoir accompagné ce dernier à l'est de Cuba, il se rend au Cap François, en Haïti, alors principale gare française. Les Espagnols ont continué leur route vers La Havane.

Au Cap François, de Guichen trouva des instances pressantes du ministre de France aux États-Unis et de Lafayette pour transporter sa flotte sur le continent, où le génie lucide de Washington avait déjà reconnu que l'issue de la lutte dépendait de l'issue de la bataille . marines. L'amiral français refusa d'obtempérer, comme contrairement à ses instructions, et s'embarqua le 16 août pour l'Europe, avec dix-neuf voiles de ligne, en laissant dix au cap François. Des ordres cachetés, ouverts à la mer, lui ordonnèrent de se rendre à Cadix, où il jeta l'ancre le 24 octobre. Son arrivée porta la force alliée rassemblée là-bas à cinquante et une voiles de ligne, en plus des quatre-vingt-quinze navires de sucre et de café qu'il avait convoyés d'Haïti. Il est significatif de la faiblesse de la Grande-Bretagne en Méditerranée à cette époque, que ces navires marchands extrêmement précieux aient été envoyés à Toulon, au lieu de se diriger vers les ports atlantiques plus pratiques, seuls cinq navires de ligne les accompagnant au-delà de Gibraltar. Le gouvernement français avait craint de les confier à Brest, même avec les dix-neuf voiles de de Guichen.

Les opérations alliées dans les îles du Vent pour la saison de 1780 n'avaient donc abouti à rien, malgré une incontestable infériorité des Britanniques sur les seuls Français, dont Rodney se plaignait fortement. Cependant, les choses se sont produites contrairement aux intentions de l'Amirauté. Des ordres avaient été envoyés au vice-amiral Marriot Arbuthnot, à New York, pour détacher des navires à Rodney ; mais le navire qui les transportait fut conduit par les intempéries vers les Bahamas, et son capitaine négligea d'informer Arbuthnot de l'endroit où il se trouvait et de ses dépêches. Un détachement de cinq navires de ligne dirigé par le commodore l'hon. Robert Boyle Walsingham a été détenu trois mois en Angleterre, en proie au vent. Ils n'y adhèrent donc que le 12 juillet. Les dispositions immédiatement prises par Rodney offrent une très bonne illustration du genre de devoirs qu'un amiral britannique devait alors s'acquitter. Il désigna cinq navires de ligne qui resteraient avec Hotham à Santa Lucia, pour la protection des îles du Vent. Le 17, emmenant avec lui un important convoi marchand, il prit la mer avec la flotte pour Saint-Kitts, où le « commerce » des îles Sous-le-Vent se rassemblait pour l'Angleterre. En chemin, il reçut des informations précises sur la route et la force de la flotte franco-espagnole dirigée par de Guichen, sur les maladies à bord et sur les dissensions entre les alliés. De Saint-Kitts, le « commerce » de juillet fut renvoyé chez lui avec deux navires de ligne. Trois autres, écrivit-il à l'Amirauté, accompagneraient la flotte de septembre, « et le reste des navires de cette station, qui ont besoin de beaucoup de réparations et n'ont pas de fond de cuivre, partiront avec eux ou avec le convoi que leur Les Seigneuries ont eu le plaisir d'ordonner que le bateau parte d'ici en octobre prochain. Si ceux-ci arrivaient avant l'hiver, affirmait-il, ils seraient disponibles au printemps en renfort de la flotte de la Manche, et permettraient à l'Amirauté de lui en envoyer un nombre équivalent pour les travaux hivernaux de sa station.

Comme de Guichen avait emmené toute la flotte marchande française de la Martinique au Cap François et que la saison des ouragans était proche, Rodney estima que seule une petite force française resterait en Haïti et que, par conséquent, la Jamaïque n'aurait pas besoin de tous les Britanniques . flotte pour la sauver de toute attaque éventuelle. Il y envoya donc dix navires de ligne, informant le vice-amiral Sir Peter Parker qu'ils n'étaient pas simplement destinés à défendre l'île, mais à lui permettre de renvoyer chez lui son grand commerce dans une sécurité raisonnable.

Ces choses étant faites avant le 31 juillet, Rodney, estimant que les alliés avaient pratiquement abandonné toutes les entreprises aux Antilles pour cette année-là, et qu'un ouragan pourrait à tout moment rattraper la flotte à ses ancres, la plaçant peut-être sous le vent, est parti en mer, pour naviguer avec la flotte au large de Barbuda. Mais son esprit était déjà enclin à se diriger vers le continent, où il déduisit, à juste titre mais à tort, que la plus grande partie de la flotte de Guichen irait, comme il se doit. Son projet fut confirmé par l'information d'un navire américain selon laquelle une escadre française de sept navires de ligne, convoiant six mille hommes, avait jeté l'ancre dans la baie de Narragansett le 12 juillet. Il partit aussitôt pour la côte de la Caroline du Sud, où il communiqua avec l'armée à Charleston, et de là, « balayant la côte sud de l'Amérique », ancré avec quatorze navires de ligne à Sandy Hook, le 14 septembre, inattendu. et importun pour les amis comme pour les ennemis.

Le vice-amiral Arbuthnot, étant le cadet de Rodney, montra clairement et avec insubordination sa colère face à cette intrusion dans son commandement, qui supplantait son autorité et divisait l'argent des prix d'une station lucrative. Mais ce n'était là qu'un détail. Pour Washington, la venue de Rodney était un coup fatal aux espoirs suscités par l'arrivée de la division française à Newport, qu'il espérait voir renforcée par de Guichen. En réalité, le départ de ce dernier rendait sans importance l'apparition de Rodney sur la scène ; mais Washington ne le savait pas alors. Dans l'état actuel des choses, les forces de Rodney jointes à celles d'Arbuthnot constituaient une flotte de plus de vingt voiles de ligne, devant lesquelles, vigoureusement utilisées, il ne fait aucun doute que l'escadre française de Newport a dû tomber. Mais Rodney, bien qu'il ait fait preuve d'une grande énergie aux Antilles et d'une résolution inhabituelle en quittant sa propre station pour un service plus éloigné, avait soixante-deux ans et souffrait de la goutte. « Le brusque changement de climat m'oblige à débarquer pendant une courte période », écrit-il ; et bien qu'il ait ajouté que sa maladie n'était « pas de nature à retarder un instant le service de Sa Majesté », il a probablement perdu une chance à Rhode Island. Il n'a pas négligé l'affaire, il est vrai ; mais il se décida sur l'information d'Arbuthnot et de sir Henry Clinton, et n'inspecta pas le terrain lui-même. Rien d'important n'est ressorti de sa visite ; et le 16 novembre, il repartit pour les Antilles, n'emportant avec lui que neuf voiles de ligne.

L'arrivée des sept navires de Ternay à Newport fut plus que compensée par un renfort britannique de six navires de ligne commandés par le contre-amiral Thomas Graves qui entra dans New York le 13 juillet, soit un jour seulement plus tard. La force d'Arbuthnot fut ainsi portée à dix hommes de ligne, dont un de 98 canons. Après le passage de Rodney, la division française fut surveillée par des croiseurs, appuyés sur Gardiner's Bay, mouillage commode à l'extrémité est de Long Island, entre trente et quarante milles de Rhode Island. Lorsqu'un mouvement de l'ennemi était appréhendé, l'escadre s'y rassemblait, mais rien d'important ne se produisait pendant le reste de l'année.

L'année 1780 avait été une année de grand découragement pour les Américains, mais le préjudice, sauf que le temps avait mis à rude épreuve leur endurance, était plus superficiel que réel. Les succès des Britanniques dans les États du Sud, bien qu'indéniables et apparemment substantiels, les entraînaient de plus en plus profondément dans un mouvement excentrique et ruineux. Il suffit ici de les résumer comme des étapes du processus menant à la catastrophe de Yorktown, un désastre qui, comme le disait Washington, était un exemple de puissance navale plutôt que militaire.

L'échec de l'attaque de d'Estaing contre Savannah à l'automne 1779 [82] avait laissé cet endroit aux Britanniques comme base pour de nouvelles avancées en Caroline du Sud et en Géorgie ; succès durable que l'on attendait du nombre de royalistes dans ces États. Lorsque le départ de la flotte française fut constaté, Sir Henry Clinton prit la mer depuis New York en décembre 1779, pour la rivière Savannah, escorté par le vice-amiral Arbuthnot. Les détails des opérations, lentes et méthodiques, ne seront pas donnés ici ; car, bien que la Marine y ait pris une part active, elles ne peuvent guère être considérées comme d'une importance majeure. Le 12 mai 1780, la ville de Charleston capitula, faisant entre six et sept mille prisonniers . Clinton retourna ensuite à New York, laissant Lord Cornwallis aux commandes du sud. Ce dernier proposa de rester tranquille pendant les mois chauds ; mais l'activité des troupes de partisans américains l'en empêcha, et en juillet, l'approche d'une force petite mais relativement redoutable, dirigée par le général Gates, le contraignit à prendre le terrain. Le 16 août, les deux petites armées se rencontrèrent à Camden, et les Américains, beaucoup plus nombreux, mais en grande partie irréguliers, furent mis en déroute décisive. Cette nouvelle parvint au général Washington, dans le nord, presque au moment même où la trahison de Benedict Arnold était connue. Bien que les objets de sa trahison aient été frustrés, les mots douloureux : « À qui pouvons-nous maintenant faire confiance ? montrent la profonde tristesse qui assombrit pour le moment l'esprit constant du commandant en chef américain. C'est aussi à cette époque que Rodney arriva à New York.

Cornwallis, non content de son succès tardif, décide de poursuivre sa route vers la Caroline du Nord. Ce faisant, il se sépara de sa base navale de Charleston, avec laquelle il n'avait pas la force d'entretenir une communication terrestre, et ne put retrouver un contact efficace avec la mer que dans la baie de Chesapeake. Cette conclusion n'apparaissait pas dès le départ. En Caroline du Nord, le général britannique n'a pas reçu de la population le soutien substantiel qu'il espérait et s'est retrouvé dans un pays très difficile et sauvage, confronté au général Greene, le deuxième en capacité de tous les dirigeants américains. Harcelé et déconcerté, il fut contraint d'ordonner que des fournitures soient envoyées par mer à Wilmington, en Caroline du Nord, un port isolé et inférieur, vers lequel il se détourna, arrivant épuisé le 7 avril 1781. la question de son avenir restait à régler. Retourner à Charleston par mer était en son pouvoir, mais ce serait un aveu ouvert d'échec, qu'il ne pouvait pas revenir par terre, à travers le pays par lequel il était venu, à peu près le même dilemme que celui de Howe et Clinton à Philadelphie. Pour le soutenir dans sa détresse par une diversion, Sir Henry Clinton avait envoyé deux détachements successifs ravager la vallée de la rivière James en Virginie. Ceux-ci étaient toujours là, sous le commandement du général Phillips ; et Cornwallis, dans ces circonstances, pouvait voir de nombreuses raisons pour lesquelles c'était là le lieu même pour mener les opérations britanniques. Le 25 avril 1781, il quitta Wilmington et rejoignit un mois plus tard la division à Petersburg, en Virginie, alors commandée par Benedict Arnold ; Phillips étant décédé. Là, en prise désormais avec son sort, il faut le laisser pour le moment.

Pour compléter les transactions navales de 1780, il est nécessaire de mentionner brièvement deux incidents, insignifiants en eux-mêmes, mais significatifs, non seulement en tant qu'associés aux mouvements plus importants de la campagne, mais aussi en tant qu'indicateurs de la politique navale des États en guerre. . Les deux, bien qu'ils ne soient pas par ailleurs liés, ont une certaine unité d'intérêt, dans la mesure où le même officier britannique commandait à chaque fois.

Lion de 64 canons fut tellement blessé que son commandant, le capitaine Cornwallis, fut contraint de couler avant les alizés vers la Jamaïque, afin de sauver elle de la capture. Depuis lors, elle y était restée, en tant que membre de l'escadron du vice-amiral Sir Peter Parker. En mars 1780, toujours commandé par Cornwallis, il effectuait une croisière de service ordinaire au large du nord d'Haïti, ayant en compagnie le *Bristol*, 50, et le *Janus*, 44. Le 20 mars, au large de Monte Christi, un certain nombre des voiles furent aperçues vers l'est, qui se révélèrent être un convoi français, en route de la Martinique vers le Cap François, protégé par l'escadre de La Motte-Picquet composée de deux 74, un 64, un 50 et une frégate. Les navires marchands français reçurent l'ordre de se rassembler en masse vers leur port, tandis que les navires de guerre poursuivaient vers le nord-ouest. Le vaisseau amiral de La Motte-Picquet, l' *Annibal* , 74, se trouva à portée à 17 heures, lorsqu'une canonnade lointaine commença, qui dura jusqu'à minuit passé, et reprit le lendemain matin. Le *Janus* en fut la principale victime, perdant son mât d'artimon et son mât de misaine. Le calme étant presque revenu, le *Bristol* et *le Lion* sortirent de leurs bateaux et furent remorqués par eux jusqu'à son soutien. Les deux autres navires français de ligne se levèrent dans la matinée du 21, de sorte que l'action de cet après-midi, bien que décousue, puisse être qualifiée de générale.

Les deux commodore opposés diffèrent dans leurs opinions exprimées quant à la capacité des Français à rendre l'affaire plus décisive. Certains propos de La Motte-Picquet semblent montrer qu'il se sentait responsable de sa position. "Le *Janus* , étant plus petit et plus facile à manœuvrer, gisait sur notre hanche et sous notre poupe, où il fit des dégâts considérables. Une petite brise montant nous permit (l'Annibal) de nous tenir debout vers nos propres navires, qui firent tout leur possible pour venir et couvrez-nous, sans quoi nous aurions été *encerclés* . » Il est facile de voir dans une telle expression le reflet des ordres du cabinet français d'économiser les navires. Cela fut encore plus évident dans la conduite de La Motte-Picquet le lendemain. Le 22 au matin, « à la lumière du jour, nous étions à un coup de canon et demi, une brise fraîche d'est-nord-est, et je m'attendais à rattraper l'escadre britannique dans une heure, lorsque nous aperçumes quatre navires en poursuite. de nous. A 6h30 du matin, trois furent aperçus comme étant des navires de guerre. Cette supériorité de force m'obligea à renoncer et à faire le signal de tirer notre vent vers le Cap François. Ces trois nouveaux venus étaient le *Ruby* , 64, et deux frégates, la *Pomona* , 28, et *la Niger* , 32. La comparaison des forces serait donc : Français, deux 74, un 64, un 50 et une frégate, par opposition aux Britanniques, deux 64, un 50 et trois frégates. La Motte-Picquet n'a évidemment pas attendu pour connaître la taille des navires qui approchaient. Son courage était incontestable et, comme l'avait dit Hyde Parker, il comptait parmi les officiers français les plus distingués ; mais, comme ses camarades, il était dominé par la théorie erronée de son gouvernement.

Le capitaine du *Janus* est mort de mort naturelle lors de la rencontre. Il peut être intéressant de noter que le navire a été donné à Nelson, qui a été rappelé à cet effet de l'expédition à San Juan, au Nicaragua, l'une des opérations mineures de la guerre. Cependant, sa santé empêchait que ce commandement soit plus que nominal et, peu de temps après, il retourna en Angleterre avec Cornwallis, à bord du *Lion* .

Trois mois plus tard, le Cornwallis fut envoyé par Parker pour accompagner un corps de navires marchands à destination de l'Angleterre jusqu'aux environs des Bermudes. Ce devoir rempli, il retournait vers sa station, ayant avec lui deux 74, deux 64 et un 50, lorsque, le matin du 20 juin, plusieurs voiles furent aperçues du nord-est à l'est (a) ; l'escadre britannique (aa) fait alors route vers l'est, avec le vent du sud-sud-est. Les étrangers étaient un corps de transports français, transportant les six mille hommes destinés au Rhode Island, et convoyés par une division de sept navires de ligne, un 80, deux 74 et quatre 64, sous le commandement du commodore de Ternay. Deux des navires de guerre se trouvaient avec le convoi, les cinq autres étant très bien au vent. Ces derniers se dressèrent donc, à travers l'étrave des Britanniques, pour rejoindre leurs consorts, puis tous virèrent leur vent au sud-ouest, se tenant en colonne (bb) vers l'ennemi. Cornwallis, de son côté, avait continué (b) à reconnaître la force opposée à lui ; mais un de ses navires, le *Ruby* , 64, était si loin sous le vent (b') que les Français, en se tenant près du vent, pouvaient passer entre lui et son escadre (b, b, b'). Il vire donc (t) et barre vers le sud-ouest, bâbord amure (c'), au plus près du vent. Les Français, qui se dirigeaient déjà dans la même direction, furent ainsi amenés à sa poursuite sur son quartier météorologique. Cornwallis portait alors sa division (w), formait une ligne de bataille sur le même bord que les autres (c) et se dirigeait vers le *Ruby* . Si les Français gardaient désormais le vent, soit le *Ruby* (c') devait être coupé, soit Cornwallis, pour le sauver, devait lutter contre lui contre toute attente. De Ternay, cependant, ne retint pas son vent et se leva, cédant du terrain (cc). "L'ennemi", écrit Cornwallis, "continuait à se rapprocher et à former une ligne, bien qu'à portée de feu. À 17 h 30, voyant que nous avions poussé les navires français suffisamment sous le vent pour permettre au Ruby, sous notre proue sous le vent, de nous rejoindre, *j'ai* fait le signal de virer de bord." Alors que l'escadre britannique s'apprêtait à se placer à nouveau vers l'est (d), les Français, se dirigeant désormais vers l'ouest-sud-ouest (cc), hissèrent leurs couleurs et ouvrirent le feu au passage. Le *Ruby* a continué jusqu'à ce qu'il récupère le sillage de la colonne britannique (d'), lorsqu'il a lui aussi viré de bord. Les Français virèrent ensuite également, successivement (d), et les deux colonnes restèrent pendant un moment sur des lignes parallèles, échangeant des tirs à longue portée, les Britanniques au vent. Cornwallis a très justement refusé de s'engager davantage avec une force aussi supérieure. Il avait déjà fait beaucoup pour sauver un navire si exposé.

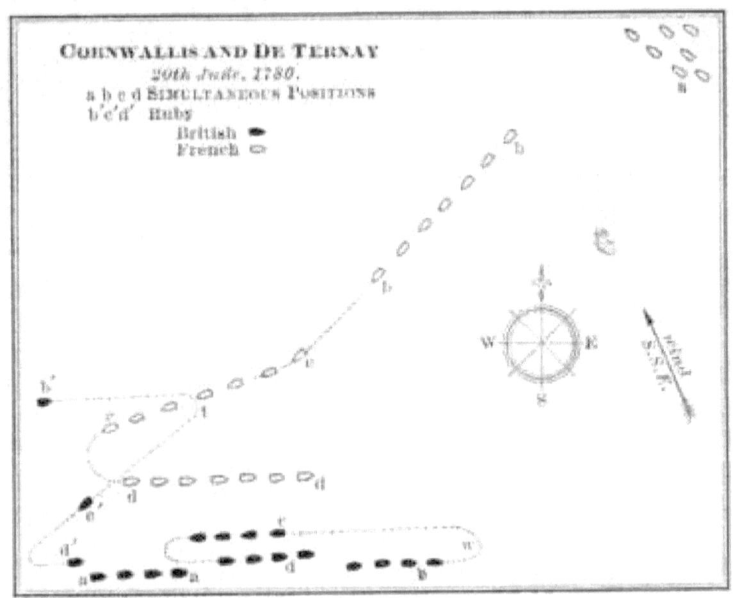

Cornwallis et De Ternay, 20 juin 1780

Le récit ci-dessus est celui du commandant britannique, mais il ne diffère pas essentiellement de celui des Français, dont les capitaines étaient très irrités par l'action prudente de leur chef. Un *commissaire* français de l'escadron, qui publia plus tard son journal, raconte que de Ternay demanda quelques jours plus tard au capitaine de l'un des navires quel amiral anglais il pensait qu'ils avaient engagé, et reçut la réponse : « Nous avons perdu notre opportunité de trouver." Il donne également de nombreux détails sur les conversations qui se déroulaient à bord des navires, qu'il n'est pas nécessaire de répéter. Chevalier souligne cependant à juste titre que de Ternay devait considérer qu'une force égale, voire supérieure, pourrait être rencontrée à l'approche de la baie de Narragansett, et qu'il ne devrait pas risquer de paralyser son escadre dans une telle éventualité. L'accusation de six mille soldats, dans les conditions d'alors, n'était pas une responsabilité légère et devait au moins faire taire les critiques spontanées aujourd'hui. Les commentaires sur son action n'appartiennent pas à l'histoire navale britannique, à laquelle la fermeté et le sens marin du capitaine Cornwallis ont ajouté une gloire durable. On peut noter que quinze ans plus tard, lors de la Révolution française, le même officier, alors vice-amiral, se distingua encore par son comportement face à de grands obstacles, faisant sortir cinq navires sains et saufs, de la gueule d'une douzaine. Il illustre comment la chance semble, dans de nombreux cas, caractériser la personnalité d'un homme, tout comme le tempérament. Cornwallis, familièrement connu sous le nom de « Billy Blue » par les marins de son époque, n'a jamais remporté de victoire, ni n'a eu la chance d'en remporter une ; mais commandant à la fois des navires et des divisions, il se distingua à plusieurs reprises en affrontant avec succès des obstacles qu'il ne parvenait pas à surmonter.

L'année 1780 s'est déroulée sans incident également dans les eaux européennes, après le soulagement de Gibraltar par Rodney en janvier. Le détachement de la Channel Fleet qui l'accompagnait dans cette mission rentra sain et sauf en Angleterre. La « Grande Flotte », comme on l'appelait encore occasionnellement, naviguait en mer du 8 juin au 18 août, une force imposante de trente et un navires de ligne, dont onze à trois ponts de 90 canons et plus. L'amiral Francis Geary était alors commandant en chef, mais, sa santé déclinant et Barrington refusant d'accepter le poste, par méfiance déclarée envers lui-même et méfiance réelle à l'égard de l'Amirauté, le vice-amiral George Darby lui succéda et le conserva pendant l'année 1781.

L'événement maritime le plus marquant de l'année 1780 en Europe fut la capture, le 9 août, d'un important convoi britannique, à deux ou trois cents milles à l'ouest du cap Saint-Vincent, par les flottes alliées venues de Cadix. Comme sur soixante-trois bateaux seulement huit se sont échappés, et que parmi ceux capturés, seize transportaient les troupes et les approvisionnements nécessaires aux garnisons des Antilles, un tel désastre mérite d'être mentionné parmi les plus grandes opérations de guerre, dont il ne pouvait manquer de mentionner le succès. influence. Le capitaine John Moutray, l'officier commandant le convoi, fut traduit en justice et renvoya son navire ; mais il n'en manquait pas qui accusèrent l'amirauté de cette mésaventure et virent dans le capitaine une victime. Ce fut le coup le plus grave que le commerce britannique ait reçu en temps de guerre, de mémoire des hommes d'alors, et « une tendance générale prévalait à rejeter la faute sur un individu, qui pourrait être puni selon l'ampleur de l'objet, plutôt que selon l'ampleur de l'objet ». proportionnellement à son démérite. » [20]

Au cours de l'année 1780 fut créée la Ligue des puissances baltes, connue historiquement sous le nom de Neutralité armée, pour exiger de la Grande-Bretagne la concession de certains points jugés essentiels aux intérêts neutres. L'adhésion de la Hollande à cette coalition, jointe à d'autres motifs de mécontentement, amena la Grande-Bretagne à déclarer la guerre aux Provinces-Unies, le 20 décembre. Des ordres furent aussitôt envoyés aux Indes orientales et occidentales pour saisir les possessions et les navires hollandais, mais ceux-ci ne furent mis en œuvre que l'année suivante.

Vers la fin de 1780, le gouvernement français, mécontent du manque de résultats de l'immense force combinée rassemblée à Cadix pendant les mois d'été, décida de rappeler ses navires et de les réarmer pendant l'hiver pour les mouvements plus étendus et plus agressifs prévus pour la campagne de 1781. D'Estaing fut envoyé de France à cet effet ; et sous son commandement trente-huit navires de ligne, parmi lesquels étaient compris ceux amenés par de Guichen des Antilles, s'embarquèrent le 7 novembre pour Brest. Aussi extraordinaire que cela puisse paraître, cette flotte n'atteignit son port que le 3 janvier 1781.

Note de bas de page 75 :

Le rapport de Parker.

Note de bas de page 76 :

Ibid.

Note de bas de page 77 :

Antée , p. 115 .

Note de bas de page 78 :

Le rapport de Rodney. Les autorités françaises donnent leur ligne de bataille à vingt-deux navires de ligne. Il n'y avait pas parmi eux de navire de 90 canons, ni de trois ponts ; mais il y avait deux canons sur 80, dont les Britanniques n'en avaient pas non plus.

Note de bas de page 79 :

On supposait alors qu'un câble avait une longueur de 120 brasses, soit 720 pieds.

Note de bas de page 80 :

Une ligne correctement formée de vingt navires, espacés de deux encablures, aurait une longueur d'environ cinq milles. Rodney semble avoir été convaincu qu'il s'agissait de l'état de sa flotte à ce moment-là.

Note de bas de page 81 :

Le rapport de Rodney.

Note de bas de page 82 :

Témoignage de l'officier des transmissions à la cour martiale sur le capitaine Bateman.

Note de bas de page 83 :

Chose singulière, cet officier fut ensuite traduit en cour martiale pour mauvaise conduite, le 1er juin 1794, exactement du même caractère que celle dans laquelle Rodney l'avait maintenant innocenté de toute part.

Note de bas de page 84 :

Les mots de la lettre publique de Rodney, supprimée à l'époque par l'Amirauté, sont en accord avec ces propos, mais sont encore plus explicites. "Je ne peux pas conclure cette lettre sans informer Leurs Seigneuries que le capitaine Carkett, qui conduisait la camionnette, a correctement obéi à mon signal d'attaque de l'ennemi et, conformément au 21e article des instructions de combat supplémentaires, s'est dirigé instantanément vers le navire à ce moment-là. à côté de lui, au lieu de se diriger comme il l'a fait vers le navire-fourgon, l'action avait commencé beaucoup plus tôt et la flotte s'était engagée de manière plus compacte...." Cela implique clairement que les instructions de combat supplémentaires prescrivaient *la* direction à laquelle Rodney s'attendait. Carkett à prendre. Si ces Instructions Complémentaires devaient être retrouvées, leur témoignage serait intéressant.

Depuis la rédaction de ce récit, la Navy Records Society a publié (1905) un volume intitulé « Instructions de combat, 1530-1816 » de M. Julian Corbett, dont les recherches assidues en matière d'histoire navale et de guerre sont appréciées par ceux qui s'intéressent à de tels sujets. sujets. Les « Instructions supplémentaires » spécifiques citées par Rodney ne semblent pas avoir été trouvées. Parmi ceux donnés avant 1780, il n'y en a aucun qui s'étende à vingt et un articles. Dans un ouvrage publié par Rodney en 1782, un article (n° 17, p. 227) est apparemment conçu pour empêcher la répétition de l'erreur de Carkett. Ceci, comme celui de Hawke, en 1756 (p. 217), prescrit l'action envisagée plutôt en ordonnant que la ligne de bataille n'empêche pas chaque navire d'engager son adversaire, quelle que soit la conduite des autres navires, plutôt qu'en précisant quel est le navire. l'adversaire l'était. La lucidité sur ce point ne peut pas non plus être revendiquée.

Note de bas de page 85 :

Lapeyrouse Bonfils, « Histoire de la Marine Française », iii, 132. Chevalier donne des chiffres beaucoup plus petits, mais le premier a particularisé les navires.

Note de bas de page 86 :

Chevalier, « Marine Française », 1778, p. 185.

Note de bas de page 87 :

Un courant sous le vent est un courant qui se met sous le vent, avec le vent, en l'occurrence l'alizé.

Note de bas de page 88 :

Chevalier, p. 91.

Note de bas de page 89 :

Antée , p. 115 .

Note de bas de page 90 :

Beatson, «Mémoires militaires et navales».

CHAPITRE IX

CAMPAGNE NAVALE AUX ANTILLES EN 1781. CAPTURE DE ST. EUSTATE PAR RODNEY. DE GRASSE ARRIVE À LA PLACE DE DE GUICHEN. TOBAGO SE REND À DE GRASSE

Rodney, revenant de New York aux Antilles, atteignit la Barbade le 6 décembre 1780. C'est là qu'il semble avoir appris pour la première fois les effets désastreux des grands ouragans d'octobre de cette année-là. Non seulement plusieurs navires, dont deux de ligne, avaient fait naufrage, avec la perte de presque tous ceux à bord, mais la plupart de ceux qui avaient survécu avaient été démâtés, en tout ou en partie, et blessés à la coque. Il n'y avait aux Antilles aucune installation de mouillage ; les dégâts sous l'eau ne pouvaient être réparés que par carénage ou affaissement. De plus, comme la Barbade, Santa Lucia et la Jamaïque avaient toutes été balayées, leurs approvisionnements étaient en grande partie détruits. Antigua, il est vrai, avait échappé, l'ouragan passant au sud de Saint-Kitts ; mais Rodney écrivit à sa famille qu'aucun magasin de réaménagement n'était disponible dans les îles Caribbee. Il espérait alors que Sir Peter Parker pourrait subvenir en partie à ses besoins ; car lorsqu'il écrivait de Santa Lucia le 10 décembre, deux mois après la tempête, il ignorait encore que la station de la Jamaïque avait autant souffert que les îles orientales. Le fait montre non seulement la lenteur ordinaire des communications à cette époque, mais aussi la paralysie qui tomba sur tous les mouvements à la suite de ce grand désastre. "La plus belle île du monde", dit-il à propos de la Barbade, "a l'apparence d'un pays dévasté par le feu et l'épée".

Apprenant que les fortifications de Saint-Vincent avaient été presque détruites par l'ouragan, Rodney, en combinaison avec le général Vaughan, commandant les troupes de la station, tenta de reconquérir l'île et y débarqua le 15 décembre ; mais les renseignements se révélèrent erronés et la flotte retourna à Santa Lucia. "Je n'ai maintenant avec moi que neuf voiles de ligne capables de prendre la mer", écrivait l'amiral le 22, "et aucune d'entre elles n'a de gréement ou de voiles de rechange." Dans le courant du mois de janvier 1781, il fut rejoint par une division de huit navires de ligne venus d'Angleterre, sous le commandement du contre-amiral sir Samuel Hood, le Lord Hood de Nelson. Ceux-ci, avec quatre autres réaménagés au cours de ce mois, non improbable à partir des provisions apportées par le convoi de

Hood de plus d'une centaine de voiles, ont porté la force disponible à vingt et un navires de ligne : deux 90, un 80, quinze 74 et trois 64.

Le 27 janvier, un express arriva d'Angleterre, ordonnant la saisie des possessions hollandaises dans les Caraïbes, et précisant, comme premières à attaquer, Saint-Eustache et Saint-Martin, deux petites îles situées à moins de cinquante milles au nord de la côte. Saint-Kitts britannique. Saint-Eustache, une étendue rocheuse de six milles de long sur trois de large, s'était distingué, depuis le début de la guerre, comme un grand centre commercial, où les approvisionnements de toutes sortes étaient rassemblés sous la protection de son drapeau neutre, pour être ensuite distribués. dans les îles belligérantes et sur le continent nord-américain. Les Britanniques, en raison de leur commerce étendu et de leurs aptitudes maritimes, tirèrent beaucoup moins d'avantages d'un tel intermédiaire que leurs ennemis ; et l'île était jalousement considérée par Rodney depuis quelque temps. Il affirma que lorsque la flotte de Guichen ne put regagner le Fort Royal, en raison des blessures subies lors de l'action du 17 avril, elle fut réaménagée pour l'accueillir par des mécaniciens et du matériel envoyés de Saint-Eustache. D'un autre côté, lorsqu'il fallut acheter des cordages pour les navires britanniques après les ouragans de 1780, les marchands de l'île, dit-il, prétendirent qu'il n'y en avait pas ; bien que, lorsqu'il prit l'île peu après, on trouva plusieurs centaines de tonnes qui étaient en stock depuis longtemps.

Rodney et Vaughan se sont déplacés rapidement. Trois jours après l'arrivée de leurs commandes, ils s'embarquèrent pour Saint-Eustache. Il y avait à Fort Royal quatre navires de ligne français, il restait six Britanniques pour les contrôler, et le 3 février la flotte atteignit sa destination. Une convocation péremptoire du commandant d'une douzaine de navires de ligne obtint une soumission immédiate. Plus de cent cinquante navires marchands furent capturés ; et un convoi de trente voiles, parti de l'île deux jours auparavant, fut poursuivi et ramené. La marchandise trouvée était évaluée à plus de 3 000 000 £. Les îles voisines de Saint-Martin et de Saba furent également saisies à cette époque.

L'imagination de Rodney, comme le montrent ses lettres, fut grandement impressionnée par l'ampleur de la récompense et par l'état sans défense de sa capture. Il alléguait que c'étaient là les raisons pour lesquelles il restait en personne à Saint-Eustache, pour résoudre l'enchevêtrement compliqué des droits neutres et belligérants sur les propriétés en question, et pour se prémunir contre la possession par l'ennemi d'un lieu maintenant ainsi équipé pour des transactions préjudiciables au Grand. Grande-Bretagne. Les entrepôts et les commodités prévus pour le trafic particulier, s'ils n'étaient pas convenablement gardés, étaient comme des fortifications insuffisamment garnies. S'ils passaient entre les mains de l'ennemi, ils devenaient des sources de blessures. Le commerce illicite pourrait reprendre immédiatement avec toute sa force, avec des moyens qu'il faudrait d'abord créer ailleurs. Il y avait un mile et demi d'entrepôts dans la ville basse, dit-il, et il devait les laisser au moins sans toit, sinon entièrement démolis.

Pour ces raisons, il resta à Saint-Eustache en février, mars et avril. La somme d'argent impliquée et les méthodes arbitraires suivies par lui et par Vaughan ont donné lieu à beaucoup de scandale, qui n'a pas été atténué par le fait que le roi ait cédé tout le butin aux ravisseurs, ni par le désintéressement déclaré de ces derniers. Les hommes pensaient qu'ils protestaient trop. Entre-temps, d'autres questions ont retenu l'attention. Une semaine après la capture, un navire arrivait du golfe de Gascogne annonçant que huit ou dix voiles françaises de ligne, avec un grand convoi, avaient été aperçues le 31 décembre se dirigeant vers les Antilles. Rodney détacha aussitôt Sir Samuel Hood avec onze navires de ligne, lui ordonnant de prendre également sous son commandement les six laissés avant Fort Royal, et de naviguer avec eux au vent de la Martinique, pour intercepter la force signalée. Hood a navigué le 12 février. Cette information particulière s'est avérée par la suite fausse, mais Hood a continué à exercer ses fonctions. Un mois plus tard, il reçut l'ordre de se déplacer du côté au vent vers le côté sous le vent de l'île et de bloquer étroitement Fort Royal. Il protesta contre ce changement, et l'événement lui donna raison ; mais Rodney insista, disant que, d'après son expérience, il savait qu'une flotte pouvait rester au large de Fort Royal pendant des mois sans se laisser tomber sous le vent, et que là, les navires détachés à Santa Lucia, pour l'eau et les rafraîchissements, pouvaient rejoindre avant la flotte ennemie, découverte au vent. , pourrait arriver. Hood pensait que le but de l'amiral était simplement de protéger ses propres actions à Saint-Eustache ; et il considérait le blocus du fort Royal comme futile, si l'on n'avait pas l'intention de descendre sur l'île. "Il aurait sans aucun doute été heureux pour le public", remarqua-t-il par la suite, "si Sir George avait été avec sa flotte, car je suis sûr qu'il aurait été au vent plutôt qu'au vent, lorsque de Grasse s'est approché."

Les préparatifs des Français à Brest furent achevés vers la fin de mars, et le 22 de ce mois, le contre-amiral de Grasse appareilla, ayant un grand convoi sous la protection de vingt-six navires de ligne. Une semaine plus tard, six de ces derniers se séparèrent, cinq sous Suffren pour les Indes orientales et un pour l'Amérique du Nord. Les vingt autres continuèrent leur route vers la Martinique, aperçue le 28 avril. Avant le coucher du soleil, l'escadron de Hood fut également découvert sous le vent de l'île, comme Rodney lui avait ordonné de naviguer, et au large de la pointe sud, la Pointe des Salines. De Grasse s'est alors arrêté pour la nuit, mais a envoyé un officier à terre à la fois pour donner et obtenir des renseignements, et pour parvenir à un accord en vue d'une action concertée le lendemain.

La flotte française se composait d'un navire de 110 canons, trois de 80, quinze de 74 et un de 64, en tout 20 de ligne, outre trois *flûtes armées de* 91 [22] il n'est pas nécessaire de tenir compte, bien qu'elles servaient à couvrir le convoi. . En plus de ceux-ci, il y avait les quatre à Fort Royal, un 74 et trois 64, dont l'un des objectifs de Hood était d'empêcher la jonction avec l'ennemi qui approchait. La force des Britanniques était d'un 90, un 80, douze 74, un 70 et deux 64 : au total, 17. Ainsi, tant en nombre qu'en cadences de navires, Hood était inférieur au corps principal des Français ; mais il avait l'avantage de disposer de navires tout cuivrés, grâce à l'insistance de Rodney auprès de l'Amirauté. Il n'avait pas non plus de convoi pour l'inquiéter ; mais il était sous le vent.

Tôt le matin du 29, de Grasse s'avança pour contourner la pointe sud de l'île, ce qui était la route habituelle des voiliers. Hood était trop sous le vent pour intercepter ce mouvement, ce qui lui fut reproché par Rodney, qui affirmait que la nuit n'avait pas été bien utilisée en battant au vent de la pointe des Salines. [22] Hood, de son côté, a déclaré dans une lettre privée : « Je n'ai jamais perdu de vue le fait d'arriver au vent, mais c'était totalement impossible... Si j'avais eu la chance d'y être, j'aurais dû amener l'ennemi à l'action rapprochée. des conditions plus égales, sinon ils doivent avoir renoncé à leurs transports, à leur commerce, etc. La carrière ultérieure de Hood montre hors de tout doute que s'il avait été au vent, il y aurait eu une action sévère, quel qu'en soit le résultat ; mais il n'est pas possible de trancher positivement entre sa déclaration et celle de Rodney, quant à savoir où résidait la faute d'être sous le vent. L'auteur pense que Hood aurait été au vent, si cela était possible. Il faut ajouter que les Britanniques ne savaient pas qu'une force aussi importante arrivait. Sur ce point, Hood et Rodney sont d'accord.

Île de Martinique

Dans ces conditions, les Français contournèrent sans difficulté la pointe des Salines, les transports longeant la côte, les navires de guerre étant à l'extérieur et sous leur vent. Ils se dirigèrent donc vers le nord en direction de Fort Royal Bay (Cul de Sac Royal), Hood se tenant au sud jusqu'après 22 heures et étant rejoint à 9 h 20 par un soixante-quatre (non comptabilisé dans la liste ci-dessus) en provenance de Santa Lucia, faisant sa force dix-huit. À 10 h 35, les Britanniques virent de bord ensemble vers le nord. Les deux flottes se dirigeaient désormais dans le même sens, l'avant-garde française à la hauteur du centre britannique. A 11 heures, les Français ouvrent le feu, sans réponse. À 11 h 20, le fourgon britannique étant proche du rivage au nord de la baie, Hood vira de nouveau ensemble, et l'ennemi, voyant son convoi en sécurité, se rapprocha également, ce qui rapprocha les deux lignes, se dirigeant vers le sud. A ce moment, les quatre navires français dans la Baie se mirent en route et rejoignirent facilement l'arrière de leur flotte, celle-ci disposant de la jauge météorologique. Les Français étaient donc 24 contre 18. Alors que leurs tirs passaient au-dessus des Britanniques, ces derniers commençaient alors à riposter. A midi, Hood, constatant qu'il ne pouvait pas fermer l'ennemi, réduisit la voile aux huniers et aux huniers, espérant par ce défi les amener jusqu'à lui. A 12 h 30, l'amiral français se trouve à la hauteur du vaisseau amiral britannique et l'action devient générale, mais à trop longue portée. "Jamais, je crois", a écrit Hood, "on n'a jeté autant de poudre et de plomb un jour auparavant." Les Français continuant de tenir bon, Hood remplit à nouveau ses voiles à 13 heures, alors que leur camionnette s'était étendue au-delà de la sienne.

Au fur et à mesure que les navires de tête, faisant route vers le sud, ouvraient le chenal entre Santa Lucia et la Martinique, ils reçurent une brise plus fraîche, ce qui les fit s'éloigner du centre. Hood, donc, à 1 h 34, donna le signal d'un ordre rapproché et, immédiatement après, cessa de tirer, ne trouvant pas un coup de feu ennemi sur dix à atteindre. L'engagement se poursuivit cependant un peu plus longtemps entre les fourgons du sud, où, d'après le récit du capitaine Sutherland, qui se trouvait dans cette partie de la ligne, quatre des Britanniques furent attaqués très vivement par huit des Français. Le *Centaur*, le *Russell*, l'*Intrepid* et le *Shrewsbury* semblent avoir été les navires qui ont le plus souffert, que ce soit au niveau de la coque, des espars ou de l'équipage. Ils étaient tous dans la camionnette en direction sud. Le *Russell*, ayant plusieurs coups entre le vent et l'eau, se maintenait difficilement à flot, l'eau montant au-dessus de la plate-forme de la poudrière. Hood l'envoya à la tombée de la nuit vers Saint-Eustache, où elle arriva le 4 mai, apportant à Rodney les premières nouvelles de l'action et du nombre des renforts français. Pendant la journée du 30, Hood tint bon, s'efforçant toujours de se mettre au vent de l'ennemi ; mais échouant dans cette tentative, et trouvant deux de ses escadrons très handicapés, il décida au coucher du soleil d'abattre vers le nord, parce qu'au sud les courants d'ouest étaient si forts que les navires paralysés ne pouvaient pas regagner Santa Lucia. Le 11 mai, entre Saint-Kitts et Antigua, il rejoignit Rodney, qui, après des réparations précipitées du *Russell*, avait quitté Saint-Eustache le 5, avec ce navire, le *Sandwich* et le *Triumph*.

Il est assez difficile de critiquer positivement la conduite de Hood et de de Grasse dans cette affaire. Il est clair que Hood, le premier jour, cherchait sérieusement à agir, même si ses forces n'étaient que les trois quarts de celles de son ennemi. Il essaya d'abord de passer à l'offensive et, à défaut, d'inciter son ennemi à attaquer franchement et résolument. Troude a sans doute raison de dire qu'il était facultatif pour de Grasse de procéder à un engagement général ; et l'auteur se trouve également d'accord avec une autre autorité française, le capitaine Chevalier, selon laquelle « le comte de Grasse semble avoir été trop préoccupé de la sécurité de son convoi le 29, l'amiral Hood s'étant montré beaucoup moins circonspect ce jour-là que il était sur le suivant. Malgré notre supériorité numérique, le comte de Grasse resta près de terre jusqu'à ce que tout le convoi soit en sécurité. Il représente Hood comme escrimant prudemment le lendemain, restant sur le terrain, mais évitant une rencontre décisive. Cela diffère quelque peu de la version de Hood lui-même, qui mentionne avoir signalé une poursuite générale au vent à 12h30 le 30. Les deux affirmations ne sont pas inconciliables. Hood ayant des navires cuivrés, avait la vitesse des Français, dont les navires, partiellement cuivrés et partiellement non, naviguaient de manière inégale. Le commandant britannique pouvait donc se permettre de prendre des risques et il jouait donc avec l'ennemi, guettant sa chance. Hood était un officier aux capacités exceptionnelles, bien en avance sur son temps. Il comprenait parfaitement le jeu de surveillance, et savait qu'une occasion pouvait être offerte de prendre un avantage sur une partie de l'ennemi, si l'empressement de la poursuite, ou un incident quelconque, provoquait la séparation des Français. De tout dilemme qui s'ensuivait, la réserve de vitesse lui donnait un pouvoir de retrait sur lequel il avait raison. L'auteur adopte ici aussi la conclusion de Chevalier : « L'amiral Hood avait évidemment sur son ennemi le très grand avantage de commander une escadre de navires cuivrés. Néanmoins, l'hommage est dû à son habileté et à la confiance qu'il témoignait à ses capitaines. Si certains de ses navires avaient pris du retard à cause des blessures reçues, il aurait dû les sacrifier ou combattre une force supérieure. Cela signifie que Hood, pour un gain adéquat, courait un grand risque ; qu'il comprenait parfaitement les avantages et les inconvénients de sa situation ; et qu'il a agi non seulement avec une grande habileté, mais avec prudence et audace, combinaison rare. Les pertes britanniques dans cette affaire s'élèvent à 39 tués, dont le capitaine Nott, du *Centaur*, et à 162 blessés. La perte française est estimée par Chevalier à 18 tués et 56 blessés ; par Beatson, avec 119 tués et 150 blessés.

Rodney, après avoir rassemblé sa flotte, se dirigea vers le sud et, le 18 mai, se rendit à la Barbade pour chercher de l'eau. Au début, beaucoup d'inquiétude avait été ressentie pour Santa Lucia, que la retraite de Hood avait révélée. Comme on le craignait, les Français l'avaient attaqué aussitôt, leur flotte, à l'exception d'un ou deux navires, s'y rendant, et douze cents hommes débarquant dans la baie de Gros Ilet ; mais les batteries de Pigeon Island, que Rodney avait érigées et occupées, les maintenaient à bout de bras. Les travaux ailleurs étant trouvés trop forts, la tentative fut abandonnée.

Au même moment, deux navires de ligne français et mille trois cents hommes de troupe étaient partis de la Martinique contre Tobago. Lorsque de Grasse revint de l'échec de Santa Lucia, il apprit que les Britanniques étaient en mer, apparemment à destination de la Barbade. Alarmé pour son détachement devant Tobago, il repartit avec la flotte vers cette île le 25 mai, accompagné de trois mille hommes supplémentaires. Rodney apprit à la Barbade la tentative de Tobago et envoya le 29 un escadron de six voiles de ligne, sous les ordres du contre-amiral Francis Samuel Drake, pour soutenir la défense. Le 30, il apprit que la flotte principale française avait été aperçue au vent de Santa Lucia, faisant route vers le sud, évidemment en direction de Tobago. Le même jour, Drake et de Grasse se rencontrèrent au large de cette dernière île, les Français étant sous le vent, le plus près de la terre. Drake se retira nécessairement et, le matin du 3 juin, se trouvait de nouveau au large de la

Barbade, sur quoi Rodney s'embarqua immédiatement pour Tobago avec toute la flotte. Le 4, l'île fut aperçue, et le lendemain matin, on apprit qu'elle avait capitulé le 2.

Les deux flottes revenant vers le nord se trouvèrent en présence le 9 ; mais aucun engagement n'a eu lieu. Rodney, qui était au vent, ayant vingt voiles contre vingt-trois, [23] n'était pas disposé à attaquer à moins d'avoir une mer claire. La force des courants, a-t-il déclaré, projetterait sa flotte trop sous le vent, en cas de retournement, dans le mauvais terrain entre Saint-Vincent et Grenade, exposant ainsi la Barbade, qui ne s'était pas suffisamment remise de l'ouragan pour se tenir seule. Il s'est donc rendu à la Barbade. De Grasse se rend en Martinique pour préparer l'expédition sur le continent américain qui aboutit à la capitulation de Cornwallis à Yorktown. Le 5 juillet, il quitta Fort Royal, emportant avec lui le « commerce » pour la France, et le 26 jeta l'ancre avec lui au Cap François en Haïti, où il trouva une division de quatre navires de ligne qui avaient été abandonnés l'année dernière. avant par de Guichen. Il y avait aussi une frégate qui avait quitté Boston le 20 juin, et par laquelle de Grasse recevait des dépêches de Washington et de Rochambeau, général commandant les troupes françaises en Amérique. Ceux-ci le mettaient au courant de l'état des choses sur le continent et demandaient que la flotte vienne soit à Chesapeake, soit à New York, pour porter un coup décisif à la puissance britannique dans un quartier ou dans l'autre.

Note de bas de page 91 :

Cette dernière s'applique aux navires, généralement des navires de guerre, qui sont utilisés comme navires de transport ou de ravitaillement, et ne transportent donc qu'une partie de leur batterie normale.

Note de bas de page 92 :

Rodney a dit que Hood "se reposait" pour la nuit. Ceci est par le passé incroyable de la part d'un officier du caractère de Hood, et est expressément contredit par le capitaine Sutherland du *Russell*. "A 18 heures (le 28), notre flotte a viré de bord vers le nord et *a continué à* traverser la baie (Fort Royal) vers la droite (*sic*), en ligne de bataille." Ekins, « Batailles navales », p. 136. Le mot « droit » est évidemment une erreur d'impression pour « nuit ». Les critiques de Rodney semblent capricieuses à l'auteur.

Note de bas de page 93 :

Un navire français avait quitté la flotte, désactivé.

CHAPITRE X

OPÉRATIONS NAVALES PRÉCÉDANT ET DÉTERMINANT LA CHUTE DE YORKTOWN. CORNWALLIS SE REND
1781

Ayant désormais placé les grandes transactions navales aux Antilles à la veille des grands événements qui déterminèrent l'indépendance des États américains, il convient ici de reprendre le fil des opérations, tant sur mer que sur terre, sur le continent américain, afin de pour les amener également au même moment décisif, lorsque l'armée et la marine se sont mélangées et, dans un soutien mutuel, ont forcé la reddition de l'armée britannique à Yorktown sous Lord Cornwallis.

On a dit que, pour soutenir les opérations de Cornwallis dans les Carolines, Clinton avait entrepris une série de détournements dans la vallée de la rivière James. [94] Le premier détachement ainsi envoyé, sous les ordres du général Leslie, avait été rapidement transféré en Caroline du Sud, pour répondre aux exigences de la campagne de Cornwallis. La seconde, composée de seize cents soldats commandés par Benedict Arnold, quitta New York à la fin de décembre et commença ses travaux sur les rives du James à la fin de janvier 1781. Elle s'avança jusqu'à Richmond, à près de cent milles de la mer. , ravageant le pays alentour et ne trouvant aucune opposition suffisante pour contrôler sa liberté de mouvement. Revenant en aval, le 20, il occupa Portsmouth, au sud de la rivière James ; près de la mer et précieux comme station navale.

Washington pressa le commodore des Touches, qui, à la suite de la mort de Ternay, avait été laissé aux commandes de l'escadre française à Newport, d'interrompre ces opérations en envoyant un fort détachement dans la baie de Chesapeake ; et il demanda également à Rochambeau de laisser quelques troupes accompagner la division navale, pour soutenir les rares forces qu'il pouvait lui-même consacrer à la Virginie. Il arriva cependant qu'un coup de vent venait justement d'infliger de graves blessures à l'escadre d'Arbuthnot, dont trois avaient pris la mer depuis Gardiner's Bay après avoir appris que trois navires de ligne français avaient quitté Newport pour rencontrer un convoi attendu. Un soixante-quatorze, le *Bedford* , fut entièrement démâté ; un autre, le *Culloden* , a débarqué à Long Island et a fait naufrage. Les navires français étaient rentrés au port la veille du coup de vent, mais l'incident indisposait des Touches de risquer ses navires en mer à ce moment-là. Il n'en envoya qu'un soixante-quatre, avec deux frégates. Ceux-ci quittèrent

Newport le 9 février et entrèrent dans la Chesapeake, mais ne purent atteindre les navires britanniques qui, étant plus petits, se retirèrent en remontant la rivière Elizabeth. Arbuthnot, ayant entendu parler de cette expédition, envoya l'ordre à quelques frégates au large de Charleston de se rendre sur les lieux. La division française, en quittant la Baie, rencontra l'un d'entre eux, le *Romulus* , 44 ans, au large des Caps, la captura et revint à Newport le 25 février. Le 8 mars, Arnold rapporta à Clinton que le Chesapeake était libre de tout navire français.

Le même jour, Arbuthnot écrivait également à Clinton, depuis Gardiner's Bay, que les Français se préparaient manifestement à quitter Newport. Sa plus grande diligence n'avait pas encore réussi à réparer entièrement les dégâts causés à son escadre par la tempête, mais le 9, elle était prête à prendre la mer. Le 8 au soir, les Français étaient partis. Le 10, Arbuthnot le savait, et, ayant pris la précaution de descendre jusqu'à l'entrée de la baie, il put immédiatement le suivre. Le 13, il parla d'un navire qui avait aperçu l'ennemi et lui avait donné sa route. Favorisé par un fort vent du nord-ouest et ses navires cuivrés, il devança les Français, dont trois seulement avaient des fonds cuivrés. Le 16 mars à 6 heures du matin, une frégate britannique signale que l'ennemi est à l'arrière, au nord-est, à environ une lieue de distance, une épaisse brume empêchant l'escadre de les voir même à cette distance (A, A). Le cap Henry, point sud de l'entrée de la Chesapeake, s'éloignait alors du sud-ouest par l'ouest, à quarante milles de distance. Le vent, comme l'a déclaré Arbuthnot, était de l'ouest ; par les Français, au sud-ouest.

L'amiral britannique fit aussitôt volte-face, se dirigeant dans la direction indiquée, et les escadres adverses s'aperçurent bientôt. Les Français trouvant les Britanniques entre eux et leur port, tirèrent au vent, qui entre 8 et 9 se décala du nord à l'ouest, les mettant au vent. Quelques manœuvres préliminaires s'ensuivent alors, les deux parties cherchant la jauge météorologique. Le temps restait épais et bourré de bourrasques, interceptant souvent la vue ; et le vent a continué à tourner jusqu'à vers midi, où il s'est installé au nord-est. La meilleure navigation ou le meilleur matelotage des Britanniques leur avaient permis de gagner tellement sur leurs adversaires qu'à 13 heures, ils se trouvaient presque dans leur sillage, sur bâbord amures, les renversant ; les deux escadrons en ligne de bataille, se dirigeant vers l'est-sud-est, les Français se dirigeant de leurs poursuivants est par sud, — un point sur l'arc météo (B, B). Le vent se levait avec des rafales, de sorte que les navires s'appuyaient bien sur leur toile, et la mer devenait grosse.

Comme l'ennemi menaçait maintenant ses arrières et avait la vitesse pour le rattraper, des Touches crut nécessaire de recourir à la parade habituelle à une telle poussée, en portant son escadron et en passant sur l'autre amure. Cela pourrait être fait soit ensemble, en inversant l'ordre des navires, soit successivement, en préservant l'ordre naturel ; cela dépend beaucoup de la distance de l'ennemi. Ayant assez de place, des Touches choisit cette dernière solution, mais, comme le combat était inévitable, il décida également d'utiliser la manœuvre en abandonnant la jauge météo et en passant sous le vent. L'avantage de cette solution était que, avec la mer et le vent existants, ainsi que l'inclinaison des navires, le groupe qui avait l' adversaire du côté météo pouvait ouvrir les ports du pont inférieur et utiliser ces canons. Il y avait ainsi une grande augmentation de la puissance de la batterie, car les canons inférieurs étaient les plus lourds. Des Touches leva donc la barre, sa ligne passant successivement vers le sud (c) à travers la tête de la colonne britannique qui avançait, puis remontant de manière à courir parallèlement à cette dernière, sous le vent, avec le vent à quatre points libres. .

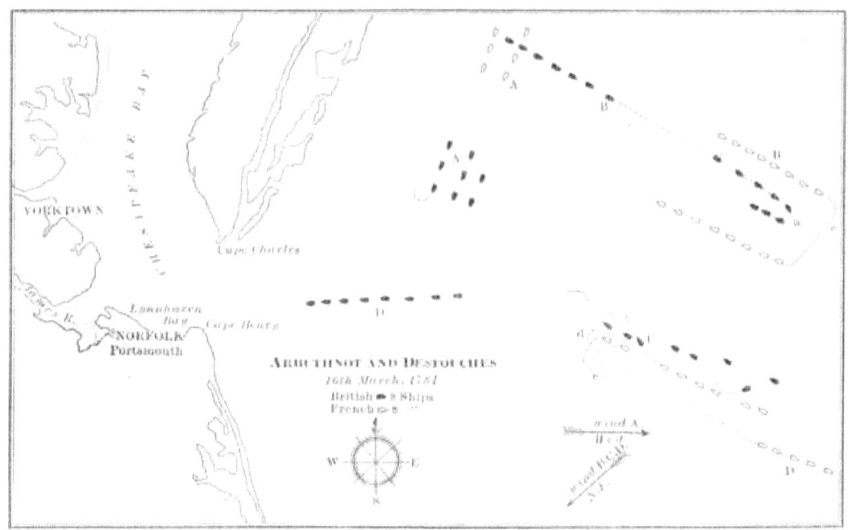

Arbuthnot et Des Touches, 16 mars 1781

Arbuthnot a accepté le poste offert, est resté tel qu'il était jusqu'à ce qu'il soit presque à la hauteur des Français et, à 14 heures, a fait le signal de porter. Il n'apparaît pas avec certitude comment cela a été exécuté ; mais d'après l'expression du rapport officiel, « l'avant-garde de l'escadre était en ligne », et du fait que les navires qui menaient l'attaque étaient ceux qui menaient sur bâbord amures, l'amure avant le signal était fait,-il semble probable que le mouvement a été fait successivement (a). L'escadron tout entier se remit alors en action, mais avec le résultat habituel. Les navires dans la camionnette et au centre étaient tous engagés à 14 h 30, selon Arbuthnot ; mais le poids de l'engagement était déjà tombé sur les trois navires de tête, qui reçurent les premiers tirs ratissés et, comme c'est aussi d'habitude, arrivèrent à une action plus rapprochée que ceux qui les suivaient (C). C'est pourquoi ils ont non seulement perdu beaucoup d'hommes, mais ont également été si endommagés en altitude qu'ils en sont devenus paralysés. Le vice-amiral britannique, gardant le signal pour la ligne en vol, et ne le hissant pas pour une action rapprochée, semble avoir provoqué un mouvement d'indécision dans l'escadron, preuve une fois de plus de l' emprise que la ligne avait alors encore sur l'esprit des hommes. . Des Touches en profita intelligemment, en ordonnant à ses fourgons, qui jusqu'ici avaient supporté le poids, de se tenir à l'écart et de se hisser sur l'autre amure (e), tandis que les navires derrière eux devaient porter successivement ; c'est-à-dire en colonne, l'un après l'autre. La colonne française s'est alors déposée devant les trois navires britanniques en panne (d), leur a donné leurs flancs un à un, puis s'est éloignée vers l'est, quittant le champ de bataille (D). Arbuthnot fit signe de se lancer à sa poursuite, mais le *Robust* et *le Prudent* , deux des navires-fourgons, étaient maintenant totalement ingérables à cause de la concentration du feu sur eux provoquée par le dernier mouvement de des Touches ; et la vergue de grand hunier du *London* , le seul trois-ponts britannique, avait été abattue. La poursuite fut donc abandonnée et l'escadre entra dans la baie de Chesapeake, pour laquelle le vent était favorable (D). Les Français retournent à Newport. Les pertes respectives en hommes étaient : Britanniques, 30 tués, 73 blessés ; Français, 72 tués, 112 blessés.

Lors de cette rencontre, les deux camps disposaient de huit navires en ligne, en plus des embarcations plus petites. L'avantage en force était nettement chez les Britanniques, qui possédaient un navire à trois ponts, trois 74, trois 64 et un 50 ; tandis que les Français avaient un 84, deux 74, quatre 64, et le défunt britannique *Romulus* , 44. En raison de cette supériorité, probablement, l'action fut considérée comme particulièrement discréditée par les contemporains ; d'autant plus que plusieurs navires ne se sont pas engagés de près, une faute imputée à l'échec de l'amiral britannique à donner le signal d'une action rapprochée, en le tirant vers la ligne. Cette critique est intéressante, car elle montre à quel point les esprits évoluaient ; et cela montre aussi qu'Arbuthnot n'avait pas changé, mais vivait toujours au milieu du siècle. Le commodore français fit preuve d'une habileté tactique très considérable ; son escadron a été géré proprement, rapidement et avec précision. Avec une force inférieure, il a remporté un avantage décisif grâce à sa pure intelligence et à sa bonne gestion. Malheureusement, il n'a pas réussi à poursuivre son avantage. Il aurait probablement pu contrôler le Chesapeake s'il avait persisté.

Sa négligence fut justifiée par le commodore de Barras, qui arriva le 10 mai à Newport en provenance de France pour commander l'escadre. Cet officier, après avoir souligné le succès tactique incontestable, continua ainsi :

« Quant à l'avantage qu'ont obtenu les Anglais en remplissant leur objectif, c'est une conséquence nécessaire de leur supériorité et, *plus encore* , de leur attitude purement défensive. *C'est un principe en guerre qu'il faut risquer beaucoup pour défendre son propre pays. positions, et très peu pour attaquer celles de l'ennemi.* M. des Touches, dont le but était purement offensif, pouvait et devait, lorsque l'ennemi lui opposait des forces supérieures, renoncer à un projet qui ne pouvait plus réussir, à moins que, contre toute attente , *Probablement* , cela a abouti non seulement à battre mais aussi à *détruire entièrement* cet escadron supérieur.

Cette exaltation de la défensive au-dessus de l'offensive, cette vision désespérée des probabilités, cette aversion pour les risques expliquent en grande partie l'échec des Français dans cette guerre. Peu importe à quel point l'ennemi était battu, à moins qu'il ne soit entièrement détruit, il restait une flotte « en existence », un facteur paralysant.

La retraite des Touches et l'arrivée d'Arbuthnot restituèrent aux Britanniques le commandement de la baie de Chesapeake. Clinton, aussitôt qu'il eut appris que les escadres britanniques et françaises étaient parties, avait envoyé un renfort de deux mille hommes pour Arnold, sous les ordres du général Phillips. Ceux-ci arrivèrent à Lynnhaven Bay le 26 mars, dix jours après la bataille navale, et se dirigèrent immédiatement vers Portsmouth, en Virginie. Il est inutile de parler des différentes opérations de cette force terrestre. Le 9 mai, à la suite de lettres reçues de Cornwallis, elle s'installa à Pétersbourg. Là, le 13, Phillips mourut, le commandement revenant momentanément à Arnold. Le 20, Cornwallis rejoignit Wilmington, Caroline du Nord, [95] et Arnold retourna peu après à New York.

Cornwallis avait maintenant avec lui environ sept mille soldats, y compris la garnison de Portsmouth ; mais une sérieuse divergence d'opinions existait entre lui et Clinton, le commandant en chef. Ce dernier avait commencé la conquête de la Caroline du Sud et n'appréciait pas la conclusion de son lieutenant selon laquelle la conquête ne pouvait être maintenue loin de la côte, à moins que la Virginie ne soit également soumise ; car à partir de là, une région riche et peuplée, des hommes et des fournitures soutenaient la cause américaine dans le sud. Cornwallis avait testé la force affirmée des royalistes dans les Carolines et l'avait trouvée insuffisante. Les opérations offensives en Virginie étaient ce qu'il souhaitait ; mais Clinton n'a pas approuvé ce projet et n'a pas estimé qu'il pourrait consacrer suffisamment de troupes à cette fin. Entre octobre 1780 et juin 1781, dit-il, sept mille sept cent vingt-quatre effectifs avaient été envoyés de New York à Chesapeake ; et il ne pouvait pas comprendre qu'on n'ait pas réussi à couper la route à la force grandement inférieure de l'ennemi en Virginie. Cela, du moins, n'indiquait pas le succès probable d'une nouvelle offensive. La garnison de New York manquait désormais de onze mille hommes et ne pouvait plus être réduite, car elle était menacée d'un siège. En bref, la situation britannique en Amérique était devenue essentiellement fausse, sous l'effet concomitant d'une force insuffisante et d'opérations doubles excentriques. Envoyés à la conquête, leurs effectifs étaient désormais si divisés qu'ils pouvaient à peine maintenir la défensive. Cornwallis reçut donc l'ordre d'occuper une position défensive qui devait contrôler un mouillage pour les navires de ligne, et de s'y renforcer. Après quelques discussions qui révélèrent de nouveaux désaccords, il se plaça à Yorktown, sur la péninsule formée par les rivières James et York. Portsmouth fut évacué, la garnison atteignant Yorktown le 22 août. La force de Cornwallis était alors de sept mille hommes ; et il y avait en outre avec lui environ un millier de marins, appartenant à une demi-douzaine de petits navires, qui furent enfermés dans le York par l'arrivée d'Haïti de la flotte française commandée par de Grasse, qui, le 30 août 1781, avait jeté l'ancre dans Baie de Lynnhaven, à l'intérieur du cap Henry.

Le 2 juillet, Arbuthnot avait navigué pour l'Angleterre, laissant le commandement à New York au contre-amiral Thomas Graves. Graves écrivit le même jour à Rodney par le brick *Active* que des dépêches ennemies interceptées avaient révélé qu'une importante division des Antilles devait arriver sur la côte américaine au cours de l'été, pour coopérer avec la force déjà à Newport. Rodney, de son côté, envoya à New York le 7 juillet le sloop *Swallow*, 16 ans, avec l'information que, s'il envoyait des renforts des Antilles, ils recevraient l'ordre de franchir les caps de Chesapeake et de naviguer de là vers New York. Il a donc demandé que des croiseurs chargés d'informations soient stationnés le long de cette route. Deux jours plus tard, ayant alors la certitude que de Grasse avait navigué pour le cap François, il envoya cette nouvelle à sir Peter Parker à la Jamaïque, et donna à sir Samuel Hood des ordres préparatoires pour commander un renfort de navires à destination du continent. Celui-ci, cependant, était limité en nombre à quinze voiles de ligne, Rodney étant induit en erreur par ses renseignements, qui donnaient quatorze navires de la taille de la division française ayant la même destination, et rapportaient que de Grasse lui-même convoyerait le commerce depuis le Cap. François en France. Le 24, des instructions furent données pour que Hood continue à accomplir cette tâche. Il fut le premier à convoyer le commerce de la Jamaïque jusqu'au passage entre Cuba et Haïti, et de là à se rendre au plus vite au Chesapeake. Une fausse rumeur, selon laquelle des navires français arriveraient en Martinique depuis l'Europe, retarda légèrement ce mouvement. Le convoi fut envoyé en Jamaïque avec deux navires de ligne, que Sir Peter Parker reçut l'ordre d'envoyer immédiatement en Amérique, et demanda de se renforcer avec d'autres de sa propre escadre. Hood a été détenu jusqu'à ce que la rumeur puisse être vérifiée. Le 1er août, Rodney s'embarqua pour l'Angleterre en congé autorisé. Le 10, Hood quitta Antigua avec quatorze navires de ligne, directs pour les Caps. Il avait déjà reçu, le 3 août, la lettre de Graves par l' *Actif*, qu'il renvoya le 8 avec ses réponses et avec l'avis de son prochain départ.

L' *Hirondelle* et l' *Actif* auraient dû atteindre Graves avant Hood ; mais ni l'un ni l'autre ne l'a atteint du tout. L' *hirondelle* est arrivée saine et sauve à New York le 27 juillet ; mais Graves s'était embarqué avec toute son escadre le 21 pour la baie de Boston, espérant y intercepter un convoi attendu de France, au sujet duquel un avertissement spécial lui avait été envoyé par l'Amirauté. Le *Swallow* fut immédiatement envoyé par l'officier supérieur de la marine à New York, mais fut attaqué par des navires hostiles, forcé de débarquer à Long Island et perdu. L' *Active* a été capturé avant d'atteindre New York. Graves, donc non informé de la crise capitale, continua sa croisière jusqu'au 16 août, date à laquelle il retourna à Sandy Hook. Là, il trouva les doubles des lettres *de l'Hirondelle* , mais ils l'informèrent seulement de la direction que prendrait un renfort, pas que Hood avait commencé. Le 25 août, ce dernier, alors au large de Chesapeake, envoya des doubles des dépêches *de l'Actif* , mais celles-ci précédèrent de peu sa propre arrivée le 28. Ce soir-là, la nouvelle fut reçue à New York que de Barras avait appareillé de Newport le 25, avec toute sa division. Hood jeta l'ancre à l'extérieur du Hook, où Graves, qui était son aîné, entreprit de le rejoindre immédiatement. Le 31, cinq voiles de ligne et un navire de 50 canons, tout ce qui pouvait être prêt à temps, franchirent la barre, et le corps entier des dix-neuf navires de ligne partit en même temps pour le Chesapeake, où il était entendu maintenant que la flotte française et les armées réunies de Washington et de Rochambeau se hâtaient.

Le comte de Grasse, à son arrivée au Cap François, avait constaté que beaucoup de choses devaient être faites avant de pouvoir naviguer vers le continent. Des mesures devaient être prises pour la sécurité d'Haïti ; et une grosse somme d'argent, ainsi qu'un renfort considérable de troupes, étaient nécessaires pour assurer le succès de l'opération projetée, pour laquelle on ne lui accordait que peu de temps, car nous étions maintenant en août et il devait être de nouveau aux Antilles en octobre. . Ce n'était pas le moindre des concours heureux pour la cause américaine à ce moment-là, que de Grasse, dont la capacité militaire n'était pas remarquable, montrait alors une énergie, un tact politique et une largeur de vue remarquables. Il décida d'emmener avec lui tous les navires qu'il pouvait commander, retardant ainsi le départ des convois ; et grâce à des arrangements adroits avec les Espagnols, il parvint à obtenir à la fois les fonds nécessaires et un corps efficace de trois mille trois cents soldats français, sans trop dépouiller Haïti. Le 5 août, il quitta le cap François, avec vingt-huit navires de ligne, prenant la route du vieux canal de Bahama, [26] et jeta l'ancre dans la baie de Lynnhaven, juste à l'entrée du Chesapeake, le 30, la veille. Graves a quitté New York pour le même endroit. Les troupes furent débarquées instantanément sur la rive sud de la rivière James et atteignirent bientôt La Fayette, qui commandait les forces jusqu'alors opposées à Cornwallis, qui furent ainsi portées à huit mille hommes. Au même moment, Washington, après avoir surpris Clinton, traversait le Delaware pour se diriger vers le sud, avec six mille soldats réguliers, deux mille américains et quatre mille français, pour rejoindre La Fayette. Les croiseurs français prirent position dans la rivière James pour empêcher Cornwallis de traverser et de s'échapper vers le sud en Caroline. D'autres furent envoyés pour fermer l'embouchure du York. Grâce à ces détachements, la flotte principale fut réduite à vingt-quatre voiles de ligne.

Le 5 septembre, à 8 heures du matin, la frégate de vigie française, en croisière au large du cap Henry, donne le signal d'une flotte se dirigeant vers la Baie. On espéra d'abord qu'il s'agissait de l'escadre de de Barras venant de Newport, connue pour être en route, mais il fut bientôt évident d'après les chiffres qu'il devait s'agir d'un ennemi. Les forces qui sont sur le point de s'opposer sont au nombre de dix-neuf. Les Britanniques, à vingt-quatre Français, étaient constitués comme suit : Britanniques, deux 98 (à trois ponts) ; douze 74, un 70, quatre 64, sans compter les frégates ; Français, un 104 (à trois étages), [27], trois 80, dix-sept 74, trois 64.

L'embouchure du Chesapeake a une largeur d'environ dix milles, depuis le cap Charles au nord jusqu'au cap Henry au sud. Le chenal principal se trouve entre ce dernier et un haut-fond, à trois milles au nord, appelé Middle Ground. La flotte britannique, lorsque les Français en furent aperçus pour la première fois, se dirigeait vers le sud-ouest vers l'entrée, sous les voiles d'avant et les voiles de haut galant, et elle continua ainsi, formant une ligne à mesure qu'elle s'approchait. Le vent était du nord-nord-est. A midi, la marée descendante arriva et les Français commencèrent à mettre en route, mais beaucoup de leurs navires durent faire plusieurs virements de bord pour franchir le cap Henry. Leur ligne se formait donc tardivement, et n'était nullement régulière ni fermée à leur sortie.

A 13 heures, Graves donna le signal de former une colonne sur une ligne est et ouest qui, avec le vent tel qu'il était, serait la ligne au plus près se dirigeant vers la mer, sur l'autre amure de celle sur laquelle se trouvait encore sa flotte. Dans cet ordre, il continua à se diriger vers l'entrée. A 14 heures, l'avant-garde française, distante de trois milles selon les estimations, se dirigeait vers le sud du *London*, le vaisseau amiral de Graves, et se trouvait donc à la hauteur du centre de la ligne britannique. Alors que la camionnette britannique s'approchait du Middle Ground, à 14 h 13, les navires se rapprochaient. Cela les mettait sur le même bord que les Français, la division Hood, qui était en tête, étant désormais à l'arrière dans l'ordre inversé. La flotte s'est alors rapprochée, — s'est arrêtée, — afin de permettre au centre de l'ennemi de se rapprocher du centre des Britanniques (aa, aa.). Les deux lignes étaient maintenant presque parallèles, mais les Britanniques, constitués de cinq navires, moins nombreux, ne s'étendait naturellement pas jusqu'à l'arrière des Français, qui en fait n'étaient pas encore dégagés du Cap. À 14 h 30, Graves donna le signal au navire fourgon (le *Shrewsbury*) de se diriger davantage vers tribord (l) — vers l'ennemi. Comme chaque navire successivement faisait route pour suivre le chef, cela avait pour effet de placer les Britanniques sur une ligne inclinée vers celle de l'ennemi, l'avant-garde la plus proche, et comme le signal était renouvelé trois quarts d'heure plus tard, — à 3 h 17, — cet angle devint encore plus marqué (bb). [28] Ce fut la cause originale et durable d'un échec lamentable par lequel sept des navires arrière, dans une entreprise d'attaque de force inférieure, ne sont jamais entrés dans la bataille du tout. À 3 h 34, le fourgon reçut de nouveau l'ordre de se diriger encore plus vers l'ennemi.

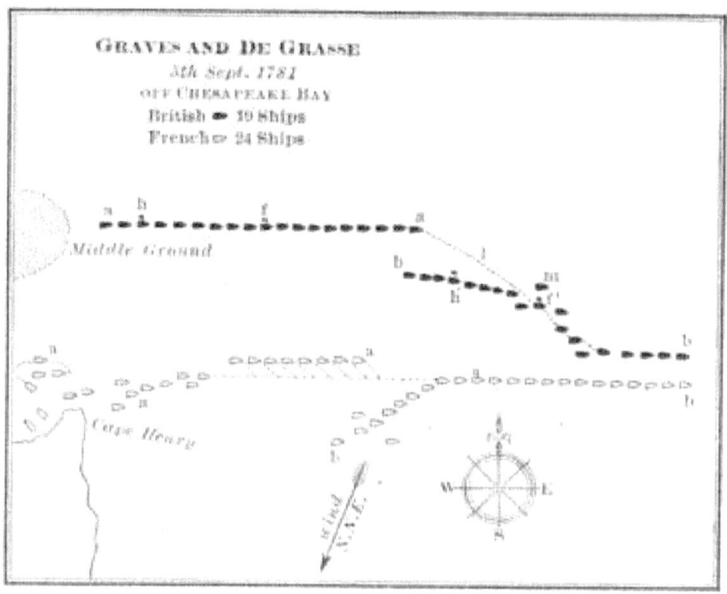

Graves et De Grasse, 5 septembre 1781

À 3 h 46, le signal fut donné aux navires de se rapprocher d'un câble, suivi presque immédiatement par celui d'abattre et d'engager l'ennemi, — le signal de la ligne toujours en mouvement. Le vaisseau amiral de Graves, le *London*, 98 (f), qui était en panne, rempli et creusé. Dans ces conditions, les fourgons furent bien sûr les premiers sous le feu, et l'action s'étendit progressivement d'eux au douzième dans l'ordre, deux navires à l'arrière du *London*. D'après le journal de bord de ce dernier, à 4 h 11, le signal de la ligne en avant a été abaissé, afin de ne pas gêner celui de l'action rapprochée, mais à 4 h 22, il a été remonté, « les navires n'étant pas suffisamment étendus » . Le sens de cette expression peut être déduit du récit de Beatson :

« Le *London*, en prenant la tête, s'était avancé plus loin vers l'ennemi que certains des navires stationnés immédiatement devant lui dans la ligne de bataille ; et en lofant (f) pour faire porter sa bordée, ils ayant fait le même chose, son deuxième devant (m) a été amené presque sur son travers météo. Les autres navires devant elle étaient également trop entassés.

Comme le navire sur le faisceau météorologique *du London* ne pouvait pas tirer sur l'ennemi à moins qu'il ne se dirige vers l'avant, cette condition explique probablement que le vaisseau amiral soit à nouveau en position stationnaire, pendant le tir, comme Hood le dit. Le signal de la ligne fut de nouveau tiré vers le bas à 4 h 27, par le journal de bord *de Londres*, celui pour l'action rapprochée étant levé, et répété à 5 h 20, lorsque Hood (h) fonça enfin avec sa division (h'), mais les navires français supportant aussi, il ne s'approcha pas d'eux. Les tirs ont cessé peu après le coucher du soleil. La perte des Britanniques s'élève à 90 tués et 246 blessés ; celui des Français n'est donné qu'en chiffres ronds, soit environ 200 tués et blessés.

La déclaration de Hood introduit certaines réserves importantes dans le récit ci-dessus :

"Notre centre a commencé à engager en même temps que la fourgonnette, à quatre heures, mais à une distance des plus *inappropriées*, et nos arrières, étant à peine à portée de tir aléatoire, n'ont pas tiré pendant que le signal de la ligne était lancé. Le *London* avait le le signal pour le vol en action rapprochée, ainsi que le signal pour la ligne en avant à *un demi-câble* se trouvait sous ses huniers, avec le hunier principal vers le mât, [22] bien que les navires ennemis poussaient.

Pour montrer la distance inappropriée à laquelle le *London* a tiré, il dit :

"Le deuxième navire à l'arrière (du *London*) n'a reçu que des dommages insignifiants, et le troisième à l'arrière n'a reçu aucun dommage, ce qui prouve très clairement [à] à quelle distance la division centrale était engagée."

Le lendemain de l'action, Hood rédigea un mémorandum de ses critiques à ce sujet, qui a été publié. L'essentiel de ceci est le suivant. Comme les Français se distinguaient, leur ligne n'était ni régulière ni connectée. L'avant-garde était très éloignée du centre et de l'arrière, et il ressort également, d'après les récits français, qu'elle se trouvait au vent du reste de la flotte. Pour ces raisons, il était très exposé à être attaqué sans soutien. Il y avait, selon l'estimation de Hood, « une heure et demie complète pour l'engager avant que l'un des arrières puisse arriver ». La ligne de bataille sur bâbord amure, avec le vent du moment, était est et ouest, et Graves avait d'abord rangé sa flotte là-dessus, comme le faisaient les Français ; mais ensuite, en raison de sa méthode d'approche, grâce à l'avancée de l'avant-garde et aux autres navires qui suivaient son sillage, les deux lignes, au lieu d'être parallèles, formaient un angle, le centre et l'arrière britanniques étant beaucoup plus éloignés de l'ennemi que la camionnette l'était. Cela seul amènerait les navires à entrer en bataille successivement au lieu d'être ensemble, ce qui serait une faute en soi ;

mais le commandant en chef, selon Hood, a commis une autre erreur en gardant le signal de la ligne de bataille jusqu'à 17 h 30, près du coucher du soleil. Selon Hood, pendant que ce signal passait, la position de chaque navire était déterminée par celle du vaisseau amiral de Graves. Personne ne pouvait s'approcher plus près que la ligne passant par sa parallèle à l'ennemi. D'où la critique de Hood, qui est empreinte d'une grande acerbe à l'égard de son supérieur, mais ne trahit pas la conscience qu'il avait lui-même besoin d'une quelconque justification pour que sa division n'y ait pas participé.

"Si le centre était allé au soutien de la fourgonnette *et si le signal de la ligne avait été tiré vers le bas* , ou si le commandant en chef avait donné l'exemple d'une action rapprochée, *même avec le signal de la ligne volante* , la fourgonnette du l'ennemi aurait dû être coupé en morceaux, et la division arrière de la flotte britannique aurait été opposée aux navires sur lesquels la division centrale tirait, et à la distance appropriée pour engager, ou le contre-amiral qui la commandait 100 aurait eu un grand accord dont il faut répondre. [101]

Voilà pour l'échec tactique de cette journée. La question restait de savoir ce qu'il fallait faire ensuite. Graves envisagea de reprendre l'action, mais tôt dans la nuit, il fut informé que plusieurs fourgons étaient trop paralysés pour le permettre. Il tint cependant bon, en vue des Français, jusqu'à la nuit du 9, où ils furent aperçus pour la dernière fois. Ils étaient alors sous un nuage de voile et, le 10 au matin, avaient disparu. De leurs actions pendant cet intervalle, Hood avait déduit que de Grasse avait l'intention de retourner dans le Chesapeake sans autre combat ; et il laisse entendre qu'il a conseillé à Graves d'anticiper l'ennemi en le faisant. Même si certains navires étaient paralysés en altitude, les batteries britanniques étaient pratiquement intactes et suffisamment d'hommes n'avaient pas été désactivés pour empêcher le combat des canons de la flotte. Si l'on ne gagnait qu'un seul jour ouvrable en prenant un mouillage, on pourrait supposer un ordre défensif, pratiquement imprenable pour l'ennemi, couvrant Cornwallis et n'interceptant pas de manière impossible les navires français restés dans la baie. Dans le cas de beaucoup d'hommes, de tels commentaires pourraient être rejetés comme étant des paroles vaines de celui qui trouve des fautes captives, toujours au premier plan dans la vie ; mais dans le cas de Hood, cela doit être reçu avec déférence, car quelques mois plus tard, confronté à de plus grandes difficultés, il fit lui-même ce qu'il recommandait ici, dans un but moins vital que le soulagement de Cornwallis. Compte tenu du caractère de de Grasse, il est raisonnable de croire que s'il avait trouvé la flotte britannique ainsi ancrée dans la baie de Chesapeake, comme il trouva Hood à Saint-Kitts en janvier suivant, il aurait attendu le départ. l'entrée pour de Barras, puis ont pris la mer, laissant Washington et Rochambeau regarder Cornwallis leur échapper.

Le 10 septembre, Graves décide de brûler le *Terrible* 74, difficilement maintenu à flot depuis l'action. Ceci fait, la flotte se dirigea vers le

Chesapeake, une frégate s'avançant en reconnaissance. Le 13, à 6 heures du matin, Graves écrivit à Hood que les vigies avaient signalé les Français ancrés au-dessus du Horse Shoe (haut-fond) dans le Chesapeake et lui demandaient son avis sur ce qu'il fallait faire de la flotte. A cela Hood envoya la réponse réconfortante que ce n'était rien de plus que ce à quoi il s'attendait, car la pression des voiles que la flotte (française) portait le 9 et dans la nuit du 8 lui faisait très clairement comprendre ce que de Grasse voulait dire. les intentions étaient. Il "serait très heureux d' envoyer un avis, mais il ne sait vraiment pas quoi dire dans l'état vraiment lamentable [dans lequel] nous nous sommes amenés". Le [10] de Barras avait atteint la Baie, où il fut rejoint par de Grasse le 11, de sorte qu'il y avait alors trente-six navires de ligne français. Graves retourna donc à New York et atteignit Sandy Hook le 19 septembre. Le 14, Washington était arrivé devant Yorktown, où il prenait le commandement en chef ; et les armées se rapprochèrent de Cornwallis par terre comme les flottes françaises l'avaient déjà fait par eau. Le 19 octobre, les forces britanniques furent contraintes de se rendre, sept mille deux cent quarante-sept soldats et huit cent quarante marins déposant les armes. Pendant le siège, ces derniers avaient servi dans les usines dont les batteries étaient composées en grande partie de canons de navire.

Après le retour de Graves à New York, le contre-amiral l'hon. Robert Digby arriva d'Angleterre le 24 septembre pour prendre le commandement de la station à la place d'Arbuthnot. Il amena avec lui trois navires de ligne ; et les deux que Sir Peter Parker avait reçu de Rodney l'ordre d'envoyer immédiatement étaient également arrivés au port. Il fut décidé par les officiers de terre et de mer concernés de tenter de relever Cornwallis, et qu'il était opportun que Graves reste aux commandes jusqu'après cette expédition. Il ne put cependant commencer que le 18 octobre, date à laquelle le sort de Cornwallis était décidé. Graves partit ensuite pour la Jamaïque pour remplacer Sir Peter Parker. Le 11 novembre, Hood quitta Sandy Hook avec dix-huit navires de ligne, et le 5 décembre jeta l'ancre à la Barbade. Le 5 novembre, de Grasse quitta également le continent avec toute sa flotte et retourna aux Antilles.

Note de bas de page 94 :

Antée , p. 153 .

Note de bas de page 95 :

Voir *ante* , p. 153 .

Note de bas de page 96 :

Le long de la côte nord de Cuba, entre celle-ci et les bancs de Bahama.

Note de bas de page 97 :

La *Ville de Paris* , à laquelle Troude attribue 104 canons. Il était considéré comme le plus grand et le plus beau navire de son époque.

Note de bas de page 98 :

Cela reproduisait la bévue de Byng, dont l'action et celle dont nous discutons actuellement présentent une ressemblance frappante.

Note de bas de page 99 :

C'est à dire qu'elle s'était arrêtée.

Note de bas de page 100 :

Hood lui-même.

Note de bas de page 101 :

Lettres de Lord Hood, p. 32. Société des archives de la Marine. Mes italiques. Concernant le fait crucial du signal de la ligne de bataille continuant à voler jusqu'à 17h30, sur lequel il y a une contradiction directe entre Hood et le journal de bord du London, il faut rapporter la *déclaration* du capitaine Thomas White, qui était présent dans l'action dans l'un des navires arrière. « Si le journal de bord *du London* , ou celui de tout autre navire de la flotte, confirme cette déclaration » (que Hood a tardé à obéir à l'ordre d'action rapprochée), « je serai amené à imaginer que ce que j'ai vu ce jour-là et j'ai entendu que c'était une simple chimère du cerveau, et que ce que je croyais être le signal de la ligne n'était pas un union jack, mais un *ignis fatuus* évoqué pour se moquer de moi. White et Hood conviennent également que le signal de la ligne a été relevé à 6h30. (Blanc : « Naval Researches », Londres, 1830, p. 45.)

Note de bas de page 102 :

"Lettres de Lord Hood." Société des archives de la Marine, p. 35.

CHAPITRE XI

ÉVÉNEMENTS NAVAUX DE 1781 EN EUROPE. LE SECOURS DE GIBRALTAR PAR DARBY ET LA BATAILLE DE LA DOGGER BANK

En Europe, au cours de l'année 1781, les deux questions principales qui dominèrent l'action des belligérants furent la protection ou la destruction du commerce, et l'attaque et la défense de Gibraltar. La flotte britannique de la Manche était bien inférieure aux forces maritimes globales de la France et de l'Espagne dans les eaux européennes ; et la marine néerlandaise était également désormais hostile. Le gouvernement français représentait à ses alliés qu'en concentrant ses escadres près de l'entrée de la Manche, il maîtriserait la situation à tous points de vue ; mais les Espagnols, attentifs à Gibraltar, refusèrent de retirer leur flotte de Cadix jusqu'à la fin de l'été, tandis que les Français persistaient à garder la leur à Brest. La flotte de la Manche était nettement supérieure à cette dernière et inférieure aux Espagnols uniquement en nombre.

Aucun soulagement n'ayant été apporté à Gibraltar depuis que Rodney l'avait quitté en février 1780, la question du ravitaillement de la forteresse devint pressante. À cette fin, vingt-huit navires de ligne, sous les ordres du vice-amiral George Darby, quittèrent Sainte-Hélène le 13 mars 1781, avec un grand convoi. Au large de Cork, un certain nombre de ravitailleurs se joignirent, et le corps entier se dirigea ensuite vers Gibraltar, accompagné de cinq navires de ligne destinés aux Indes orientales, ainsi qu'au « commerce » antillais et américain. Ces diverses attaches se séparèrent de temps en temps en chemin, et le 11 avril, l'expédition principale aperçut le cap Spartel, sur la côte africaine. Aucune tentative pour l'intercepter ne fut faite par la grande flotte espagnole à Cadix ; et le 12 avril, à midi, le convoi jeta l'ancre dans la baie de Gibraltar. Cette nuit-là, treize navires de transport, chargés de deux frégates, s'éclipsèrent et se dirigèrent vers Minorque, alors possession britannique. Les navires de guerre britanniques ont continué leur route, naviguant dans la baie et le boyau de Gibraltar.

A l'entrée du convoi, les assiégeants ouvrirent une formidable canonnade, qui ne parvint cependant pas à arrêter le débarquement des magasins. Le plus grand ennui fut causé par une flottille de canonnières, spécialement construites pour ce siège, dont la puissance de combat particulière résidait dans un canon de 26 livres, dont la grande longueur donnait une portée supérieure aux batteries des navires de ligne. Mûs par des rames aussi bien que par des voiles, ces petits vaisseaux pouvaient choisir leur distance dans le petit temps et dans les calmes, et étaient si activement utilisés pour harceler les transports à l'ancre que Darby fut obligé de les couvrir de trois navires de ligne. Ceux-ci se sont révélés incapables de blesser efficacement les canonnières ; mais, bien que ces derniers causèrent de grands ennuis et de petits dégâts, ils ne gênèrent pas le déchargement ni même ne le retardèrent beaucoup. Cette expérience illustre une fois de plus combien il est improbable que de grands résultats puissent être obtenus avec de petits moyens, ou qu'une force de masse, une force concentrée, puisse être efficacement contrecarrée soit par des expédients peu coûteux et ingénieux, soit par les efforts coopératifs de nombreuses petites unités indépendantes. "Ils n'étaient capables que de produire des troubles et des vexations. Ils étaient tellement incapables d'empêcher les secours d'être jetés dans la garnison, ou d'incendier le convoi, que le seul dommage quelque peu important qu'ils causèrent à la navigation fut de blesser le navire. mât d'artimon du *Nonsuch* à tel point qu'il a fallu le déplacer. Le 19 avril, en une semaine, le ravitaillement fut terminé et l'expédition repartit pour l'Angleterre. La flotte jeta de nouveau l'ancre à Spithead le 22 mai.

Pendant que Darby revenait, La Motte Picquet avait pris la mer depuis Brest avec six navires de ligne et quelques frégates pour croiser aux abords de la Manche. Là, le 2 mai, il rencontra le convoi revenant des Antilles avec les dépouilles de Saint-Eustache. Les navires de guerre s'échappèrent pour la plupart, mais La Motte Picquet emporta à Brest vingt-deux des trente navires marchands avant de pouvoir être intercepté, bien qu'un détachement de huit voiles envoyé par Darby se rapprocha de ses talons.

Après un long carénage, le Darby reprit la mer, vers le 1er août, pour couvrir l'approche des grands convois alors attendus. Fort retardé par les vents contraires, il n'avait pas dépassé le Lézard, quand on lui apprit que la grande flotte franco-espagnole, composée de quarante-neuf navires de ligne, naviguait près des îles Scilly. N'ayant lui-même qu'une trentaine de lignes, il entra dans la baie de Tor le 24 août et amarra son escadre à l'entrée de la baie.

Cette apparition des alliés fut une surprise pour les autorités britanniques, qui virent ainsi se renouveler inopinément l'invasion de la Manche faite en 1779. L'Espagne, justement mortifiée de n'avoir même pas empêché l'intrusion des secours à Gibraltar, avait cru récupérer son honneur. par une attaque contre Minorque, pour laquelle elle demanda le concours de la France. De Guichen fut envoyé en juillet avec dix-neuf navires de ligne ; et les flottes combinées, sous le commandement en chef de l'amiral espagnol Don Luis de Cordova, convoyèrent les troupes dans la Méditerranée hors de portée des croiseurs de Gibraltar. De retour dans l'Atlantique, de Cordova se dirigea vers la Manche, se tenant loin au large pour dissimuler ses mouvements. Mais bien qu'il réussisse ainsi à atteindre son terrain sans que l'on s'en aperçoive, il ne fit aucune tentative pour profiter de l'avantage obtenu. La question d'attaquer

Darby à ses ancres fut discutée dans un conseil de guerre, au cours duquel de Guichen préconisa fortement cette mesure ; mais une majorité des voix décida que la Grande-Bretagne serait moins blessée en ruinant sa flotte qu'en interceptant les convois attendus. Mais même dans ce dernier but, de Cordova ne pouvait pas attendre. Le 5 septembre, il informa de Guichen qu'il était libre de retourner à Brest ; et lui-même revint à Cadix avec trente-neuf navires, dont neuf français. « Cette croisière de la flotte combinée, dit Chevalier, diminua la considération de la France et de l'Espagne. Ces deux puissances avaient fait un grand déploiement de force, sans produire le moindre résultat. On peut mentionner ici que Minorque, après un siège de six mois, capitula en février 1782.

Tandis que Darby parcourait la Manche au début du mois d'août 1781, le vice-amiral Hyde Parker, récemment commandant en second de Rodney dans les Antilles, retournait en Angleterre en convoyant une importante flotte marchande depuis la Baltique. Le 5 août, au point du jour, une escadre hollandaise, également avec un convoi, mais allant du Texel à la Baltique, fut découverte au sud-ouest, près du Doggersbank. Dans la direction où se dirigeaient alors les deux ennemis, leurs parcours doivent bientôt se croiser. Parker ordonna donc à son convoi de se diriger vers l'ouest en direction de l'Angleterre, tandis que lui-même se dirigeait vers l'ennemi. Le contre-amiral hollandais Johan Arnold Zoutman, au contraire, gardait avec lui les navires marchands sous son vent, mais en retirait les navires de guerre pour former son ordre du côté de l'ennemi. Chaque adversaire a mis sept voiles en ligne. Les navires britanniques, en plus d'être de calibres différents, étaient pour la plupart de très vieux navires, arrachés de Rotten Row pour faire face à l'urgence urgente provoquée par les forces largement supérieures qui étaient en coalition contre la Grande-Bretagne. En raison de l'état de délabrement de certains d'entre eux, leurs batteries avaient été allégées, au détriment de leur puissance de combat. Deux d'entre eux, cependant, étaient de bons et nouveaux soixante-quatorze ans. Il est probable que les vaisseaux hollandais, après une longue paix, ne valaient guère mieux que leurs antagonistes. En fait, chaque escadron était un petit groupe, dans le pire sens du terme. La conduite de l'affaire par les deux amiraux, jusque dans l'intensité même de leur pugnacité, apporte une teinte comique à l'histoire d'une action désespérément menée. La brise était fraîche du nord-est et la mer était douce. Les Néerlandais, étant sous le vent, attendaient l'attaque, formant une ligne sur bâbord amure, se dirigeant sud-est par est, une pointe au vent, sous les voiles d'avant et les huniers, à une encablure l'une de l'autre. Il n'y a guère de place pour douter qu'un adversaire qui tient ainsi sa position ait l'intention de se battre debout, mais Parker, bien que le soleil d'un jour d'été se soit à peine levé, jugea opportun d'ordonner une poursuite générale. Bien sûr, aucun navire n'a épargné sa toile pour cela, tandis que les pires voiliers ont dû déployer leurs voiles cloutées pour suivre le rythme ; et le maniement des voiles éloignait les hommes des préparatifs de bataille. Parker, qui sans doute était encore en colère à cause des censures de Rodney l'année précédente, et qui en outre avait encouru la réprimande de l'Amirauté, pour son hésitation apparente à attaquer les îles ennemies alors qu'il commandait temporairement les Antilles, était déterminé maintenant à montrer le combat qui était en cours. En lui. « On raconte que, après avoir été informé de la force de l'escadre hollandaise dans la matinée, il répondit (en remontant sa culotte) : « Peu importe quelle est leur force ; nous devons les combattre s'ils sont le double de leur nombre. " A 6h10 du matin, le signal fut donné pour la ligne de front, les navires coulant presque avant le vent. Cela introduisit bien sûr plus de régularité, les navires de tête rentrant leurs voiles plus légères pour permettre aux autres de rejoindre leur place ; mais le rythme était toujours rapide. A 6 h 45, l'ordre était fermé à un câble et à 7 h 56 le signal de bataille était hissé. On dit qu'à ce moment-là, le navire de 80 canons était encore en train de sécuriser une bôme à voile cloutée, ce qui indique à quel point l'action suivait de près les préparatifs.

L'amiral néerlandais était aussi délibéré que Parker était tête baissée. Un témoin anglais écrit :

"Ils semblaient être en très bon ordre; et leurs hamacs, quarts de toile, etc., étaient étalés dans un ordre aussi joli que s'ils étaient destinés à être exposés dans le port. Leurs marines étaient également bien dressés et se tenaient debout, leurs mousquets à l'épaule, avec tous leurs efforts. la régularité et l'exactitude d'une revue. Leur politesse devrait être rappelée par tous les hommes de notre ligne ; car, comme si nous étions certains de ce qui s'était passé, nous sommes tombés presque de plein fouet sur leurs flancs ; pourtant l'amiral hollandais n'a-t-il pas tiré un coup de canon. , ou faire le signal d'engagement, jusqu'à ce que le drapeau rouge soit en tête de mât *du Fortitude* et que ses tirs se frayent un chemin vers son navire. C'était une manœuvre pour laquelle l'amiral Zutman ne devrait pas être chaleureusement remercié par leurs Hautes Puissances ; comme il l'a fait Il était en son pouvoir d'avoir causé un mal infini à notre flotte, en descendant de cette manière sans officier. Après avoir laissé l'amiral Parker se placer à sa guise, il attendit calmement que le signal soit hissé à bord du Fortitude, et en *même* temps nous avons vu le signal monter à bord du navire de l'amiral Zutman.

Les Britanniques, ainsi indemnes, se tournèrent juste au vent de l'ennemi. Pour une raison quelconque, un pilote qui se trouvait à bord de leur navire principal a été invité à l'aider à le placer près de son adversaire. "En gros," demanda-t-il, "voulez-vous dire environ la largeur d'un navire ?" « Pas un coup de feu n'a été tiré de part et d'autre, dit le rapport officiel britannique, avant d'être à la distance d'un demi-coup de mousquet. Parker, qu'un spectateur décrit comme plein de vie et d'entrain, a commis ici une erreur, de caractère routinier, qui a quelque peu perturbé son ordre. C'était une question de tradition pour le vaisseau amiral de chercher le vaisseau amiral, tout comme il s'agissait de signaler une poursuite générale, et d'foncer ensemble, chaque navire pour son opposé, bien étendu avec l'ennemi. Maintenant Parker, comme d'habitude, était au centre de sa ligne, le quatrième navire ; mais Zoutman était, pour une raison quelconque, en cinquième position. Parker plaça donc son quatrième à côté du cinquième de l'ennemi. En conséquence, le navire britannique arrière chevaucha l'ennemi et n'eut pendant un certain temps aucun adversaire ; tandis que le deuxième et le troisième se trouvèrent engagés avec trois Hollandais. À 8 heures du matin, le signal de la ligne fut descendu et celui de l'action rapprochée hissé, évitant ainsi une erreur souvent commise.

Tous les navires furent bientôt au travail de manière satisfaisante et passionnée, et l'action se poursuivit avec différentes phases jusqu'à 11 h 35. Les deux navires de tête des deux ordres se placèrent bien sous le vent des lignes, les deux Britanniques devant virer de bord pour regagner leur place au vent. Vers le milieu de l'engagement, le convoi hollandais regagna le Texel, comme les Britanniques s'étaient dirigés vers l'Angleterre avant le début de l'engagement ; la différence étant que le voyage fut abandonné par les Néerlandais et achevé par les Britanniques. À onze heures, Parker appareilla et passa avec le vaisseau amiral entre l'ennemi et le *Buffalo* , son prochain en tête et troisième dans l'ordre britannique ; les trois navires arrière le suivaient de près dans son sillage, obéissant au signal de ligne en avant, qui avait été hissé à 10 h 43. Une lourde canonnade accompagna cette évolution, les Hollandais combattant glorieusement jusqu'au bout. Lorsqu'elle fut achevée, la flotte britannique s'arrêta et l'action cessa. "J'ai fait un effort pour former la ligne afin de reprendre l'action", écrit Parker dans son rapport, "mais j'ai trouvé cela impraticable. L'ennemi semblait être dans un état aussi mauvais. Les deux escadrons sont restés un temps considérable à proximité. les uns les autres, lorsque les Hollandais, avec leur convoi, se précipitèrent vers le Texel. Nous n'étions pas en état de les suivre.

Ce fut une démonstration de bravoure des plus satisfaisantes et une bataille des plus insatisfaisantes ; magnifique, mais pas la guerre. L'achèvement de leur voyage par les navires marchands britanniques, alors que les Néerlandais furent obligés de regagner le port qu'ils venaient de quitter, peut être considéré comme une récompense du succès, et donc de l'essentiel de la victoire, de la flotte de Parker. À cette exception près, le *statu quo* resta à peu près le même qu'avant, même si l'un des navires hollandais coula le lendemain ; pourtant la perte britannique, 104 tués et 339 blessés, fut presque aussi grande que lors de l'action de Keppel, où trente navires combattirent de chaque côté, ou lors de celle de Rodney du 17 avril 1780, où les Britanniques avaient vingt voiles ; plus grand qu'avec Graves au large de Chesapeake, et, en proportion, tout à fait égal aux conflits sanglants entre Suffren et Hughes dans les Indes orientales. Les pertes néerlandaises s'élèvent à 142 tués et 403 blessés. Les deux camps visaient la coque, comme le montrent les blessures ; car bien que beaucoup de mal ait été fait en altitude, peu d'espars ont été entièrement détruits. Le *Buffalo* , un petit navire, avait 39 coups de feu de part en part, et un très grand nombre de coups percés entre le vent et l'eau ; dans le fourgon britannique, jusqu'à 14, une autre preuve que les Néerlandais tiraient bas.

Avec les notions rudimentaires de manœuvre mises en évidence, il n'est pas surprenant que Parker ait été trouvé un second insatisfaisant par un tacticien éclairé comme Rodney. Le vice-amiral, cependant, attribuait son échec à la qualité indifférente de ses navires. George III rendit visite à l'escadron après l'action, mais Parker n'était pas ouvert aux compliments. "Je souhaite à Votre Majesté de meilleurs navires et des officiers plus jeunes", a-t-il déclaré. "Pour ma part, je suis désormais trop vieux pour servir." Aucune récompense n'a été accordée, et il est affirmé que Parker n'a pas caché qu'aucune ne serait acceptée, si elle était offerte, par l'Amirauté d'alors. Il a exprimé la protestation de la marine et de la nation contre la mauvaise administration des journées de paix, qui a laissé le pays non préparé à la guerre. Le vaillant vétéran reçut peu après l'ordre de commander dans les Indes orientales. Il s'embarqua pour sa station du *Cato* , dont on n'entendit plus jamais parler.

Même si elle n'a donné aucun résultat substantiel, l'action de Parker mérite d'être commémorée ; car, après tout, même là où l'habileté fait de son mieux, une fermeté comme la sienne montre la saine constitution d'un corps militaire.

Note de bas de page 103 :

Beatson, «Mémoires militaires et navales», v. 347.

Note de bas de page 104 :

Sir John Ross, dans sa « Vie de Saumarez », qui était lieutenant du vaisseau amiral, dit que le vaisseau amiral ne faisait que passer devant le *Buffalo*, et que les navires arrière se rapprochaient de ce dernier. La version dans le texte repose sur les déclarations détaillées et circonstancielles d'un autre lieutenant de l'escadron, dans "Naval Battles" d'Ekins. Comme Ekins était également présent en tant qu'aspirant, cela donne, pour ainsi dire, la confirmation de deux témoins.

CHAPITRE XII

LA DERNIÈRE CAMPAGNE NAVALE AUX ANTILLES. HOOD ET DE GRASSE. RODNEY ET DE GRASSE. LA GRANDE BATAILLE DU 12 AVRIL 1782

L'année 1781 se termina sur un incident d'un caractère plus décisif que la plupart des événements survenus dans les eaux européennes au cours de son cours ; celui aussi qui transfère l'intérêt, par transition naturelle, de nouveau vers les Antilles. Le gouvernement français avait ressenti tout au long de l'été la nécessité d'envoyer à de Grasse des renforts tant en navires qu'en ravitaillement, mais les transports et le matériel de guerre nécessaires ne purent être rassemblés avant décembre. Comme les Britanniques tenteraient probablement d'intercepter un convoi dont dépendait tant la prochaine campagne, le contre-amiral de Guichen reçut l'ordre de l'accompagner hors du golfe de Gascogne, avec douze navires de ligne, puis de se rendre à Cadix. Cinq vaisseaux de ligne destinés à de Grasse, et deux à destination des Indes orientales, portèrent à dix-neuf l'effectif total avec lequel de Guichen quitta Brest le 10 décembre. Dans l'après-midi du 12, les Français étant alors à cent cinquante milles au sud et à l'ouest d'Ouessant, avec un vent de sud-est, le temps, qui avait été épais et à grains, s'éclaircit brusquement et montra les voiles au vent. C'étaient douze navires de ligne, un de 50, et quelques frégates, sous les ordres du contre-amiral Richard Kempenfelt, qui avait quitté l'Angleterre le 2 du mois, pour croiser en attente de cette expédition. Les effectifs français étaient largement suffisants pour contrecarrer toute attaque, mais de Guichen, habituellement un officier prudent, avait permis à ses navires de guerre d'être sous le vent et en avant du convoi. Ces derniers se dispersèrent dans toutes les directions tandis que les Britanniques fondaient sur eux, mais tous ne purent s'échapper ; et les navires de guerre français restaient spectateurs impuissants, tandis que les victimes hissaient leurs drapeaux à droite et à gauche. La nuit venue, certaines prises ne purent être obtenues, mais Kempenfelt en emporta quinze, chargés de provisions militaires et navales d'une grande valeur monétaire et d'une plus grande importance militaire. Quelques jours plus tard, une violente tempête disperse et brise le reste du corps français. Deux navires de ligne seulement, le *Triomphant*, 84, et *le Brave*, 74, et cinq transports, purent poursuivre leur route vers les Antilles. Le reste est reparti à Brest. Cet événement peut être considéré comme l'ouverture de la campagne navale de 1782 aux Antilles.

Kempenfelt, avant de retourner en Angleterre, envoya en express à Hood, dans les Antilles, le brûlot *Tisiphone*, 8 ans, le commandant James Saumarez, 105 ans, puis le distingué amiral, avec des nouvelles de l'approche française.

Saumarez, ayant été le premier à la Barbade, rejoignit Hood le 31 janvier 1782, sur les routes de Basse Terre, du côté sous le vent de Saint-Kitts ; position dont Hood avait délogé de Grasse six jours auparavant par une brillante manœuvre, ressemblant à celle qu'il avait envisagée comme ouverte à Graves en septembre précédent dans la baie de Chesapeake pour le secours de Cornwallis. La campagne de 1782 s'était déjà ouverte par une attaque contre Saint-Kitts par l'armée et la marine françaises ; et la flotte française naviguait déjà à portée de main sous le vent, entre Saint-Kitts et Nevis.

L'intention initiale de Grasse et de Bouillé avait été de capturer la Barbade, la plus importante des Antilles orientales restant encore aux Britanniques ; mais les forts alizés, qui en ce temps-là faisaient un passage hivernal au vent si long et si morne, les repoussèrent à deux reprises au port. « Toute la flotte française, écrit Hood, est apparue au large de Santa Lucia le 17 du mois dernier, s'efforçant de se mettre au vent, et après avoir emporté de nombreux mâts de hune et des vergues en luttant contre un temps très violent, elle est retournée à Fort Royal Bay le 17 du mois dernier. Le 23, et le 28 il ressortit avec quarante transports, manœuvrant comme auparavant. Le 2 janvier, il disparut de Santa Lucia et, après un court séjour de nouveau à la Martinique, se dirigea le 5 vers Saint-Kitts, mouillant à Basse Terre Roads le 11. La garnison britannique se retira à Brimstone Hill, une position fortifiée au nord-ouest de l'île, tandis que les habitants rendirent le gouvernement aux Français, s'engageant à la neutralité. L'île voisine de Nevis capitula aux mêmes conditions le 20.

Le 14 janvier, un express envoyé par le général Shirley, gouverneur de Saint-Kitts, avait informé Hood, à la Barbade, qu'une grande flotte approchant avait été aperçue depuis les hauteurs de Nevis le 10 janvier. Hood prit aussitôt la mer, bien qu'à court de pain et de farine, qu'on ne pouvait pas se procurer, et avec le matériel de ses navires dans un état misérable. "Quand le *président* [107] nous rejoindra", écrivit-il à l'Amirauté, "je serai fort de vingt-deux hommes, avec lesquels je vous prie d'assurer à Leurs Seigneuries que je chercherai et livrerai bataille au comte de Grasse, quel que soit son nombre. " En chemin, un navire lui parvint et lui annonça que la flotte française avait investi Saint-Kitts. Le 21, il jeta l'ancre à Antigua pour les réparations et les ravitaillements indispensables au maintien de la mer dans les opérations qu'il envisageait et dont on ne pouvait prévoir la durée. Environ un millier de soldats étaient également embarqués, ce qui, avec les marines qui pourraient être épargnés par l'escadre, donnerait une force de débarquement de deux mille quatre cents hommes.

Saint-Kitts étant à moins de cinquante milles d'Antigua, Hood disposait sans doute maintenant d'informations précises sur les dispositions de l'ennemi et pouvait élaborer un plan précis et bien mûri. Cela semble avoir été soigneusement transmis à tous ses capitaines, comme le faisait Nelson, qui était l'élève de Hood, voire de n'importe qui. « A 9 h 15, l'amiral a fait le signal pour tous les officiers généraux », dit le journal de bord du *Canada* ; "et à 16 heures, les amiraux et le commodore ont fait les signaux pour tous les capitaines de leurs divisions." A 17 heures du soir, le même jour 23 janvier, la flotte leva et se rangea vers Nevis, autour de la pointe sud de laquelle il faut approcher la Basse Terre ; car, le chenal entre Nevis et Saint-Kitts étant impraticable aux navires de ligne, les deux îles n'en formaient pratiquement qu'une, et, leur axe commun étant situé au nord-ouest et au sud-est, l'alizé n'est favorable que lorsqu'il vient du nord-ouest et du sud-est. sud.

La Basse Terre, où se trouvait alors de Grasse, est à environ quinze milles de la pointe sud de Nevis. La rade s'étend à l'est et à l'ouest, et la flotte française, alors vingt-quatre de ligne et deux cinquante, était ancrée sans souci d'ordre, à trois ou quatre de profondeur ; les navires de l'Est étaient placés de manière à ce qu'un ennemi venant du sud puisse les atteindre avec l'alizé dominant, contre lequel les navires de l'Ouest ne pouvaient pas venir rapidement à leur soutien. Cela étant, on nous dit que Hood, partant peu avant le coucher du soleil avec un vent favorable et probablement frais, venant d'un point distant de soixante milles seulement, espérait surprendre les Français au petit matin, pour attaquer les navires météorologiques, et d'eux de naviguer le long de l' ordre hostile aussi loin que cela pourrait paraître opportun. Sa colonne passant ainsi en totalité à proximité d'une certaine fraction exposée de l'ennemi, celui-ci serait découpé en détail par la concentration sur elle. Les Britanniques, alors, se dirigeant vers le sud, prendraient le vent, vireraient de bord et résisteraient de nouveau à l'assaut, si l'ennemi continuait à l'attendre.

Cette attente raisonnable et cette savante conception furent contrecarrées par une collision, pendant la nuit, entre une frégate, la *Nymphe* , 36, et le premier navire de ligne, l' *Alfred* , 74. Les réparations de ce dernier retardèrent la flotte, la dont l'approche a été découverte à la lumière du jour. De Grasse prend donc la mer. Il imaginait que le but de Hood était d'apporter des secours à Brimstone Hill ; et d'ailleurs la position de l'ennemi était maintenant entre lui et quatre navires de ligne momentanément attendus de la Martinique, dont l'un le rejoignit le même jour. Les Français étaient tous en route au coucher du soleil, se tenant vers le sud sous voile facile, vers les Britanniques, qui avaient contourné la pointe sud de Nevis à 13 heures. Vers la nuit, Hood fit demi-tour et se tint également vers le sud, apparemment en retraite.

Au cours de la nuit suivante, les Britanniques virent de bord à plusieurs reprises pour maintenir leur position au vent. Au point du jour du 25 janvier, les deux flottes étaient à l'ouest de Nevis ; les Britanniques près de l'île, les Français de front, mais à plusieurs milles sous le vent. Déjoué dès son premier printemps par un accident inattendu, Hood n'avait pas renoncé à son entreprise, et se proposait maintenant de s'emparer du mouillage abandonné par les Français, s'y établissant ainsi, comme il avait proposé à

Graves de le faire dans le Chesapeake, qu'il ne pouvait pas être délogé. Pour une telle position défensive, Saint-Kitts offrait des avantages particuliers. Le mouillage était un rebord étroit, tombant précipitamment dans des eaux très profondes ; et il était possible de placer les navires de manière à ce que l'ennemi ne puisse pas facilement mouiller près d'eux.

À 5 h 30 du matin, le 25th Hood donna le signal de former une ligne de bataille sur tribord amures, à un encablure d'intervalle. [108] Il est mentionné dans le journal de bord du *Canada* 74, Capitaine Cornwallis, que ce navire a été amené à son poste, quatrième en partant de l'arrière, à 7 heures. Vers 10 heures, la ligne était formée et les navires s'y installaient. A 10 h 45, le signal fut donné de remplir les fourgons de porter la même voile que l'Amiral, huniers et voiles d'avant, suivi, peu avant midi, de l'ordre de se préparer au mouillage, avec ressorts sur le câbles. Les Français, qui faisaient route vers le sud, sur bâbord amure, tandis que les Britanniques étaient en position stationnaire, firent demi-tour dès que ces derniers se remplirent, et se placèrent vers eux en ligne d'étrave et de quart. [109]

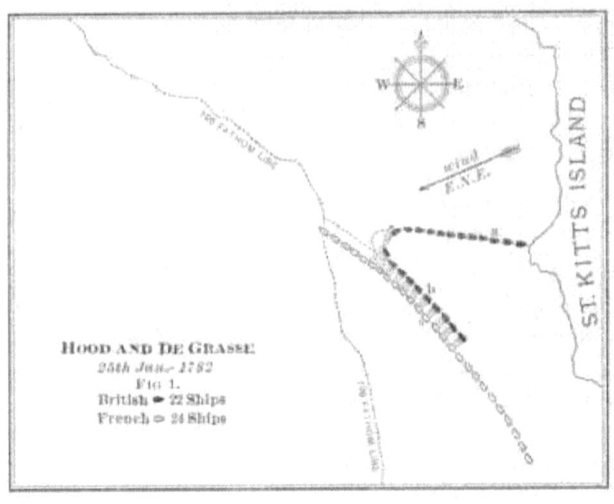

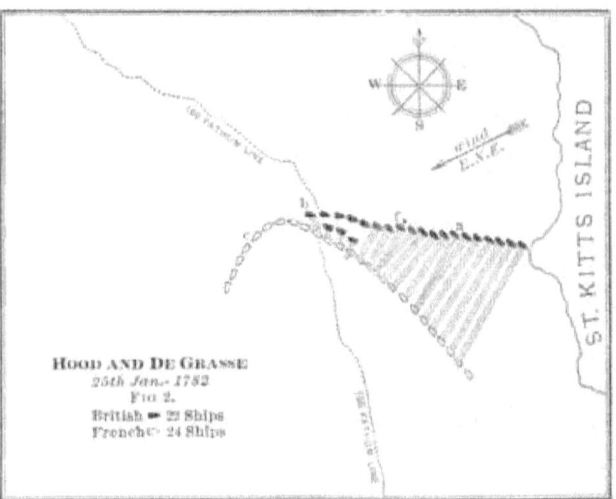

Hood et De Grasse, 25 janvier 1782, figures 1 et 2

A midi, la flotte britannique courait de près sous les hautes terres de Nevis ; si près que le *Solebay* , 28, l'une des frégates côtières de la ligne, s'est échoué et a fait naufrage. Aucun signal n'était nécessaire, sauf pour corriger des irrégularités dans l'ordre, car les capitaines savaient ce qu'ils devaient faire. Les Français s'approchaient régulièrement, mais reculaient inévitablement en fonction du point de la ligne ennemie vers lequel ils se dirigeaient. A 14 heures, le vaisseau amiral de Grasse, le *Ville de Paris* , tira plusieurs coups de feu sur l'arrière britannique, qu'il était le seul à pouvoir atteindre, tandis que son aile gauche approchait du *Barfleur* , le vaisseau amiral de Hood, et des navires derrière lui, le centre de la colonne , qui ont ouvert le feu à 14h30.

Hood, faisant confiance à ses capitaines, ignora cette menace qui pesait sur la moitié arrière de ses forces. Des signaux retentirent pour que la camionnette fasse voile et prenne son mouillage, et à 15 h 30, les navires de tête commencèrent à jeter l'ancre en ligne devant (Fig. 1, a), couverts comme ils le faisaient par les bordées de l'arrière et le centre arrière. (b). Sur ces derniers, les Français entretenaient maintenant un feu vif. Entre le *Canada* et son suivant, le *Prudent* , 64 ans, qui était un voilier ennuyeux, il y avait un intervalle considérable. L'amiral français se précipita vers lui, dans le but de couper les trois navires arrière ; mais Cornwallis a tout renversé et s'est rapproché de son épouse, un acte émouvant dans lequel il a été imité par le *Résolution* et *Bedford* , 74 ans, juste devant lui. De Grasse fut ainsi déjoué, mais de si peu, qu'un officier, regardant d'un des navires qui avaient jeté l'ancre, affirma avoir aperçu un instant le foc de la *Ville de Paris à l'intérieur de la ligne britannique*. Alors que l'arrière de ce dernier poussait vers sa place, il dégageait les flancs du fourgon et du centre maintenant ancrés (Fig. 2, a), et ceux-ci s'ouvraient sur l'ennemi, dont une grande partie était alignée derrière les Britanniques. colonne, sans adversaires encore, mais se hâtant d'avoir leur part de l'action. Le vaisseau amiral de Hood, (f), qui mouillait à 16 h 03, ouvrit de nouveau le feu à 16 h 40. Ainsi, alors que le *Canada* et ses quelques compagnons, qui supportaient le poids de la journée, raccourcissaient les voiles et arrondissaient à, (b), toujours sous Dans une chaude canonnade, les batteries de leurs prédécesseurs sonnaient leur bienvenue, et en même temps couvraient leurs mouvements en donnant à l'ennemi bien d'autres sujets de réflexion. Le *Canada* , remontant près de la queue de la colonne et lâchant prise précipitamment, sortit deux câbles, et s'aperçut, au sondage, qu'il avait jeté l'ancre dans cent cinquante brasses d'eau. La colonne française se tenait debout, hors des sondages, bien que proche, tirant à son passage, puis, se dirigeant successivement vers le sud, se tenait hors de combat sur bâbord amure, (c), ses bordées inefficaces ajoutant à la grandeur et à l'excitation . de la scène, et augmentant la gloire de l'audace réussie de Hood, dont il est difficile de parler trop haut. Lord Robert Manners, le capitaine du *Resolution* , qui était le cinquième navire à partir de l'arrière britannique, écrivit une semaine plus tard sur cet exploit un verdict que la postérité confirmera. "La prise de possession de cette route a été bien jugée, bien menée et bien exécutée, même si en effet les Français ont eu l'occasion - qu'ils ont manquée - de mettre nos arrières à un compte très sévère . Les divisions de fourgonnette et du centre ont été ancrées sous le feu de l'arrière, qui était engagé avec le centre de l'ennemi (fig. 1), puis le centre, étant ancré et correctement placé, nous a couvert pendant que nous ancrions (fig. 2), faisant, je pense, le plus manœuvre magistrale que j'ai jamais vue. Qu'il s'agisse de la préparation réfléchie, de la gestion astucieuse de la flotte précédant l'assaut final, de l'audace calculée de celui-ci ou de la conduite tactique ferme et sagace du premier instant au dernier, Nelson lui-même n'a jamais fait une action plus brillante. acte que celui de Hood. [110]Tous les tirs ont cessé à 17 h 30.

Naturellement, un ordre adopté dans de telles conditions nécessitait quelques rectifications avant de poursuivre la bataille. Comme le bon stationnement de la flotte dépendait dans une large mesure de la position du navire-fourgon, Hood avait mis à son bord un pilote local ; mais lorsque l'action cessa, il constata qu'elle n'était pas aussi près du rivage qu'il l'avait prévu. L'arrière, au contraire, était naturellement dans le plus grand désordre, à cause des circonstances entourant son mouillage. Trois navires de l'arrière reçurent par conséquent l'ordre de se placer devant la camionnette, réduisant ainsi l'intervalle, tandis que d'autres décalèrent leurs postes d'amarrage selon des instructions spécifiques. L'ordre finalement supposé (Fig. 3) était le suivant. Le navire-fourgon était ancré si près du rivage qu'il était impossible de passer à l'intérieur ou, avec le vent dominant, même de l'atteindre, à cause d'une pointe et d'un haut-fond juste à l'extérieur qui couvraient sa position. De là, la ligne s'étendait dans une direction ouest-nord-ouest jusqu'au quinzième navire, le *Barfleur*, 98, le vaisseau amiral de Hood, lorsqu'elle tournait vers le nord, les six derniers navires étant sur une ligne nord et sud. Ces six, les flancs tournés vers l'ouest, empêchaient une colonne passant du sud au nord, seul moyen de passage, d'enfiler impunément la ligne principale. Ce dernier couvrait de ses canons l'approche par le sud. Tous les navires avaient des ressorts sur leurs câbles, leur permettant de tourner leurs flancs de manière à parcourir avec leurs batteries un grand arc de cercle.

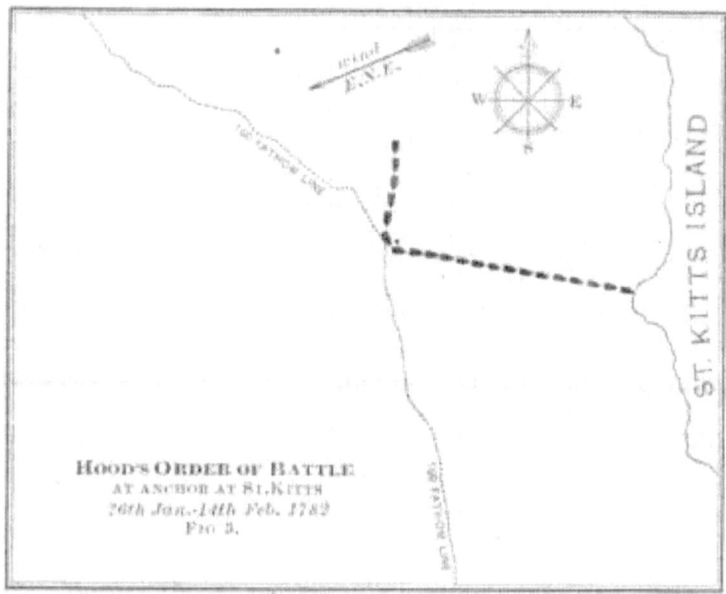

Hood et De Grasse, 26 janvier 1782, figure 3

Le lendemain matin, 26 janvier, au petit jour, les navires commencèrent à changer de place, les Français se trouvant alors à sept ou huit milles au sud-sud-est. À 7 heures du matin, on les vit s'approcher en ligne de bataille, sous une pression de voile, se dirigeant vers la camionnette britannique. Le *Canada*, qui avait commencé à 5 heures du matin à attaquer ses quelque 200 brasses de câble, a été obligé de couper, ce qui a fait "nous avons perdu la petite ancre de tonnelle et deux câbles avec une aussière de 8 pouces et une de 9 pouces, qui étaient pliés". pour les ressorts." Le navire a dû travailler au vent pour se rapprocher de la flotte et a donc reçu l'ordre du contre-amiral de continuer à s'engager en route, jusqu'à 10 h 50, date à laquelle un message lui a été envoyé pour mouiller en soutien de l'arrière. L'action débute entre 8h30 et 9 heures du matin, le premier navire français se dirigeant vers la camionnette britannique, apparemment dans l'optique de la contourner et de l'intérieur. Contre cette tentative, les précautions de Hood étaient probablement suffisantes ; mais à mesure que le navire ennemi approchait, le vent le dirigeait, de sorte qu'il ne pouvait aller chercher que le troisième navire. Ces derniers, avec les navires en avant et en arrière, jetèrent sur elle leurs batteries. "L'écrasement provoqué par leurs bordées destructrices était si énorme à bord qu'on a vu des morceaux entiers de planches voler de son côté, avant qu'elle ne puisse échapper au feu froid et concentré de ses adversaires déterminés." [111] Elle releva son gouvernail et courut hors de la ligne britannique, recevant le premier tir de chaque navire successif. Son mouvement fut imité par ses disciples, certains s'éloignant plus tôt, d'autres plus tard ; mais de Grasse, dans son vaisseau amiral, non seulement s'en approcha, mais pointa ses vergues arrière vers le vent, pour se déplacer le plus lentement -Comme il portait son gouvernail en quittant le *Barfleur*, cela fit reculer ces voiles, le gardant encore plus longtemps devant les navires britanniques rejetés à l'arrière. "En cela, il était soutenu par les navires qui étaient derrière lui ou immédiatement devant lui. Au cours de ce conflit court mais terrible dans cette partie du champ de bataille, on ne put rien voir d'eux pendant plus de vingt minutes, à l'exception du navire de de Grasse. drapeau blanc en tête de mât principal de la *Ville de Paris*, flottant gracieusement au-dessus des immenses volumes de fumée qui les enveloppaient, ou des fanions de ces navires qui étaient parfois perceptibles, lorsqu'une augmentation de brise chassait la fumée. [113]

François-Joseph-Paul, comte de
Grasse, marquis de Tilly

Amiral, Lord Hood

Bien que très vaillamment exécutée, aucune manœuvre aussi routinière que celle-ci ne pouvait ébranler la position solidement prise par Hood. La tentative fut répétée dans l'après-midi, mais plus faiblement, et sur le centre et l'arrière seulement. Cela également était inefficace ; et Hood resta en possession triomphale du terrain. Les pertes dans les différentes affaires des deux jours avaient été : Britanniques, 72 tués, 244 blessés ; Français, 107 tués, 207 blessés. Désormais, la flotte française a continué à naviguer sous le vent de l'île, s'approchant presque quotidiennement, menaçant fréquemment d'attaque et échangeant occasionnellement des coups de feu lointains ; mais aucune rencontre sérieuse n'a eu lieu. L'intérêt était centré sur Brimstone Hill, où seul sur l'île le drapeau britannique flottait encore. De Grasse attendait sa capitulation, se flattant que les Britanniques seraient alors contraints de prendre la mer, et que sa flotte, portée par arrivées successives à trente-deux hommes de ligne, trouverait alors l'occasion d'écraser l'homme qui avait déjoué et l'a déjoué les 25 et 26 janvier. Dans cet espoir, il fut trompé par sa propre inaptitude et par l'empressement de son adversaire. Hood fut incapable de secourir Brimstone Hill, faute de troupes ; les Français ayant débarqué six mille hommes, contre lesquels les 2400 Britanniques ne purent rien faire, ni seuls, ni en coopération avec la garnison, qui n'avait que douze cents hommes. L'œuvre capitula le 13 février. De Grasse, qui avait négligé d'approvisionner ses navires, se rendit le lendemain à Nevis et y jeta l'ancre pour vider les magasins. Ce soir-là, Hood appela ses capitaines à bord, leur expliqua ses intentions, leur fit régler leurs quarts sur les siens, et à 23 heures, les câbles furent coupés un à un, les lumières étant laissées sur les bouées, et la flotte décampa silencieusement, contournant le nord. fin de Saint-Kitts, et ainsi vers Antigua. Lorsque de Grasse ouvrit les yeux le lendemain matin, les Britanniques n'étaient plus visibles. "Rien n'aurait pu être exécuté plus heureusement", écrit Lord Robert Manners, "puisqu'il n'en est résulté aucun accident. En prenant l'ensemble sous un même jour, bien qu'il n'ait pas réussi dans le but que nous visions, il a néanmoins été bien mené et a donné l'ennemi un échec assez sévère ; et si vous lui accordez la moitié du crédit que l'ennemi fait, Sir Samuel Hood occupera une place très élevée dans l'estime du public.

L'intention de Hood était de retourner à la Barbade ; mais le 25 février, il fut rejoint, au vent d'Antigua, par Rodney, arrivé d'Angleterre une semaine plus tôt, amenant avec lui douze navires de ligne. Le nouveau commandant en chef s'efforce de couper de Grasse de la Martinique, mais la flotte française y pénètre le 26. Rodney se rendit donc à Santa Lucia pour réparer les navires de Hood et préparer la campagne à venir, dans laquelle il était entendu que la conquête de la Jamaïque devait être le premier objectif des alliés. Une condition importante de leur succès était l'arrivée d'un grand convoi, connu pour être en route depuis Brest pour réparer les pertes causées par le raid de Kempenfelt et le mauvais temps qui avait suivi en décembre. Hood suggéra à Rodney de réduire de moitié la flotte, qui comptait alors trente-six membres de la ligne, laissant une partie naviguer au nord de la Dominique, entre cette île et Deseada, tandis que l'autre gardait l'approche sud, entre la Martinique et Santa Lucia. Rodney, cependant, n'était pas disposé à le faire et a adopté une demi-mesure : la division Hood était stationnée au vent de l'extrémité nord de la Martinique, atteignant seulement au nord la latitude de la Dominique, tandis que le centre et l'arrière étaient à la hauteur de l'extrémité nord de la Martinique. le centre et le sud de la Martinique ; le tout en contact mutuel par des vaisseaux intermédiaires. Il semblerait, en lisant entre les lignes, que Hood ait tenté d'étendre sa zone de croisière vers le nord, conformément à ses propres idées, mais Rodney s'en est souvenu. Le convoi français passa donc au nord de Deseada, convoyé par deux navires de ligne, et, le 20 mars, atteignit sain et sauf la Martinique. La force de De Grasse fut ainsi portée à trente-cinq hommes de ligne, dont deux navires de 50 canons, contre trente-six Britanniques. À la fin du mois, Rodney retourna à Santa Lucia et y resta au mouillage, surveillant avec vigilance la flotte française dans le fort Royal au moyen d'une chaîne de frégates.

Le problème auquel de Grasse était désormais confronté immédiatement — le premier pas vers la conquête de la Jamaïque — était extrêmement difficile. Il s'agissait de convoyer au Cap François les navires de ravitaillement indispensables à son entreprise, outre la flotte marchande à destination de la France ; soit en tout cent cinquante navires non armés qui seront protégés par ses trente-cinq voiles de ligne, face aux trente-six Britanniques. L'alizé étant favorable, il se proposa de contourner la limite nord intérieure de la mer des Caraïbes ; ce faisant, il se tiendrait à proximité d'une succession de ports amis, où le convoi pourrait trouver refuge en cas de besoin.

Avec ce plan, l'armement français prit la mer le 8 avril 1782. Le fait étant rapidement signalé à Rodney, à midi, toute sa flotte était hors de son mouillage et à sa poursuite. L'importance vitale de la conquête de Santa Lucia par Barrington devint alors évidente ; car, si les Britanniques avaient été à la Barbade, l'alternative la plus probable, non seulement le mouvement français aurait été plus longtemps inconnu, mais la poursuite aurait commencé à une distance de cent milles, au lieu de trente. Si les Britanniques avaient rencontré ce désavantage en naviguant avant la Martinique, ils auraient rencontré la difficulté de maintenir leurs navires approvisionnés en eau et autres produits de première nécessité, ce que Santa Lucia leur offrait. En vérité, sans minimiser en aucune façon les fautes du perdant ou les mérites du vainqueur, au cours de la semaine passionnante qui a suivi, on peut dire que la situation initiale a représenté de part et d'autre une accumulation d'abandons ou de succès qui, à la fois, le moment de leur apparition peut avoir semblé individuellement insignifiant ; un avertissement évident contre le risque encouru par la perte de points uniques dans le jeu de la guerre. De Grasse fut dès le début terriblement handicapé par les erreurs de ses prédécesseurs et de lui-même. Le fait que les Britanniques eussent Santa Lucia comme avant-poste était dû non seulement à la diligence de Barrington, mais aussi à la laxisme et à la timidité professionnelle de d'Estaing ; et on peut se demander si de Grasse lui-même a fait preuve d'une bonne compréhension des conditions stratégiques, lorsqu'il a négligé cette île au profit de Tobago et de Saint-Kitts. Certes, Hood en avait beaucoup craint l'année précédente. Le fait que le convoi était là pour gêner ses mouvements n'était peut-être pas la faute de l'amiral français ; mais c'était en grande partie et entièrement de sa faute si, sur les trente-six navires qui le poursuivaient, vingt et un représentaient une force qu'il aurait pu écraser en détail quelques semaines auparavant, sans parler de l'échec similaire d'avril 1781 .

Les grands navires se déplacent généralement moins rapidement que les petits. À 14 h 30 le jour du départ, les vigies de Rodney avaient aperçu la flotte française ; et avant le coucher du soleil, on pouvait le voir depuis les têtes de mât du corps principal. A 6 heures du matin suivant, le 9 avril, l'ennemi, flotte et convoi, était visible depuis le pont du *Barfleur* , le vaisseau amiral de la division Hood, alors dans l' avant-garde britannique. Les Français se dirigeaient vers le nord-est, à une distance de quatre à douze milles, s'étendant du centre de la Dominique vers le nord en direction de la Guadeloupe. Les Britanniques avaient beaucoup gagné au cours de la nuit et leur centre se trouvait désormais au large de la Dominique, sous le vent des arrières ennemis, qui étaient encalminés sous l'île. Quatorze ou quinze avant-gardes françaises, ayant ouvert le chenal entre la Dominique et la Guadeloupe, sentirent un nouvel alizé, d'est en nord, avec lequel elles se dirigèrent vers le nord ; et leur nombre augmenta progressivement à mesure que des navires individuels, utilisant les pattes de chat, s'éloignaient des hautes terres de la Dominique. De la même manière, la division Hood, la première parmi les Britanniques, prit la brise et, avec huit navires, le commandant de l'avant-garde se plaça vers le nord en ordre de bataille. Au nord-ouest de lui se trouvaient deux navires français, séparés de leurs consorts et menacés d'être coupés (i). Ceux-ci se dressèrent hardiment et traversèrent la tête de la colonne de Hood ; l'un passant si près du navire de tête, l' *Alfred* , que ce dernier dut résister pour le laisser passer. Rodney avait lancé un signal d'engagement à 6 h 38, mais l'avait descendu presque immédiatement, et Hood ne tirait pas sans ordres. Ces navires rejoignirent donc leur corps principal indemnes. A 8h30, les Français hissèrent leurs couleurs et peu après les navires qui avaient dégagé la Dominique virèrent de bord et se placèrent au sud, en face de Hood.

De Grasse avait maintenant compris qu'il ne pourrait pas échapper à l'action si le convoi lui tenait compagnie. Il ordonne donc aux deux navires de 50 canons, *Expériment* et *Sagittaire* , de l'accompagner en Guadeloupe, où il arrive sain et sauf ce jour-là (Position 1, dd) ; et il décida que la flotte ferait route au vent à travers le canal entre la Dominique et la Guadeloupe, presque à mi-chemin où se trouve un groupe de petites îles appelées Les Saintes, nom parfois donné à la bataille du 12 avril. Par cette voie, il espérait non seulement éloigner l'ennemi du convoi, mais aussi interrompre sa poursuite grâce à sa vitesse supérieure, et ainsi accomplir sa mission indemne. Les navires français, plus grands, plus profonds et dotés de meilleures lignes que leurs adversaires, étaient naturellement de meilleurs voiliers, et on peut en déduire que même le cuivre n'avait pas entièrement surmonté ce désavantage initial des Britanniques.

Cependant, au moment même de commencer sa nouvelle politique, une tentation subtile s'abattit irrésistiblement sur de Grasse, dans la position exposée de la colonne de Hood (h) ; et il y parvint, non pas en acceptant franchement et chaleureusement une grande opportunité, mais par une demi-mesure. Hood complètement écrasée, la flotte britannique devint désespérément inférieure à la française ; Le capot a été endommagé et il est devenu quelque peu inférieur : il serait peut-être dissuadé de poursuivre sa poursuite. De Grasse opta pour cette seconde solution et ordonna à une partie de sa flotte d'attaquer. Cette opération fut réalisée sous les ordres du marquis de Vaudreuil, commandant en second. Les navires qui y étaient engagés fonçaient du côté du vent, attaquaient les navires arrière de Hood, se tenaient le long du nord (f) du côté météo de sa colonne à longue distance et, après être passés en avant, viraient de bord (t) successivement et se formaient de nouveau dans le arrière, (f^2) d'où ils ont répété la même manœuvre (Positions 1 et 2). Ainsi un cortège de quinze navires passait par huit, décrivant une courbe continue de forme elliptique. Ils y sont parvenus car Hood était condamné à une vitesse faible, de peur de s'éloigner trop du centre britannique (a) et de l'arrière (c), toujours encalminés sous la Dominique (Position 2). Les Français, ayant le choix de la distance, s'en tenaient au tir à longue distance, parce qu'ils manquaient de caronades, dont les Britanniques en possédaient beaucoup. Ces canons, de courte portée mais de gros calibre, furent ainsi rendus inutiles. S'ils étaient entrés en jeu, le gréement et les voiles français auraient beaucoup souffert. Ce premier engagement (Position 1) a duré, selon le journal de Hood, de 9 h 48 à 10 h 25. Il a repris avec une force plus forte (Position 2) à midi 14 minutes et s'est poursuivi jusqu'à 13 h 45, date à laquelle les tirs ont cessé pour ce jour-là ; Rodney donne le signal de la bataille à 2 heures. Entre les deux affaires, qui étaient identiques dans leur caractère général, la colonne de Hood fut renforcée, et une grande partie du centre britannique entra également en action avec une partie du corps principal français, bien qu'à longue portée. seulement. "À l'exception des deux navires arrière", écrivit Rodney à Hood cette nuit-là, "les autres ont tiré à une telle distance que je n'en ai renvoyé aucun."

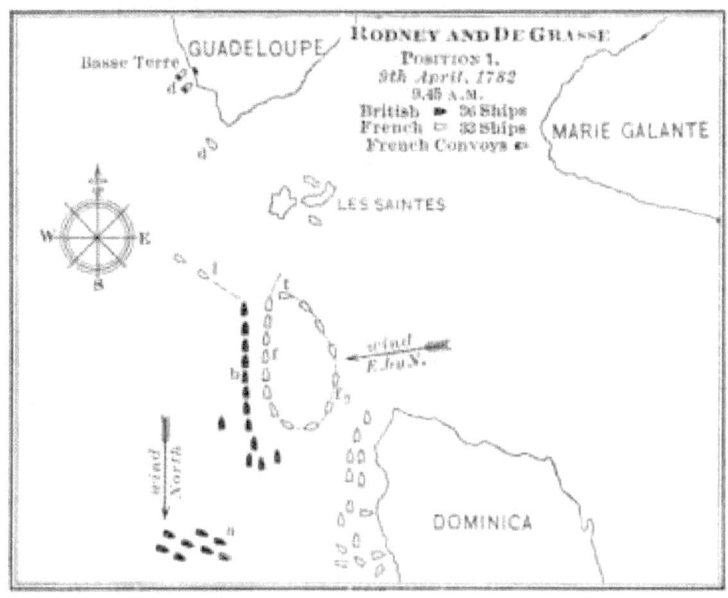

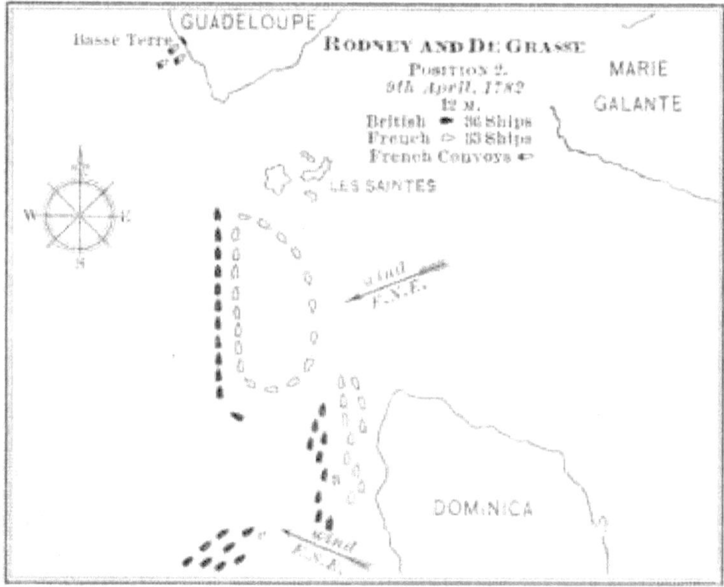

Rodney et De Grasse, 9 et 12 avril 1782
Figures 1 et 2

Les blessures subies par les navires britanniques engagés n'étaient pas de nature à les obliger à quitter la flotte. Le *Royal Oak* a perdu son mât principal et celui du *Warrior* est tombé deux jours plus tard, probablement à cause de blessures ; mais il n'y avait rien là que les mains promptes des marins ne pussent réparer pour continuer la chasse. Rodney se contenta donc d'inverser l'ordre de navigation, plaçant Hood à l'arrière, ce qui lui permit de se remettre en place, tout en suivant assez vite pour ne pas être hors de distance d'appui. Cette circonstance plaça la division Hood à l'arrière dans la bataille du 12. L'un des navires français, le *Caton* , 64 ans, avait été tellement blessé que de Grasse l'avait détaché en Guadeloupe. Il faut se rappeler qu'un navire estropié dans une flotte poursuivie, non-seulement gêne le mouvement, mais peut compromettre tout le corps, si celui-ci tarde à le protéger ; tandis que le chasseur se tient entre ses oiseaux boiteux et l'ennemi.

Dans la nuit du 9, les Britanniques sont en attente pour des réparations. Le lendemain matin, ils reprirent la poursuite, se tournant au vent après l'ennemi, mais perdant dans l'ensemble tout au long du 10 et du 11. A l'aube du 10, les Français, d'après les journaux de bord de Hood et de Cornwallis, étaient « à quatre ou cinq lieues de distance », « juste en vue du pont ». Mais dans cette nuit-là, le *Zélé* , 74 ans, était entré en collision avec le *Jason* , 64 ans ; et ce dernier fut blessé au point d'être obligé de suivre le *Caton* en Guadeloupe. Au coucher du soleil ce jour-là, Rodney signala une poursuite générale au vent, dont l'effet était de permettre à chaque navire de faire de son mieux selon le jugement de son capitaine pendant les heures sombres. Néanmoins, le 11 au matin, les Français semblent avoir de nouveau gagné, car Hood, qui, on s'en souvient, était désormais à l'arrière, note qu'à 10 heures du matin, vingt-deux voiles françaises (pas toute la flotte) pouvaient être déployées. compté *à partir de l'en-tête* ; Cornwallis, plus au vent, pouvait en compter trente-trois. Trainude, une autorité française, dit qu'à cette époque presque tous les Français avaient doublé les Saintes, c'est-à-dire qu'ils étaient au vent d'elles, et il semblait que de Grasse pourrait réussir à repousser son poursuivant. Malheureusement, deux navires, le *Magnanime* 74 et le *Zélé* 74, dont ce dernier avait perdu son mât principal, se trouvaient à plusieurs milles sous le vent du corps principal français. Il fallait retarder ou larguer ces navires. Encore une fois, des circonstances insignifiantes conspirèrent pour provoquer un grand désastre, et de Grasse se précipita pour couvrir les navires paralysés ; perdant ainsi une grande partie de son terrain durement gagné, et entraînant un nouveau malheur cette nuit-là. Rodney s'accrochait obstinément, s'appuyant sur le chapitre des accidents, comme quelqu'un qui sait que tout arrive à celui qui endure. Certes, il ne pouvait pas faire grand-chose d'autre ; pourtant, il mérite le mérite de son industrie et de son courage inlassables. Dans l'après-midi, les signaux notés dans les journaux britanniques — pour appeler tous les croiseurs et pour que la flotte se rapproche — attestent silencieusement le mouvement de Grasse en se rapprochant.

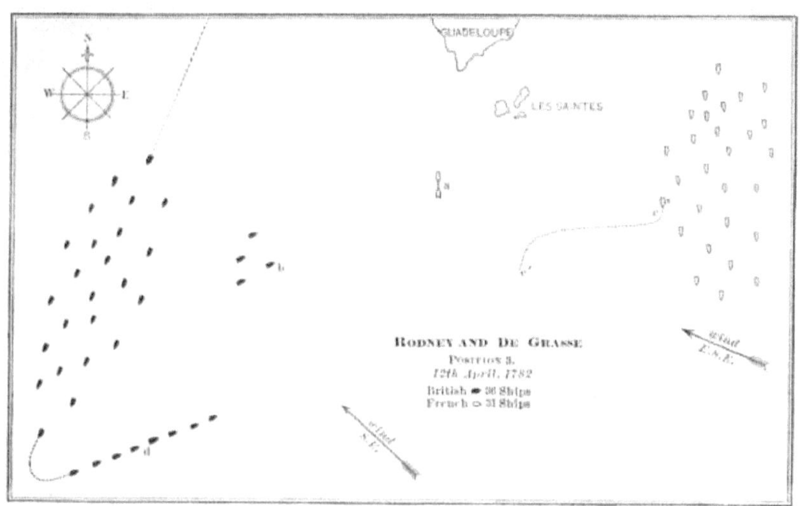

Rodney et De Grasse, 9 et 12 avril 1782
Figure 3

Dans la nuit du 12 avril à 2 heures du matin, le vaisseau amiral du *Zélé* et de Grasse, le *Ville de Paris* , 110, traversant sur des bords opposés, entre en collision. Le premier a perdu le mât de misaine et le beaupré. Il a été déclaré par John Paul Jones, qui, avec la permission du Congrès, s'embarqua quelques mois plus tard à bord de la flotte française comme volontaire, et entendit sans doute ainsi de nombreux récits personnels, que cet accident était dû au manque d'officiers de quart dans la flotte. Marine française ; le pont du *Zélé* étant chargé d'un jeune enseigne, au lieu d'un lieutenant expérimenté. Il fallait débarrasser immédiatement la flotte du *Zélé* , *sinon une action ne pouvait être évitée ;* une frégate fut donc appelée pour le remorquer, et les deux durent se diriger vers la Guadeloupe, tandis que les autres reprenaient la route au vent. A 5 heures du matin, elle et la frégate étaient de nouveau en route, se dirigeant vers la Guadeloupe, au nord-ouest, parcourant cinq à six milles (Position 3, a) ; mais dans l'intervalle ils étaient restés presque immobiles, et par conséquent, lorsque le jour se leva à 5 heures 30, ils n'étaient plus qu'à deux lieues du *Barfleur* , le vaisseau amiral de Hood, qui, toujours sur les derrières britanniques, se tenait alors au sud sur bâbord amure. Le corps des Français (position 3) était à peu près à la même distance que la veille au soir, soit dix à quinze milles, mais la *ville de Paris* (c) n'en dépassait pas huit. Juste avant 6 heures du matin, Rodney fit signe à Hood, qui était le plus proche, de poursuivre le *Zélé* ; et quatre des navires les plus en arrière de la ligne furent détachés à cet effet (b). De Grasse, voyant cela, fit signe à ses navires à 6 heures du matin de fermer le vaisseau amiral, mettant toutes les voiles ; et lui-même fonça vers l'ouest (cc'), sur bâbord amures, mais en liberté, pour effrayer les poursuivants de Rodney. L'amiral britannique les a gardés à l'écart jusqu'à 7 heures, date à laquelle de Grasse était assez engagé dans son faux pas. Tous les croiseurs furent alors appelés et la ligne fut fermée à un seul câble. Au bout d'une heure, on entendit le coup de canon de la grande bataille, connue depuis sous les noms de 12 avril, ou des Saintes, et, dans la marine française, de Dominique. Les pertes successives des *Caton* , *Jason* et *Zélé* , avec le détachement précédent des deux navires de 50 canons du convoi, avaient réduit les effectifs français de trente-cinq à trente bâtiments effectifs. Les trente-six Britanniques restèrent intacts.

Les Britanniques semblent s'être tenus au sud, bâbord amures, à la lumière du jour ; mais, peu de temps après avoir envoyé les poursuivants, Rodney avait ordonné que la ligne de relèvement (d'un navire à l'autre) soit du nord-nord-est au sud-sud-ouest, évidemment en préparation d'une ligne de bataille au plus près sur tribord. virer de bord, cap Nord dans un vent d'Est. De manière assez inhabituelle, le vent ce matin-là est resté au sud-est pendant un certain temps, permettant aux Britanniques de se placer aussi haut que l'est-nord-est sur tribord amure (position 3, d), sur laquelle ils se trouvaient lorsque la bataille s'est engagée ; et cette circonstance, étant très favorable pour gagner au vent, c'est-à-dire à l'est, conduisit sans doute à annuler le signal de la ligne de relèvement, une demi-heure après qu'il fut fait, et à lui substituer la ligne de bataille. en avant sur un câble. On peut en déduire que le premier objectif de Rodney était de virer de bord ensemble, rétablissant ainsi Hood dans la camionnette, sa station naturelle ; mais le fait que le vent soufflait vers le sud plaçait l'avant-garde - régulièrement à l'arrière - le plus au vent, et rendait opportun de virer de bord successivement, au lieu de tous ensemble, préservant ainsi pleinement l'occasion que le hasard avait offerte pour atteindre l'endroit. ennemi. Lors de l'engagement, Hood commandait donc à l'arrière et le contre-amiral Drake dans la camionnette. Le vent des Français semble avoir été plus à l'est que celui des Britanniques, ce qui n'est pas une circonstance inhabituelle dans le voisinage de la terre.

Comme Rodney, malgré sa hâte, s'était formé de temps en temps en ligne au cours des trois derniers jours, sa flotte était maintenant en bon ordre, et ses signaux se bornaient principalement à la maintenir fermée. Les Français, en revanche, furent grandement dispersés lorsque leur commandant en chef, dans un élan de jugement précipité et déséquilibré, abandonna sa politique prudente antérieure et les poussa à l'action. Certains d'entre eux se trouvaient à plus de dix milles au vent du vaisseau amiral. Bien qu'ils se soient rassemblés pour le rejoindre, il n'y a pas eu assez de temps pour que tous prennent correctement leur poste, entre le jour et 8 heures du matin, lorsque les tirs ont commencé. « Notre ligne de bataille s'est formée sous le feu de la mousqueterie 116 », écrit le marquis de Vaudreuil, commandant en second, qui, étant à cette occasion en arrière de la flotte, et par conséquent parmi les derniers engagés, avait d'excellentes possibilité d'observation. Au début, il était au pouvoir de de Grasse de différer l'action, jusqu'à ce que l'ordre soit formé, en retenant son souffle sous une toile courte ; tandis que la simple vue de ses navires se précipitant pour l'action aurait contraint Rodney à faire appel aux navires poursuivant le *Zélé*, dont le sauvetage était le seul motif de la manœuvre française. Au lieu de cela, le vaisseau amiral français s'est tenu à l'abri du vent ; ce qui a précipité la collision, tout en retardant les préparatifs nécessaires à sa poursuite. A cela de Grasse ajouta une autre faille en se formant sur bâbord amures, à l'opposé de celle sur laquelle se trouvaient les Britanniques, et en se plaçant vers le sud en direction de la Dominique. Cela avait pour effet d'amener ses navires dans les calmes et les vents déconcertants qui s'accrochent au rivage, les privant ainsi de leur puissance de manœuvre. Son objectif était probablement de limiter l'engagement à un simple passage sur des bords opposés, par lequel, dans tous les cas précédents, les Français avaient contrecarré l'action décisive recherchée par Rodney. Néanmoins, la bévue fut immédiatement évidente aux yeux des Français. "Quel mauvais génie a inspiré l'amiral ?" s'écria du Pavillon, capitaine de pavillon de Vaudreuil, qui passait pour un des meilleurs tacticiens de France et qui tomba dans la bataille.

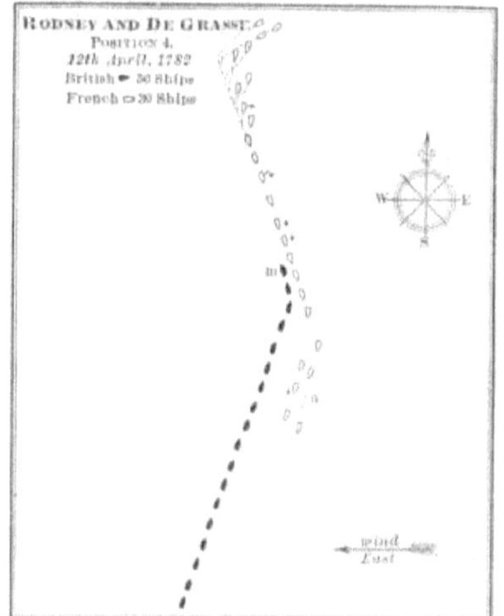
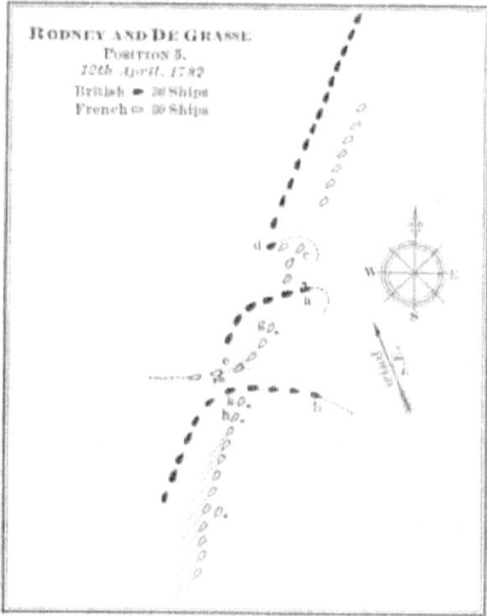

Rodney et De Grasse, 9 et 12 avril 1782
Figures 4 et 5

Alors que les deux lignes se rapprochaient l'une de l'autre, debout, le sud français, l'est-nord-est britannique, le vent revint à l'est, permettant aux Français de se diriger plus haut, au sud-sud-est, et renversant les Britanniques. direction nord-nord-est (Position 4). La tête de la colonne française passa ainsi hors de portée du canon, à travers la proue du navire de tête de Rodney, le *Marlborough* , (m), qui arrivait à portée lorsqu'il était à hauteur du huitième navire. Les premiers coups de feu furent tirés par le *Brave*

, 74, neuvième de la ligne française, à 8 heures du matin. Le capitaine britannique releva alors son gouvernail et courut lentement, nord-nord-ouest, sous le vent des Français, vers leurs arrières. Le reste de la flotte britannique le suivit. La bataille prit ainsi la forme de passages en directions opposées sur des lignes parallèles ; sauf que les navires français, à mesure qu'ils franchissaient successivement le point où la colonne britannique heurtait leur ligne, se retireraient du feu, leur route s'écartant désormais de celle de l'approche britannique. L'effet de ceci serait que l'arrière britannique, lorsqu'il atteindrait ce point, serait frais, n'ayant subi aucun feu, et avec cet avantage rencontrerait l'arrière français, qui avait déjà reçu le feu de l'avant-garde et du centre britanniques. Pour éviter cela, en mettant sa propre camionnette en action, de Grasse a fait signe aux navires-fourgonnettes de se diriger vers le sud-sud-ouest, parallèlement au nord-nord-est britannique (4, a). L'engagement devint ainsi général sur toute la ligne ; mais il est probable que l'avant-garde française n'a jamais été bien formée. Son commandant, en tout cas, arriva à son poste plus tard que le commandant de l'arrière. [117]

À huit heures cinq, Rodney fit un signal général pour une action rapprochée, suivi immédiatement d'un autre pour que les navires de tête se dirigent d'un point vers tribord - vers l'ennemi - ce qui indique qu'il n'était pas satisfait de la distance prise en premier par le *Marlborough* . Le *Formidable* , son vaisseau amiral, dix-huitième de la colonne, commença à tirer à 8 h 23 ; [118] mais le *Barfleur* , le vaisseau amiral de Hood, qui était le trente et unième, ne fut qu'à 9 h 25. Cette différence de temps doit s'expliquer principalement par les airs légers près de la Dominique, contrastant avec les nouveaux alizés dans le chenal ouvert au nord, que les principaux navires britanniques sentaient devant leurs arrières. De Grasse avait maintenant, trop tard, compris l'effet désastreux que cela aurait sur sa flotte. S'il échappait à tout le reste, ses navires, déconcertés par le calme et les coups de chat alors que les Britanniques avaient une brise, devraient perdre la jauge météorologique, et avec elle l'espoir d'échapper à la poursuite, jusqu'ici sa principale préoccupation. A deux reprises, il fit signe de porter, d'abord tous ensemble, puis successivement, mais, bien que les signaux fussent vus, ils ne purent être obéis lorsque l'ennemi se trouvait sous le vent. « La flotte française, commente justement Chevalier, n'avait plus de liberté de mouvement. Une flotte ne peut pas côtoyer la flotte ennemie à portée de mousquet sous le vent.

Le mouvement s'est donc poursuivi comme décrit, les navires opposés « glissant » lentement les uns sur les autres jusqu'à environ 9 h 15, lorsque le vent est soudainement revenu au sud-est . La nécessité de garder les voiles pleines forçait la proue de chaque navire français vers l'ennemi (position 5), détruisant l'ordre en colonne et jetant la flotte en échelon ou, comme on disait alors, en ligne d'étrave et de *quart* . Les Britanniques, au contraire, étaient libres soit de maintenir leur cap, soit de se diriger vers l'ennemi. Le vaisseau amiral de Rodney (5, a) lofa et traversa la ligne française juste à l'arrière du *Glorieux* , 74, (g), qui était le dix-neuvième de leur ordre. Elle était suivie de cinq navires ; et son prochain en tête également, le *duc* (d), voyant le mouvement de son chef, l'imita, perçant la ligne derrière le vingt-troisième Français. Le *Glorieux* , à tribord de la petite colonne de Rodney, reçut ses bordées successives. Ses mâts principaux et d'artimon sont passés par-dessus bord à 9 h 28, alors que le *Canada* , troisième à l'arrière du *Formidable* , venait de le dépasser ; et quelques instants plus tard, son mât de misaine et son beaupré tombèrent. À 9 h 33, le *Canada* était au vent de la ligne française. Le vaisseau amiral *Formidable* utilisait ses deux bordées pour briser l'ordre de l'ennemi. Sur son bâbord, entre elle et le *duc* , se trouvaient quatre navires français entassés les uns contre les autres (c), dont l'un avait payé à contresens ; c'est-à-dire qu'après que le changement de vent l'ait prise au dépourvu, ses voiles s'étaient remplies sur le bord opposé à celui du reste de sa flotte. Ces quatre-là, recevant de près les bordées répétées du *Formidable* , *du Duc* et de *Namur* , et ayant subi en outre le feu de l'avant-garde britannique, furent très-sévèrement mutilés. Pendant que ces choses se produisaient, le *Bedford* , le sixième à l'arrière du *Formidable* , peut-être incapable de voir son prochain devant dans la fumée, avait lofé indépendamment (b), et était suivi par les douze navires britanniques les plus en arrière, qu'il conduisait à travers la frontière française. ordre à l'arrière du *César* , 74, (k), douzième du fourgon. Ce navire et son prochain, le *Hector* , 74, (h), ont souffert tout comme le *Glorieux* . Le *Barfleur* , qui se trouvait au centre de cette colonne de treize, ouvre le feu à 9h25. À 10 h 45, elle « a cessé de tirer, après avoir dépassé les fourgons ennemis » ; c'est-à-dire qu'elle était bien du côté météorologique de la flotte française. Cependant, certains des derniers éléments de la division Hood étaient encore engagés à midi ; mais probablement tous étaient alors au vent de l'ennemi.

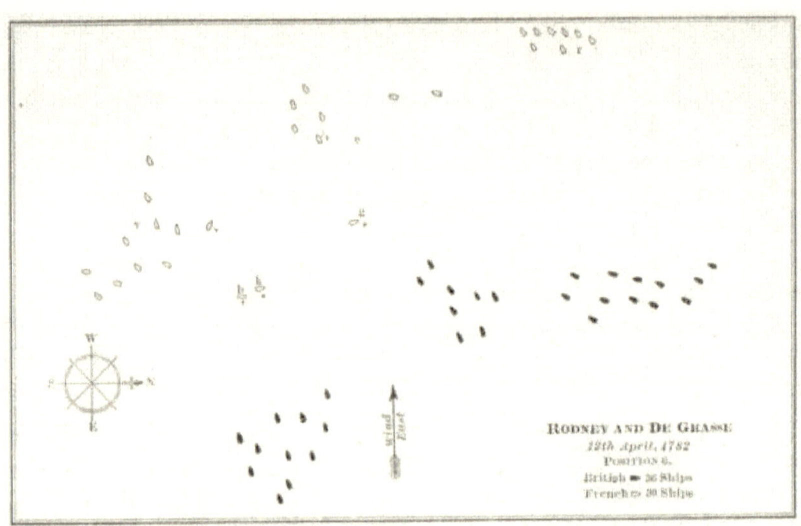

Rodney et De Grasse, 9 et 12 avril 1782
Figure 6

Les navires britanniques devant le *Duke*, l'avant-garde et une partie du centre, au total seize voiles, avaient continué à se tenir vers le nord. Au moment où Rodney franchit la ligne, plusieurs d'entre eux devaient avoir dépassé l'arrière français et hors de combat. L'un, l'*America*, le douzième de l'avant-garde, porta sans signaux pour poursuivre l'ennemi, et son exemple fut immédiatement suivi par le navire suivant, le *Russell*, capitaine Saumarez. Aucun signal ne suivit, l'*America* porta et suivit à nouveau ses leaders, mais le *Russell* continua comme il était, maintenant au vent des Français ; grâce à quoi elle put prendre une part remarquable aux scènes finales. À 11 h 33, Rodney fit signe à la camionnette de virer de bord, mais le retard d'une heure ou plus avait donné au *Russell* un avantage sur les autres navires de sa division « vers l'ennemi » qui ne put être surmonté.

L'effet de ces divers événements avait été de transférer la jauge météorologique, la position d'attaque, aux Britanniques des Français, et de diviser ces derniers également en trois groupes largement séparés et désordonnés (Position 6). Au centre se trouvait le vaisseau amiral *Ville de Paris* avec cinq navires (c). Au vent d'elle, et à deux milles de distance, se trouvait l'avant-garde d'une douzaine de navires (v). L'arrière était à quatre milles sous le vent (r). Pour rétablir l'ordre, et relier à nouveau la flotte, il fut décidé de se reformer sur les navires les plus sous le vent ; et plusieurs signaux à cet effet furent faits par de Grasse. Ils n'en reçurent qu'une exécution imparfaite. Les navires maniables réussissaient assez facilement à courir devant le vent sous le vent, mais, une fois là, l'exactitude de la position et du mouvement était inaccessible aux navires dans divers degrés d'incapacité, avec des vents latéraux légers et déroutants. Les Français ne furent plus jamais en ordre après que le vent eut tourné et que la ligne fut rompue ; mais le mouvement sous le vent laissa les démâtés *Glorieux* , (g), *Hector* , (h), et *César* , (k), immobiles entre les lignes ennemies.

On a remarqué, de manière désobligeante, que la flotte britannique était également divisée en trois par la manœuvre de rupture de ligne. C'est vrai; mais l'avantage lui restait incontestablement, à deux égards. A la faveur du vent, chacun des trois groupes avait pu maintenir sa formation générale en ligne ou en colonne, au lieu d'être entièrement rejeté, comme le furent les Français ; et passant ainsi en colonne le long du *Glorieux* , *de l'Hector* et *du César* , ils infligeèrent à ces trois navires une concentration de dégâts qui n'avait pas d'équivalent parmi les navires britanniques. Les Français avaient en effet perdu trois navires, ainsi que le vent. A ces inconvénients certains s'ajoute probablement une démoralisation des équipages français, du fait des pertes beaucoup plus lourdes résultant de la pratique britannique du tir sur la coque. Un officier présent lors de l'action a déclaré par la suite à Sir John Ross [121] que les Français avaient tiré très haut tout au long du combat ; et il a cité à titre d'illustration que les trois camions [122] du British *Princesa* avaient été abattus. Sir Gilbert Blane, qui, bien que médecin de la flotte, a obtenu la permission d'être sur le pont pendant toute la durée de l'action, a écrit dix jours après : « Je peux affirmer, d'après ma propre observation, que le feu français ralentit à mesure que nous approchons et qu'il est totalement silencieux lorsque nous sommes proches." Il va sans dire qu'une supériorité marquée du feu fera taire celui de l'ennemi le plus courageux ; et la pratique consistant à viser les espars et les voiles, même si elle était adaptée pour contrecarrer une approche, concédait substantiellement cette supériorité dont dépend l'issue d'une bataille décisive. Pour illustrer ce résultat, la perte britannique sera indiquée ici. Il n'y eut que 243 tués et 816 blessés dans une flotte de trente-six voiles. Le chiffre le plus élevé sur un navire était celui du *Duke* , 73 tués et blessés. Aucun compte rendu certain, ni même une estimation très probable, de la perte française n'a jamais été donné. Aucun n'est cité par les autorités françaises. Sir Gilbert Blane, qui était favorablement placé pour le renseignement, estimait celui de la seule *Ville de Paris* à 300. Les hommes étant répartis sur les vaisseaux de la flotte, cinquante-quatre cents hommes, les pertes seraient proportionnellement plus nombreuses ; mais, même en tenant compte de cela, il ne fait aucun doute que la perte des Français, pour reprendre les mots de Chevalier, « fut certainement beaucoup plus considérable » que celle rapportée par les Britanniques. Six post-capitaines sur trente furent tués, contre deux Britanniques sur trente-six.

Rodney n'a pas fait un usage adéquat de la grande opportunité que lui avait offerte le hasard plutôt que le dessein le 12 avril à midi. Il accorda une certaine liberté de manœuvre, en supprimant l'ordre de la ligne de bataille ; mais le signal d'action rapprochée, levé à 13 heures, fut descendu une demi-heure plus tard. Hood, qui réalisait les conditions clairement visibles, ainsi que les déductions raisonnables qui en découlaient, souhaitait que l'ordre soit donné pour une poursuite générale, qui aurait appliqué l'aiguillon de l'émulation à chaque capitaine présent, sans renoncer à l'emprise que des signaux particuliers confèrent aux mouvements indiscrets. . Il blâma amèrement l'incapacité de l'amiral à donner cet ordre. Si cela avait été fait, il aurait dit :

"Je suis très sûr que nous aurions dû avoir vingt voiles des navires ennemis avant la nuit. Au lieu de cela, il a poursuivi uniquement sous ses huniers (parfois sa voile d'avant était déployée et à d'autres moments son hunier d'artimon en arrière) la plus grande partie de l'après-midi, bien que l' ennemi *volant* avait toutes les voiles déployées que son état très brisé lui permettait. 123

Faire le signal d'une poursuite générale dépassait la compétence d'un jeune amiral ; mais Hood fit ce qu'il pouvait, en signalant à plusieurs reprises aux navires individuels de sa propre division de faire plus de voile, en mettant tout ce qu'il pouvait sur le *Barfleur* et en sortant ses bateaux pour remorquer sa tête. Sir Gilbert Blane donne involontairement une impression similaire de laxisme.

"Après avoir coupé la ligne française, l'action pendant le reste de la journée fut partielle et décousue, l'ennemi ne pouvant jamais se former, et plusieurs de [nos] navires étant obligés de rester à l'écart et de réparer leurs avaries. Comme signal pour la ligne était maintenant descendue, chaque navire ennuyait l'ennemi comme leurs commandants respectifs le jugeaient le mieux. 124

À cet abandon indolent des capitaines à eux-mêmes, le remède le plus correct était, comme l'indiquait Hood, l'ordre d'une poursuite générale, complétée par une surveillance vigilante, qui devait arrêter les excès de témérité et stimuler les excès de prudence. Si le récit de Hood sur la voile portée par Rodney est exact, le commandant en chef n'a même pas donné le meilleur exemple. Dans cette poursuite languissante, les trois navires français paralysés furent révisés, et durent bien sûr frapper ; et un quatrième, l' *Ardent* , 64 ans, fut pris en raison de sa navigation indifférente. Vers le coucher du soleil, le vaisseau amiral *Ville de Paris* , 110, 125.le plus beau navire de guerre à flot, ayant été vaillamment défendu contre une foule d'ennemis pendant une grande partie de l'après-midi, et ayant dépensé toutes ses munitions, abaissa ses couleurs. Les deux navires britanniques alors immédiatement engagés avec elle furent le *Russell* et le *Barfleur* , le vaisseau amiral de Hood, auquel elle se rendit formellement ; le moment exact, noté dans le journal de Hood, étant 18h29

A 6 h 45, Rodney donne le signal à la flotte de se mettre en ligne et de s'arrêter sur bâbord amure, et il reste couché toute la nuit, tandis que les Français continuent de battre en retraite sous les ordres du marquis de Vaudreuil, qui par la capture de Grasse, il était devenu commandant en chef. Pour cette délibération décontractée, Hood avait également de fortes paroles de condamnation.

"Pourquoi a-t-il amené la flotte parce que la *Ville de Paris* a été prise, je ne peux pas le comprendre. Il n'a pas poursuivi sous voiles faciles, pour ne jamais avoir perdu de vue l'ennemi dans la nuit, ce qui aurait clairement et sans aucun doute permis lui avoir pris presque tous les navires le lendemain... Si j'avais eu l'honneur de commander la noble flotte de Sa Majesté le 12, je peux, sans grande imputation de vanité, dire que le drapeau de l'Angleterre aurait dû maintenant orner la poupe du *plus* de vingt voiles des navires de ligne ennemis. [126]

De telles critiques émanant de personnes non responsables doivent généralement être accueillies avec prudence ; mais Hood était, en pensée et en action, un homme tellement au-dessus du commun qu'on ne peut pas les écarter à la légère. On sait que son opinion a été partagée par Sir Charles Douglas, capitaine de la flotte de Rodney ; [127] et leur conclusion est étayée par les déductions à tirer des propres hypothèses de Rodney quant à la condition des Français, comparées aux faits connus. L'ennemi, écrit-il, en expliquant les raisons pour lesquelles il ne poursuivait pas , « s'en alla en *corps serrés* [128] et aurait pu vaincre, par rotation, les navires qui les avaient suivis ». "L'ennemi *qui partait à la tête d'un corps de vingt-six navires de ligne* , [128], aurait pu, en ordonnant à deux ou trois de ses meilleurs voiliers ou frégates d'avoir montré des lumières de temps en temps, et en changeant de cap, avoir incité les Britanniques à flotte pour les avoir suivis , tandis que le gros de leur flotte, en cachant leurs lumières, aurait pu tirer le vent et avoir été loin au vent à la lumière du jour, et intercepter les navires capturés et les navires les plus paralysés des Anglais ; et il ajoute que les îles du Vent auraient même pu être menacées. On peut admettre avec prudence qu'une telle action était, dans une certaine mesure, possible à une flotte bien conditionnée ; mais c'était extrêmement improbable pour une flotte chancelante sous un coup pareil que celui que le jour avait vu, qui avait changé de commandant juste au moment où la nuit tombait, et était largement dispersée et désordonnée jusqu'au moment où les signaux des drapeaux devenaient invisibles.

Mais les faits étaient en totale contradiction avec ces ingénieuses suppositions. Au lieu d'être connecté, comme le représente Rodney, de

Vaudreuil n'avait avec lui le lendemain matin que dix navires ; et pas d'autres pendant toute la journée du 13. Il fit voile vers le cap François et fut rejoint en route par cinq autres, de sorte qu'à aucun moment il n'y eut plus de quinze [129] navires de ligne français ensemble, avant son arrivée à ce port le 25 avril. Il y trouva quatre autres de la flotte. Le récit de vingt-cinq survivants, sur les trente engagés le 12 avril, fut complété par six qui étaient partis à Curaçao, et qui ne revinrent qu'en mai. Voilà pour le corps étroitement connecté des Français. Il est donc clair que les raisons de Rodney illustrent l'état d'esprit contre lequel Napoléon avait l'habitude de mettre en garde ses généraux en les accusant de « se faire une idée » des possibilités ; et que sa conclusion était, au mieux, basée sur l'idée ruineuse, qu'une imagination débordante ou un caractère paresseux est enclin à se présenter, selon laquelle la guerre peut être rendue décisive sans courir de risques. Le fait que la Jamaïque ait été sauvée n'est pas dû à cette belle mais indécise bataille, mais à l'hésitation des alliés. Lorsque de Vaudreuil atteignit le cap François, il y trouva le convoi français arrivé sain et sauf de Guadeloupe, ainsi qu'un corps de quinze navires de ligne espagnols. Les troupes disponibles pour la descente sur la Jamaïque étaient de quinze à vingt mille hommes. Hood pourrait bien écrire : « Si le jugement de Sir George Rodney, après que l'ennemi eut été si totalement mis en fuite, avait été proportionné au grand courage, au zèle et à l'effort, si manifestement démontrés par chaque capitaine, toutes les difficultés auraient maintenant été à la *hauteur* . une fin. Nous aurions pu faire ce que nous voulions, au lieu d'être à cette heure sur la défensive. [130]

Les alliés, pourtant supérieurs en nombre, n'osèrent pas assumer l'offensive. Après la bataille, Rodney resta près de la Guadeloupe jusqu'au 17 avril, réaménageant et fouillant les îles voisines, au cas où la flotte française aurait pu pénétrer dans l'une d'entre elles. Pendant la majeure partie de ce temps, les Britanniques furent encalminés, mais Hood remarque qu'il y avait eu suffisamment de vent pour parcourir vingt lieues vers l'ouest ; et là, on aurait probablement trouvé plus de vent. Le 17, Hood fut détaché à sa poursuite avec dix voiles de ligne ; et un jour ou deux plus tard, Rodney lui-même partit pour la Jamaïque. Laissé à sa propre discrétion, Hood poussa vers le passage de Mona, entre Porto Rico et Saint-Domingue, transportant des voiles à clous en bas et en haut dans sa hâte. À l'aube du 19, il aperçut l'extrémité ouest de Porto Rico ; et peu après, une petite escadre française fut aperçue. Une poursuite générale aboutit à la capture des *Jason* et *Caton* , soixante-quatre, qui s'étaient séparés de leur flotte avant la bataille et se dirigeaient vers le Cap François. Une frégate, l'*Aimable* , 32, et un sloop, le *Cérès* , 18, furent également pris. En rapportant cette affaire à Rodney, Hood s'est mis en colère contre son supérieur. « C'est une circonstance bien mortifiante de vous raconter, Monsieur, que la flotte française que vous avez mise en fuite le 12 a traversé le canal de Mona le 18, la veille seulement avant que j'y sois. [131] Une autre preuve de l'utilité de la poursuite, évoquée ici, réside dans le fait que Rodney, partant six jours plus tard que de Vaudreuil, atteignit la Jamaïque le 28 avril, trois jours seulement après que les Français soient entrés au Cap François. Il avait donc gagné trois jours en quinze jours. Ce qui n'aurait pas pu être fait par une poursuite infatigable ! Mais une remarque enregistrée par Hood résumait l'état d'esprit qui dominait Rodney : « J'ai déploré auprès de Sir George le 13 que le signal d'une poursuite générale n'ait pas été donné alors que celui de la ligne était descendu et qu'il n'a pas continué à poursuivre de manière à garder la vue de l'ennemi toute la nuit, ce à quoi il se contenta de répondre : « Venez, nous avons très bien fait ce qui est. »[132]

Rodney resta en Jamaïque jusqu'au 10 juillet, date à laquelle l'amiral Hugh Pigot arriva d'Angleterre pour le remplacer. Ce changement était la conséquence de la chute du ministère de Lord North, en mars 1782, et avait été décidé avant que la nouvelle de la victoire parvienne à l'Angleterre. L'amiral Keppel devient désormais le chef de l'Amirauté. Rodney rentra chez lui depuis Port Royal le 22 juillet ; et avec son départ, on peut dire que la guerre aux Antilles et en Amérique du Nord est terminée. Pigot partit presque immédiatement pour New York et resta dans les eaux nord-américaines jusqu'à la fin octobre, date à laquelle il retourna à la Barbade, après avoir d'abord détaché Hood avec treize navires de ligne de la flotte principale, pour naviguer au large du Cap François. Il est intéressant de noter qu'à cette époque, Hood emmenait avec lui depuis New York la frégate *Albemarle*, 28 ans, alors commandée par Nelson, qui servait sur la station nord-américaine. Ces divers mouvements étaient dictés par ceux de l'ennemi, soit réels, soit supposés envisagés ; car c'était une partie inévitable des effets néfastes du succès le plus imparfait de Rodney que le fait que la flotte britannique se trouvait désormais sur la défensive pure, avec toutes les perplexités de celui qui attend l'initiative d'un adversaire. Mais rien n'arriva de leur part, car la guerre ne faisait plus que s'attarder dans sa stupeur mortelle. La défaite de Grasse, si partielle soit-elle ; l'abandon de l'entreprise sur la Jamaïque ; l'échec de l'attaque contre Gibraltar ; et le succès de Howe dans le ravitaillement de cette forteresse, tout cela avait ôté tout cœur aux Français et aux Espagnols ; tandis que la supériorité numérique des alliés, bien qu'inefficacement utilisée jusqu'ici, pesait lourdement sur l'imagination du gouvernement britannique, qui avait maintenant abandonné tout espoir de soumettre ses colonies américaines. À la conclusion de la paix, en 1783, Pigot et Hood retournèrent en Angleterre, quittant la station des Îles-sous-le-Vent sous le commandement du contre-amiral Sir Richard Hughes, un officier dont l'histoire ne se souvient que grâce au refus de Nelson d'obéir à ses ordres de ne pas faire respecter la paix. Actes de navigation, en 1785.

Note de bas de page 105 :

James Saumarez, Lord de Saumarez, GCB Born, 1757. Commandant, 1781. Capitaine, 1782. Capitaine de *Russell* dans l'action de Rodney, 1782. Fait chevalier pour la capture de la frégate *Réunion* , 1793. Capitaine d' *Orion* dans l'action de Bridport, à Saint-Vincent, et sur le Nil (quand il était commandant en second). Contre-amiral et baronnet, 1801. Vaincu les Français et les Espagnols au large de Cadix, le 12 juillet 1801. Vice-amiral, 1805. Vice-amiral d'Angleterre et pair, 1831. Décédé en 1836.

Note de bas de page 106 :

Antée , p. 183 .

Note de bas de page 107 :

Probablement *prudent* , 64 ans. Il n'y avait pas *de président* dans la flotte.

Note de bas de page 108 :

Les heures et les mouvements généraux sont rassemblés à partir du Hood's Journal et du Log of the *Canada* , publiés par la Navy Records Society. «Lettres de Lord Hood», pp. 64, 86.

Note de bas de page 109 :

Lorsque les navires étaient en ordre de bataille, ou en colonne, près du vent, s'ils viraient tous en même temps, ils seraient toujours rangés sur la même ligne mais se dirigeraient selon un angle par rapport à elle, sur le bord opposé. Cette formation était appelée ligne de proue et de quart, parce que chaque navire avait un camarade sur sa proue – d'un côté et en avant – et un sur sa hanche – sur un côté mais à l'arrière. L'avantage de cela, s'ils se dirigeaient vers l'ennemi, était qu'en virant de nouveau ensemble, ils se retrouveraient à nouveau en colonne ou en ligne en avant, selon l'ordre de bataille habituel.

Note de bas de page 110 :

Des illustrations d'autres phases de cette bataille peuvent être trouvées dans « Influence of Sea Power upon History » de Mahan, pp. 470, 472.

Note de bas de page 111 :

White, « Recherches navales ».

Note de bas de page 112 :

Fort par les renforts tribord, le vent étant du quart tribord. Cela vidait les voiles arrière du vent, neutralisant leur effet et, en faisant bouger le navire plus lentement, le maintenait plus longtemps à la hauteur d'un adversaire ancré.

Note de bas de page 113 :

White, « Recherches navales ».

Note de bas de page 114 :

Antée , p. <u>164</u> .

Note de bas de page 115 :

Sept cent vingt pieds. Pour les navires de ligne de cette époque, cela ferait l'intervalle entre chacun deux d'environ quatre navires. À une vitesse de cinq nœuds, cette distance serait parcourue en environ une minute.

Note de bas de page 116 :

Probablement pas à plus de cent ou deux cents mètres de l'ennemi.

Note de bas de page 117 :

La position, dans l'ordre français, des navires pris dans la bataille, est indiquée par les croix aux positions 4, 5, 6.

Note de bas de page 118 :

du Canada , 8h15 ; réduit aux époques de Hood, qui sont généralement suivies.

Note de bas de page 119 :

Antée , p. <u>200</u> (remarque).

Note de bas de page 120 :

Cet accident est arrivé à trois navires français.

Note de bas de page 121 :

Ross, "Vie de Saumarez", i. 71.

Note de bas de page 122 :

Pièces de bois circulaires qui coiffent le sommet des mâts.

Note de bas de page 123 :

Lettres de Lord Hood, p. 103. Société des archives de la Marine.

Note de bas de page 124 :

Mundy, « La vie de Rodney », ii. 234.

Note de bas de page 125 :

Elle est ainsi notée dans les listes de la marine britannique publiées entre le moment de sa capture et la réception de la nouvelle de sa perte ; mais elle semble avoir porté 120 fusils.

Note de bas de page 126 :

Lettres de Lord Hood, pp. 103, 104.

Note de bas de page 127 :

Voir la lettre de Sir Howard Douglas, fils de Sir Charles ; « United Service Journal », 1834, partie II, p. 97.

Note de bas de page 128 :

Italique de l'auteur ; Mundy, « La vie de Rodney », ii. 248.

Note de bas de page 129 :

Troude. Chevalier dit seize ans, en désaccord avec. Troude quant à l'endroit où se trouve le *Brave* .

Note de bas de page 130 :

Lettres de Lord Hood, p. 136.

Note de bas de page 131 :

Lettres de Lord Hood, p. 134.

Note de bas de page 132 :

Ibid. , p. 104.

CHAPITRE XIII

HOWE REMET À FLOT. LE SECOURS FINAL DE GIBRALTAR
1782

La chute du ministère de Lord North, en plus d'occasionner le rappel de Rodney, fit sortir Lord Howe de sa longue retraite pour commander la flotte de la Manche. Il hissa son drapeau le 20 avril 1782, à bord du *Victory* 100. En raison des diverses directions dans lesquelles les efforts de la Grande-Bretagne durent être déployés, soit pour défendre ses propres intérêts, soit pour écraser les mouvements des nombreux ennemis désormais unis contre elle, les opérations de la flotte de la Manche furent poursuivies pendant quelques mois par des escadres détachées, — dans la mer du Nord, dans le golfe de Gascogne et à l'entrée de la Manche ; Howe avait sous ses ordres plusieurs subordonnés distingués, à la tête desquels, en réputation professionnelle, se trouvaient le vice-amiral Barrington, le ravisseur de Santa Lucia, et le contre-amiral Kempenfelt. Dans la mer du Nord, les Hollandais étaient retenus dans leurs ports ; et un convoi de près de 400 navires marchands en provenance de la Baltique atteignit l'Angleterre sans encombre. Dans le golfe de Gascogne, Barrington, ayant avec lui douze hommes de ligne, découvre et poursuit un convoi chargé de provisions pour la flotte des Indes orientales. L'un des navires de ligne qui l'accompagnait, le *Pégase* , 74 ans, se rendit, après une action nocturne de trois heures avec le *Foudroyant* , 80 ans, le capitaine John Jervis, ensuite comte Saint-Vincent. Sur dix-neuf transports, treize, dont l' *Actionnaire* , était un navire de 64 canons armé *en flûte* , [133] furent pris ; un coup dur pour le grand Suffren, dont la principale difficulté dans l'Inde était l'insuffisance du matériel de guerre, et surtout des espars, dont l' *Actionnaire* transportait un équipement pour quatre navires de ligne. Après le retour de Barrington, Kempenfelt a effectué une croisière similaire mais sans incident d'un mois dans la baie.

Howe lui-même s'est rendu pour la première fois en mer du Nord au mois de mai. Après avoir tenu en échec les Hollandais dans un moment critique, il reçut ensuite l'ordre de se diriger vers l'entrée de la Manche, ne laissant qu'une division dans les Downs. Des informations avaient été reçues selon lesquelles une flotte alliée de trente-deux navires de ligne, dont cinq seulement français, était partie de Cadix au début de juin pour faire une croisière entre Ouessant et Scilly. On s'attendait à ce qu'ils y soient rejoints par un renfort venu de Brest et par l'escadre hollandaise du Texel, soit au total une cinquantaine de lignes, sous le commandement de l'amiral espagnol Don Luis de Cordova. Les Hollandais ne parurent pas, probablement à cause de la démonstration de Howe devant leurs ports ; mais huit navires venus de Brest portaient la flotte alliée à quarante. Pour s'y opposer, Howe partit le 2 juillet avec vingt-deux voiles, dont huit à trois ponts. Avant son retour, le 7 août, il fut rejoint par huit autres ; mais la plupart du temps, soixante-quatre. Avec cette infériorité numérique, l'amiral britannique ne pouvait s'attendre qu'à agir sur la défensive, à moins qu'une opportunité particulièrement favorable ne se présente. Le sujet de préoccupation le plus immédiat était l'arrivée du convoi jamaïcain, alors attendu quotidiennement ; avec lequel, on peut le mentionner, de Grasse retournait également en Angleterre, prisonnier de guerre à bord du *Sandwich* .

Lors de son voyage vers le nord, la flotte alliée capture le 25 juin dix-huit navires d'un convoi britannique à destination du Canada. Quelques jours plus tard, il fut fixé dans les côtes de la Manche, couvrant le terrain d'Ouessant à Scilly. Le soir du 7 juillet, il fut aperçu au large de Scilly par Howe, qui avait alors avec lui vingt-cinq voiles. Les alliés se préparèrent à l'action ; mais l'amiral britannique, possédant une connaissance approfondie des côtes voisines, soit par lui-même, soit par quelques-uns de ses officiers, conduisit la flotte de nuit vers l'ouest par le passage entre Scilly et Land's End. Le lendemain matin, on ne le voyait plus, et l'ennemi, ignorant la manière dont il s'était échappé, fut complètement détourné de sa trace. [134] Howe a rencontré le convoi ; et un fort coup de vent forçant ensuite les alliés vers le sud, lui et la flotte passèrent avec succès et atteignirent l'Angleterre.

Howe reçut maintenant l'ordre de se préparer à lancer des renforts et des fournitures à Gibraltar, qui n'avait pas reçu de secours depuis la visite de Darby, en avril 1781. Pour ce service urgent et critique, il était déterminé à concentrer toute la flotte de la Manche à Spithead, où se trouvaient également les transports. et les navires de ravitaillement reçurent l'ordre de se rendre au rendez-vous. C'est alors qu'il se rassemblait ainsi pour le secours de Gibraltar que se produisit le célèbre incident du *Royal George* , un navire de 100 canons, alors qu'il était gîte pour des réparations sous-marines, débordant et coulant à ses ancres, emportant avec son contre-amiral Kempenfelt et environ neuf cents âmes, dont de nombreuses femmes et enfants. C'était le 29 août 1782. Le 11 septembre, l'expédition partit, cent quatre-vingt-trois hommes en tout ; trente-quatre étaient des navires de ligne, avec une douzaine de croiseurs plus petits, le reste étant des navires non armés. Parmi ces derniers, trente et un étaient destinés à Gibraltar, le reste étant des navires de commerce destinés à différentes parties du monde. Avec une charge aussi étendue, dont le danger avait été souligné par de nombreuses captures de convois pendant la guerre, les progrès de Howe furent lents. On raconte que peu avant d'atteindre le cap Finisterre, mais après un violent coup de vent, le total des cent quatre-vingt-trois voiles fut compté. Après avoir dépassé le Finisterre, les différents « corps de métier » se séparèrent probablement de la grande flotte.

Le 8 octobre, au large du cap Saint-Vincent, une frégate est envoyée en avant pour information. On savait qu'une grande force combinée de navires de guerre se trouvait dans la baie d'Algésiras, en face de Gibraltar, et qu'une attaque contre les ouvrages était envisagée ; mais beaucoup de choses auraient pu se passer entre-temps. En fait, il s'était passé beaucoup de choses. Un violent coup de vent, le 10 septembre, avait chassé une partie de la flotte alliée de ses amarres, un navire, le *San Miguel*, 72 ans, étant contraint sous les batteries de Gibraltar, où il dut se rendre ; mais il restait encore le nombre formidable de quarante-huit navires de ligne, ancrés à quatre milles seulement du point que devaient atteindre les navires de secours. C'était le problème que Howe devait résoudre. Plus importante encore, bien que moins importante pour sa mission, fut la nouvelle encourageante apportée par la frégate, lorsqu'elle rejoignit le 10 octobre, que l'attaque tant attendue avait eu lieu le 13 septembre et avait été repoussée glorieusement et de manière décisive. . Les batteries flottantes espagnoles, fortement protégées, dont on attendait avec confiance le succès, avaient toutes été incendiées et détruites. Si Howe pouvait apporter son secours, la forteresse était sauvée.

L'amiral convoqua aussitôt ses officiers subordonnés, leur donna des instructions complètes et particulières pour cette entreprise capitale, et délivra en même temps, aux capitaines des navires de ravitaillement, des informations précises sur les conditions locales de vent et de courants à Gibraltar, pour leur permettre d'atteindre plus sûrement leur mouillage. Le 11 octobre, étant maintenant proche de sa destination, la flotte fit route vers le détroit, où elle entra à midi avec un bon vent d'ouest. Le convoi partit le premier, naviguant face au vent, il était donc sous le vent de la flotte, dans une position à défendre, et les navires de guerre suivirent à quelque distance en trois divisions, dont l'une était dirigée par Howe lui-même. À 18 heures, les navires de ravitaillement étaient au large de l'embouchure de la baie, avec un vent favorable au môle ; mais, faute d'avoir suivi les instructions données, tous sauf quatre manquèrent l'entrée et furent entraînés vers l'est du Rocher, où la flotte dut bien sûr les suivre.

Le 13, les flottes alliées sortirent, incitées à quitter leur position de commandement à Algésiras par crainte pour deux d'entre elles, qui peu auparavant avaient été repoussées vers l'est. Dans la matinée du même jour, les Britanniques se trouvaient au large des côtes espagnoles, à cinquante milles à l'est de Gibraltar. Au coucher du soleil, on vit les alliés approcher, et Howe forma sa flotte, mais envoya les navires de ravitaillement mouiller aux îles Zaffarine, sur la côte de Barbarie, pour attendre les événements. Le lendemain matin, l'ennemi était proche de la terre ferme vers le nord, mais visible uniquement depuis les têtes de mât ; les Britanniques s'étant apparemment dirigés vers le sud pendant la nuit. Le 15, le vent est venu de l'est, favorable à Gibraltar, vers lequel tous les Britanniques ont commencé à se diriger prudemment. Le 16 au soir, dix-huit membres du convoi étaient en sécurité au môle ; et le 18, tout était arrivé, outre un brûlot avec 1 500 barils de poudre, envoyé par l'amiral sur la réquisition du gouverneur. Durant ces heures critiques, les flottes combinées semblent avoir été hors de vue. Soit intentionnellement, soit par inadvertance, ils s'étaient dirigés vers l'est et y sont restés ; après avoir rallié leurs navires séparés, mais permis à Gibraltar de se réapprovisionner pendant un an. Le 19 au matin, ils apparurent au nord-est, mais le relèvement fut alors accompli et Howe prit la mer. Il n'était pas disposé à se battre au milieu du détroit, gêné par les courants et la terre ; mais une fois dehors, il ramena, — s'arrêta, en reculant quelques-unes des voiles, — pour permettre à l'ennemi d'attaquer s'il le voulait, ayant la jauge météorologique. Le lendemain, 20, vers le coucher du soleil, ils foncèrent et un engagement partiel s'ensuivit ; mais elle fut totalement indécise, et le lendemain ne fut pas renouvelé. La perte britannique s'élève à 68 tués et 208 blessés ; celui des alliés 60 tués et 320 blessés. Le 14 novembre, la flotte regagne Spithead.

Les services rendus à son pays par Howe à cette occasion étaient éminemment caractéristiques des qualités particulières de ce grand officier, en qui s'illustrait au plus haut degré la force solide que peut atteindre un homme non pas brillant, mais très capable, qui se donne du cœur et âme à l'acquisition professionnelle. Chez lui, des connaissances professionnelles profondes et étendues, qui ne sont pas innées mais acquises, s'unissaient à une grande endurance naturelle ; et cette combinaison le convenait parfaitement au rôle que nous l'avons vu jouer dans la baie du Delaware, à New York, avant Rhode Island, dans la Manche et maintenant à Gibraltar. Howe avait la plus grande habileté, la plus grande patience, la plus grande persévérance ; et disposant de ceux-ci, il était particulièrement apte aux opérations défensives, sur la conduite desquelles devait principalement reposer sa renommée bien méritée.

Un véritable et noble hommage a été rendu par un officier français à ce relief de Gibraltar : [135] —

« Les qualités déployées par Lord Howe au cours de cette courte campagne furent à la hauteur de la mission qu'il avait à remplir. Cette opération, l'une des plus belles de la guerre d'Indépendance américaine, mérite un éloge égal à celui d'une victoire. la flotte anglaise était favorisée par les circonstances, — et il est rare que dans de telles entreprises on puisse réussir sans le secours de la fortune — c'était avant tout la rapidité de perception du commandant en chef, l'exactitude de son jugement et la rapidité de son action. ses décisions, qui assuraient le succès.

À cet éloge bien pesé, mais noble, de l'amiral, le même auteur a ajouté des mots dont la marine britannique se souviendra longtemps avec fierté, comme scellant le record de cette guerre, dont le soulagement de Gibraltar a marqué la fin en Europe et en Amérique. des eaux. Après avoir attribué le mérite à l'Amirauté pour la vitesse élevée et uniforme des navires britanniques, et à Howe pour sa compréhension et l'utilisation de cet avantage, le capitaine Chevalier continue :

« Enfin, si l'on en juge par les résultats, le commandant en chef de la flotte anglaise ne pouvait que se croire très heureux dans ses capitaines. Il n'y eut ni séparations, ni abordages, ni pertes ; et il ne se produisit aucun de ces événements. , si fréquent dans les expériences d'une escadre, qui obligent souvent les amiraux à prendre une route tout à fait contraire au but qu'ils ont en vue. En contemplant cette navigation sans problème de l'amiral Howe, il est impossible de ne pas se rappeler les malheureux incidents qui durent de l'époque. Du 9 au 12 avril arriva l'escadre du comte de Grasse... S'il est juste d'admettre que Lord Howe déploya le plus grand talent, il faut ajouter qu'il avait entre ses mains d'excellents instruments.

Pour citer un autre écrivain français : « La quantité a disparu avant la qualité ».

Note de bas de page 133 :

C'est-à-dire avec une grande partie de ses canons démontés et en dessous comme cargaison.

Note de bas de page 134 :

Chevalier, suivant le rapport de La Motte-Picquet, attribue la fuite de Howe à une plus grande rapidité. ("Mar. Fran. en 1778", p. 335.) Il convient de noter que le but de Howe n'était pas simplement de s'échapper vers l'est, en remontant la Manche, en naviguant mieux, mais d'atteindre l'ouest, au-delà des alliés, un exploit *impraticable* . sauvez par un stratagème tel que celui mentionné.

Note de bas de page 135 :

Chevalier, "Mar. Fran, dans la Guerre de 1778", p. 358.

CHAPITRE XIV

LES OPÉRATIONS NAVALES AUX INDES ORIENTALES, 1778-1783. LA CARRIÈRE DU BAILLI DE SUFFREN

Les opérations en Inde, tant navales que militaires, se déroulent par elles-mêmes, sans influence directe sur les transactions ailleurs, et non affectées par celles-ci, sauf dans la mesure où les secours nécessaires étaient parfois interceptés dans les eaux européennes. La cause de cet isolement était l'éloignement de l'Inde de l'Europe ; de quatre à six mois étant nécessaires à une flotte pour le voyage.

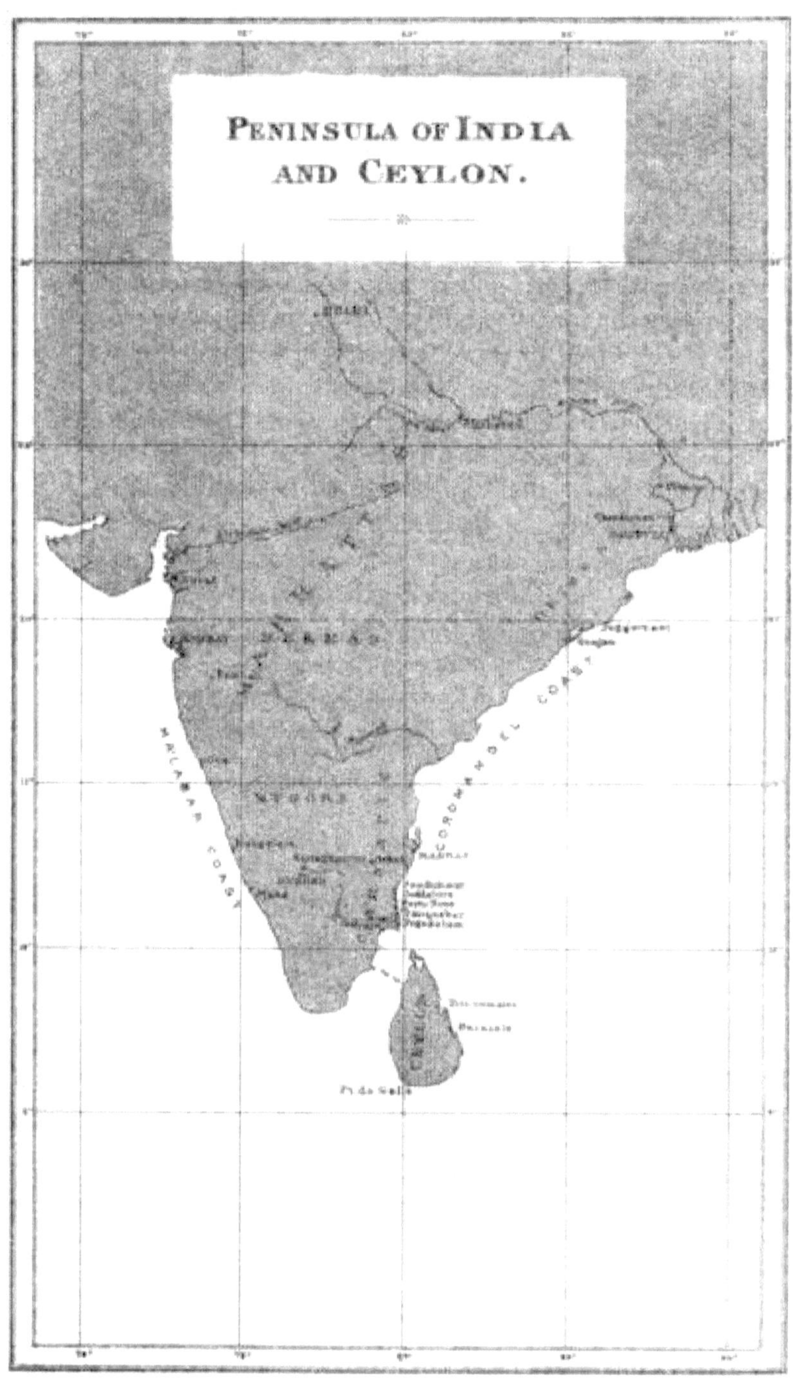

Péninsule indienne et Ceylan

Certaines nouvelles de la guerre entre la Grande-Bretagne et la France parvinrent à Calcutta le 7 juillet 1778. Le même jour, le gouverneur général ordonna des préparatifs immédiats pour attaquer Pondichéry, le principal port maritime des Français. L'armée arriva devant la place le 8 août, et le même jour le commodore sir Edward Vernon jeta l'ancre sur les routes pour le bloquer par mer. Une escadre française, dirigée par le capitaine Tronjoly, peu après être apparue au large, Vernon la poursuivit et le 10, une action s'ensuivit. Les forces engagées étaient à peu près égales, les Français étant légèrement supérieurs ; un navire de 60 canons et quatre navires plus petits se trouvant de chaque côté. Comme les Français entrèrent alors dans Pondichéry, l'avantage immédiat peut leur être concédé ; mais Vernon revenant le 20, Tronjoly quitta bientôt les routes et revint à l'Ile de France. A partir de ce jour, l'escadre britannique fit un blocus serré et, le 17 octobre, Pondichéry capitula .

Le 7 mars 1779, le contre-amiral Sir Edward Hughes s'embarqua pour les Indes orientales avec une petite escadre. Les Français envoyèrent également des navires occasionnels ; mais en 1779 et 1780, ceux-ci n'allèrent pas plus loin que l'Ile de France, leur station navale dans l'océan Indien. La force de Hughes est restée sans opposition pendant ces années. La période était critique, car les Britanniques étaient en guerre contre Hyder Ali, sultan de Mysore, et contre les Mahrattas ; et tout dépendait du commandement de la mer. En janvier 1781, alors que Hughes hivernait à Bombay, l'escadre française du comte d'Orves apparut au large de la côte de Coromandel, mais, malgré les instances d'Hyder Ali, elle refusa de coopérer avec lui. L'esprit différent des deux commandants peut être illustré à partir de documents contemporains.

"Nous avons reçu des informations du fort Saint-Georges concernant une escadre française qui est apparue au large de cet endroit les 25, 26 et 27 janvier, composée de 1 soixante-quatorze, 4 soixante-quatre et 2 cinquante. Ils se sont dirigés vers le sud sans faire aucune tentative. sur cinq Indiens alors sur les routes, avec un certain nombre de navires chargés de céréales et de provisions ; dont la destruction aurait pu être facilement accomplie et aurait été sévèrement ressentie.

"Le 8 décembre, au large de Mangalore", écrit Hughes 137, "j'ai vu deux navires, un grand snow, trois ketchs et de nombreux petits navires ancrés sur la route avec le drapeau de Hyder flottant; et, me tenant à proximité, je les ai trouvés des navires de force et tous armés pour la guerre. J'ai jeté l'ancre le plus près possible, j'ai envoyé tous les bateaux armés, sous le couvert de trois petits navires de guerre, qui ont jeté l'ancre dans quatre brasses d'eau, près des navires ennemis. En deux heures, j'ai pris et incendié les deux navires. , un de 28 et un de 26 canons, et prit ou détruisit tous les autres, sauf un qui, en jetant tout par-dessus bord, s'enfuit par-dessus la barre dans le port. Perdu 1 lieutenant et 10 hommes tués, 2 lieutenants et 51 blessés.

Il est intéressant de noter ces preuves des conceptions de Hughes sur la guerre et l'entreprise navales, si communes qu'elles fussent au service britannique ; car leur caractère positif met en évidence les qualités de son prochain adversaire, Suffren, et sa grande supériorité à cet égard sur la moyenne des officiers français de cette époque.

D'Orves rentre en Ile de France.

Lorsque la guerre avec la Hollande éclata, le gouvernement britannique décida de tenter de s'emparer du cap de Bonne-Espérance. Dans ce but, un escadron d'un 74, un 64 et trois 50, avec de nombreux petits navires, sous les ordres du commodore George Johnstone, convoyant un corps considérable de troupes, quitta l'Angleterre le 13 mars 1781, en compagnie de la flotte de la Manche. sous les ordres du vice-amiral George Darby, alors en route pour soulager Gibraltar. Le gouvernement français, averti à temps de l'expédition, entreprit de la faire échouer ; détaillant à cet effet une division de deux 74 et trois 64, sous le célèbre Suffren. [139] Ces navires quittèrent Brest le 22 mars, avec la flotte de Grasse. Ils transportaient également quelques bataillons de troupes.

Le 11 avril, l'escadre britannique atteint Porto Praya, dans les îles du Cap-Vert. Cette baie est ouverte vers le sud, s'étendant d'est en ouest sur environ un mille et demi, et est dans les limites des alizés du nord-est. Bien que conscient qu'une division française était sur ses traces, et conscient, par les aveux de son rapport, que la protection ne pouvait être attendue de la neutralité de la place, Johnstone permit à ses navires de mouiller sans envisager d'attaquer. Son propre vaisseau amiral, le *Romney* , 50, était tellement entouré d'autres qu'il ne pouvait tirer qu'avec une grande prudence par intervalles. Le 16 avril, à 9 h 30, l' *Isis* 50, qui était la plus extérieure de l'escadre britannique, signala onze appareillages au nord-est. Quinze cents personnes étaient alors à terre, occupées à abreuver, à pêcher, à embarquer du bétail et à s'amuser. Les étrangers étaient la division Suffren. Le commandant français ne s'attendait pas à cette réunion, dont le but en entrant était simplement de compléter l'eau des navires ; mais il se décida aussitôt à attaquer et contourna la pointe est de la baie en colonne, les deux soixante-quatorze en tête, son propre navire, le Héros, en tête avec le signal de bataille (ligne ab) . Traversant ou longeant l'ennemi en désordre jusqu'à ce qu'il atteigne le seul soixante-quatorze d'entre eux, il lofa là au vent, ancrant à cinq cents pieds de la largeur tribord de ce navire (f) qui par une étrange coïncidence portait le même nom. — *Héros* . De cette position, il ouvrit aussitôt le feu des deux côtés. Son prochain arrière, l' *Annibal* (b), s'est approché immédiatement devant lui, mais si près que le *Héros* a dû virer au câble et se laisser tomber en arrière (a), ce qui l'a amené sur le travers du *Monmouth* , 64 [140] (m). Le capitaine de l' *Annibal* avait estimé que l'ordre de bataille était simplement préventif et ne s'était pas autorisé à passer à l'action. Il fut donc pris par surprise, et son navire ne rendit aucun service proportionné à sa force. Le troisième navire français (c) atteignit son poste, mais son capitaine fut frappé mort au moment où il allait jeter l'ancre, et dans la confusion l'ancre ne fut pas lâchée. Le navire a dérivé sur un navire britannique des Indes orientales, qu'il a emmené en mer (c' c"). Les deux Français restants (d, e) ont simplement canonné alors qu'ils traversaient l'embouchure de la baie, échouant par accident ou par maladresse pour atteindre un position efficace.

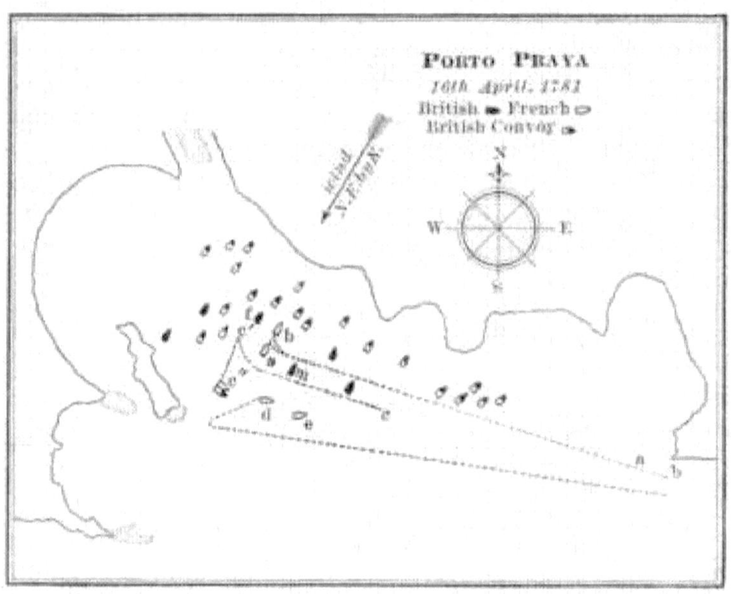

Johnstone et Suffren, Porto Praya, 16 avril 1781

L'attaque est ainsi devenue une simple agitation, dans laquelle les deux soixante-quatorze ont seuls soutenu le côté français. Au bout de trois quarts d'heure, Suffren, voyant que la tentative avait échoué, glissa son câble et prit la mer. L' *Annibal* le suivit, mais il avait été tellement endommagé que tous ses mâts passèrent par-dessus bord ; heureusement, pas avant que sa tête ne soit pointée hors du port. Johnstone, échappant ainsi heureusement aux conséquences de sa négligence, réunit alors ses capitaines pour connaître l'état de leurs navires, puis leur ordonna de couper leurs câbles et de poursuivre. Tous obéirent, sauf le capitaine Sutton de l' *Isis* , qui déclara que les espars et le gréement de son navire ne pouvaient pas supporter les voiles d'un coup. Johnstone lui a alors ordonné de sortir de toute façon, ce qu'il a fait, et son mât avant est rapidement passé par-dessus bord. L'incapacité de ce navire pesait tellement sur le commodore que sa poursuite fut extrêmement lente ; et les Français continuaient à l'entraîner sous le vent, l' *Annibal* ayant mis un peu de toile sur un mât de misaine. La nuit tombait donc lorsque Johnstone s'approcha d'eux ; l' *Isis* et *le Monmouth* étaient à deux ou trois milles en arrière ; la mer grandissait ; s'il s'éloignait beaucoup plus sous le vent, il ne pourrait pas revenir en arrière ; il avait oublié de fixer un rendez-vous où le convoi pourrait rejoindre ; une action de nuit, estimait-il, ne devait pas être envisagée. Pourtant, s'il laissait partir l'ennemi, ils pourraient l'anticiper au Cap. En bref, Johnstone a subi « l'angoisse » d'un homme indécis dans une « situation cruelle » [141] et, bien entendu, il a décidé de ne courir aucun risque. Il revint donc à Porto Praya, fit arrêter le capitaine de l' *Isis* et resta au port quinze jours. Suffren se précipita vers le Cap, y arriva le premier, débarqua ses troupes et protégea la colonie contre toute attaque. Johnstone arriva dans le quartier quelque temps plus tard et, se trouvant anticipé, se tourna vers la baie de Saldanha, où il captura cinq Indiens hollandais des Indes orientales. Il envoya ensuite le *Héros* , *Monmouth* et *Isis* en Inde pour renforcer Hughes, et retourna lui-même en Angleterre.

Aucune accusation de mauvaise conduite ne pèse contre aucun des subordonnés britanniques dans cette affaire de Porto Praya. Le capitaine de l' *Isis* fut traduit en cour martiale et honorablement acquitté de toutes les accusations. Le discrédit de la surprise n'a été racheté par aucune démonstration d'intelligence, d'énergie ou de capacité professionnelle de la part de l'officier responsable. On a dit qu'il n'avait jamais commandé un navire de poste [142] avant de se voir confier cette mission très importante, et il est raisonnablement sûr que sa sélection pour cette mission était due aux attaques qu'il avait lancées contre la conduite professionnelle de Keppel et Howe. lorsque ces amiraux étaient en désaccord avec l'administration. Sa mauvaise gestion absurde n'était donc probablement pas totalement amère pour la Marine dans son ensemble. Sur les navires de guerre britanniques, la perte totale en hommes, comme indiqué, n'était que de 9 tués et 47 blessés. Plusieurs victimes dues à des tirs fortuits ont eu lieu à bord du convoi, portant le total à 36 tués et 130 blessés. Les Français admettent 105 tués et 204 blessés, tous sauf 19 à *Héros* et *Annibal* . Bien que précipitée par Suffren, l'affaire fut clairement une surprise aussi grande pour son escadre que pour les Britanniques. Ces derniers, étant déjà au mouillage et plus nombreux à mesure qu'ils étaient engagés, avaient donc un net avantage ; à quoi ont également contribué les tirs de mousqueterie des transports. Néanmoins, le résultat ne peut être considéré comme honorable pour les capitaines ou les artilleurs français.

Suffren resta deux mois dans les environs du Cap. Puis, après avoir vu la colonie sécurisée, indépendante de son escadre, il partit pour l'Ile de France et y arriva le 25 octobre. Le 17 décembre, toute l'armée française, sous le commandement de d'Orves, s'embarqua pour la côte de Coromandel. En chemin, le navire britannique *Hannibal de 50 canons* , capitaine Alexander Christie, a été capturé. Le 9 février 1782, le comte d'Orves meurt et Suffren se retrouve à la tête de douze navires de ligne : trois 74, sept 64 et deux 50. [144] Le 15, la flotte de Hughes fut aperçue, sous les canons de Madras. Il comptait neuf hommes de ligne : deux 74, un 68, cinq 64 et un 50. Suffren se tenait au sud en direction de Pondichéry, qui était passé au pouvoir d'Hyder Ali. Après la tombée de la nuit, Hughes se mit en route et se dirigea également vers le sud. Il craignait pour Trincomalee, à Ceylan, récemment port hollandais, dont les Britanniques s'étaient emparés le 5 janvier. C'était une position navale précieuse, encore très imparfaitement défendue.

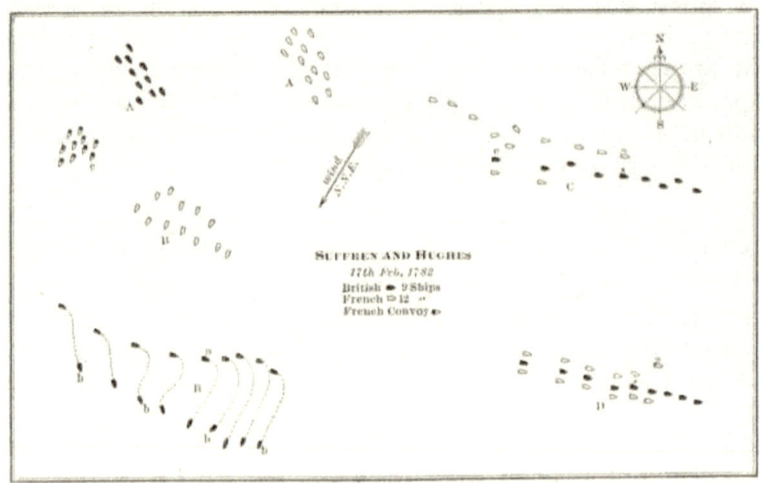

Hughes et Suffren, 17 février 1782

A l'aube, les Britanniques aperçurent l'escadre française à douze milles à l'est (A, A) et ses transports à neuf milles au sud-ouest (c). Hughes a poursuivi ce dernier et en a pris six. Suffren poursuivit, mais ne put rattraper avant le coucher du soleil, et les deux flottes se dirigèrent vers le sud-est pendant la nuit. Le lendemain matin, il y avait des airs légers du nord-nord-est et les Français se trouvaient à six milles au nord-est des Britanniques (B, B). Ce dernier formait une ligne sur bâbord amure (a), se dirigeant vers le large ; Hughes espérait qu'ainsi la brise marine habituelle le trouverait au vent. La brise, cependant, ne soufflait pas comme prévu ; et, comme les souffles du nord-est faisaient tomber l'ennemi, il s'éloigna devant le vent (b) pour donner le temps à ses navires de réduire leurs intervalles, qui étaient trop grands. A 16 heures, l'approche rapprochée des Français l'oblige à former à nouveau une ligne (C), sur bâbord amure, vers l'est. Le navire arrière, *Exeter*, 64 (e), a été laissé séparé, faute de soutien de ceux qui le précédaient. Suffren, menant en personne une section de sa flotte , passa au vent de la ligne britannique, par derrière, jusqu'au vaisseau amiral de Hughes, qui était cinquième de l'avant-garde. Là, il s'arrêta et resta à mi-coup de canon pour empêcher les quatre navires de l'avant-garde britannique de virer de bord pour soulager leurs consorts. Il avait l'intention que la seconde moitié de sa flotte attaque l'autre côté des arrières anglais. Ce plan de bataille prévu est illustré par la figure D dans le diagramme. En fait, seuls deux arrières français ont fait ce que Suffren attendait, s'engageant sous le vent de l'extrême arrière britannique ; les autres de l'arrière français restant longtemps hors de combat (C). La figure C montre la réalisation imparfaite du projet D. Cependant, comme la position du vaisseau amiral de Suffren empêchait le fourgon britannique de virer de bord, le résultat net fut, pour reprendre les propres mots de Hughes, que « l'ennemi a amené huit de ses meilleurs navires » à l'attaque de cinq des nôtres. On notera avec intérêt que ce sont exactement les effectifs engagés dans le premier acte de la bataille du Nil. L' *Exeter* (comme le *Guerrier* sur le Nil) reçut les nouvelles bordées des cinq premiers ennemis, puis resta en action rapprochée des deux côtés, assailli par deux, et enfin par trois adversaires, deux 50 et un. 64. Lorsque le troisième s'est approché, le capitaine du navire a demandé au commodore Richard King, dont le large fanion flottait en tête de mât : « Que faut-il faire ? « Il n'y a rien à faire, » répondit King, « mais de la combattre jusqu'à ce qu'elle coule. » Sa perte, 10 tués et 45 blessés, n'était pas imputable dans ces circonstances à l'artillerie française, qui avait également été pauvre à Porto Praya. A 18 heures, le vent tourna au sud-est, jetant tout le monde sur l'autre bord et permettant enfin à la camionnette britannique d'entrer en action. L'obscurité approchant maintenant, le Suffren démarra et jeta l'ancre à Pondichéry. Hughes s'est rendu à Trincomalee pour effectuer des travaux de carénage. La perte britannique s'élevait à 32 tués, parmi lesquels le capitaine William Stevens du vaisseau amiral et le capitaine Henry Reynolds de l' *Exeter*, et 83 blessés. Les Français ont eu 30 tués ; le nombre de leurs blessés est évalué par le professeur Laughton à 100.

Le 12 mars, Hughes retourna à Madras et, vers la fin du mois, repartit pour Trincomalee, transportant des renforts et des fournitures. Le 30, il fut rejoint en mer par le *Sultan*, 74 ans, et le *Magnanime*, 64 ans, venus tout juste d'Angleterre. Suffren était resté sur la côte pour des raisons politiques, afin d'encourager Hyder Ali dans son penchant pour les Français ; mais, après avoir débarqué un contingent de troupes le 22 mars, pour aider au siège du port britannique de Cuddalore, il prit la mer le 23 et se dirigea vers le sud, dans l'espoir d'intercepter le sultan et Magnanime au large de l'extrémité sud *de* la *frontière* . Ceylan. Le 9 avril, il aperçut la flotte britannique au sud et à l'ouest de lui. Hughes, attachant la première importance au renforcement de Trincomalee, était résolu à ne ni chercher ni éviter l'action. Il poursuivit donc sa route, les vents légers du nord prédominant, jusqu'au 11, date à laquelle, se trouvant à environ cinquante milles au nord-est de son port, il fit route vers celui-ci. Le lendemain matin, 12 avril, constatant que l'ennemi pouvait rattraper ses navires arrière, il forma une ligne sur tribord amures, à deux encablures d'intervalle, se dirigeant vers l'ouest, vers la côte de Ceylan, le vent du nord à l'est, et les Français morts au vent (A, A). Suffren a tracé sa ligne (a) sur le même bord, parallèlement aux Britanniques, et à 11 heures du matin a donné le signal de se diriger vers l'ouest-sud-ouest tous ensemble ; ses vaisseaux descendaient dans une direction oblique (bb'), chacun pour se diriger vers l'un des ennemis. Ayant douze navires contre onze, le douzième reçut l'ordre de se placer du côté extérieur des arrières britanniques, qui auraient ainsi deux antagonistes.

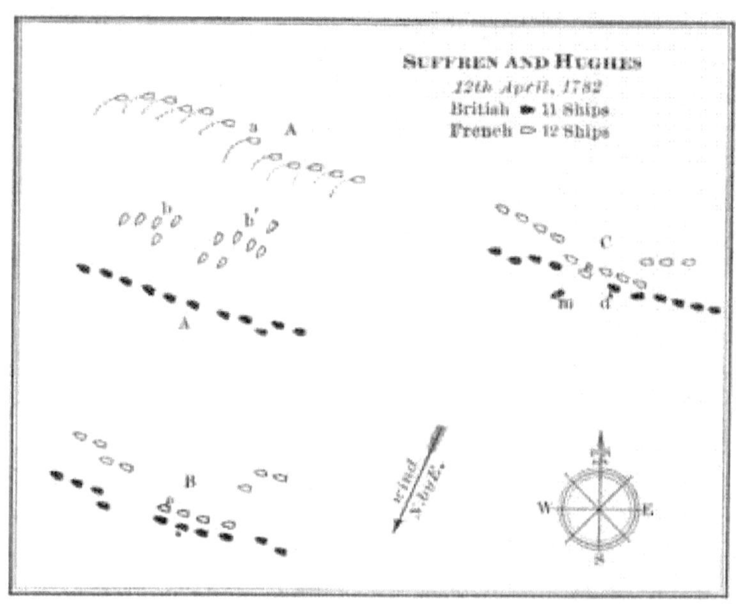

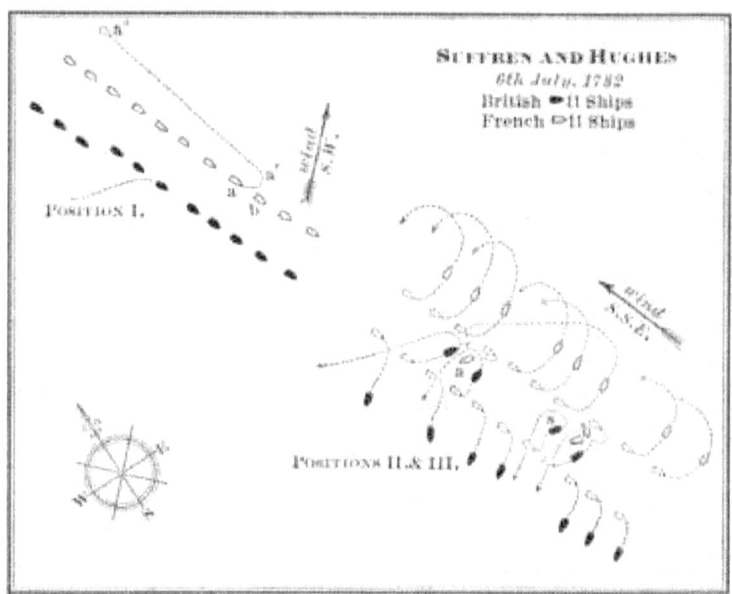

Hughes et Suffren, 12 avril 1782
Hughes et Suffren, 6 juillet 1782

Dans une telle approche simultanée, il arrivait fréquemment que la ligne d'attaque cessait d'être parallèle à celle de l'ennemi, son avant-garde devenant plus proche et plus éloigné en arrière. C'était donc ici. De plus, les

Britanniques ouvrant le feu dès que les principaux Français furent à portée, ces derniers se relevèrent aussitôt pour répondre. Suffren, au centre, souhaitant une action plus serrée, leur fit signe de s'éloigner de nouveau, et se jeta lui-même avec colère sur Hughes à portée de pistolet ; dans lequel il était étroitement soutenu par son prochain devant et les deux suivants derrière. L'arrière des Français, bien qu'engagé, restait trop éloigné. Leur ligne ressemblait donc à une courbe dont le milieu – quatre ou cinq navires – était tangent au centre britannique (B). À ce stade, la chaleur de l'attaque tomba sur le vaisseau amiral de Hughes, le *Superb*, 74 (C, d), et sur son prochain en tête, le *Monmouth*, 64. Le navire de Suffren, le *Héros*, ayant une grande partie de son gréement coupé, ne put raccourcir les voiles. , abattu par le *Superb*, et élevé au bord du *Monmouth*. Cette dernière, déjà vivement engagée par un de sa classe, et perdant ses mâts principaux et d'artimon dans cette nouvelle lutte inégale, fut contrainte à 15 heures d'arrêter hors de la ligne (m). La place des *Héros* aux côtés du *Superbe* est prise par l'*Orient*, 74 ans, soutenu par le *Brillant*, 64 ans ; et lorsque le *Monmouth* s'arrêta, l'attaque de ces deux navires fut renforcée par la demi-douzaine de poursuivants sévères du *Héros*, qui avaient dérivé dans la ligne britannique et tiraient maintenant sur la proue *du Superb*. Le conflit entre ces cinq navires, deux britanniques et trois français, fut l'un des plus sanglants des annales navales ; la perte du *Superb*, 59 tués et 96 blessés, et du *Monmouth*, 45 tués et 102 blessés, égalant celle des navires beaucoup plus gros qui portaient les pavillons de Nelson et de Collingwood à Trafalgar. La perte des trois Français fut de 52 tués et 142 blessés ; mais à cela il faut ajouter proprement celui du *Sphinx*, 64 ans, premier adversaire *du Monmouth* : 22 tués et 74 blessés. À 15 h 40, craignant que s'il continuait à se diriger vers l'ouest, il ne s'emmêlerait avec le rivage, Hughes portait ses navires, formant une ligne sur bâbord amures, se dirigeant vers le rivage. Les Français portaient également, et Suffren espérait s'emparer du *Monmouth*, qui restait entre les deux lignes ; mais la rapidité d'un capitaine britannique, Hawker, du *Hero*, lui fit parvenir à temps un câble de remorquage, et le navire fut ainsi tiré hors de danger. À 17 h 40, Hughes jeta l'ancre et Suffren fit de même à 20 heures. La perte totale d'hommes britanniques à cette occasion était de 137 tués et 430 blessés ; celui des Français 137 tués et 357 blessés.

Les ennemis épuisés restèrent au mouillage en pleine mer, à deux milles l'un de l'autre, pendant une semaine, en réparation. Le 19 avril, les Français se mirent en route et firent une démonstration devant les Britanniques, invitant au combat, mais sans attaquer ; mais l'état du *Monmouth* interdisait à Hughes de bouger. Suffren partit donc pour Batacalo, à Ceylan, au sud de Trincomalee, où il couvrait ses propres convois venus d'Europe et flanquait l'approche de son adversaire. Hughes, le 22 avril, entra à Trincomalee, où il resta jusqu'au 23 juin. Il se rend ensuite à Négapatam, autrefois possession néerlandaise, mais ensuite détenue par les Britanniques. Là, il apprit que Suffren, qui avait entre-temps capturé plusieurs transports britanniques, se trouvait à quelques kilomètres au nord de lui, à Cuddalore, qui s'était rendu à Hyder Ali le 4 avril. Le 5 juillet, à 13 heures, l'escadre française apparaît. À 15 heures, Hughes prit la mer et resta au sud pendant la nuit pour gagner le vent, la mousson du sud-ouest soufflant maintenant.

Le lendemain matin, au point du jour, les Français furent aperçus au mouillage, à sept ou huit milles sous le vent. A 6 heures du matin, ils commencèrent à se mettre en route. L'un de leurs soixante-quatre, l' *Ajax* , avait perdu ses mâts principaux et d'artimon dans une violente rafale l'après-midi précédent et n'était pas dans la file. Il y avait donc onze navires de chaque côté. L'action, connue sous le nom de Negapatam, a commencé peu avant 11 heures, alors que les deux flottes étaient tribord amure, cap sud-sud-est, vent sud-ouest. Les Britanniques étant au vent, Hughes ordonna à sa flotte de résister ensemble à l'attaque, exactement comme Suffren l' avait fait le 12 avril. Comme c'était souvent le cas, l'arrière était moins proche que le fourgon (Position I). Le quatrième navire de l'ordre français, le *Brillant* , 64 (a), perdant tôt son grand mât, descendit sous le vent de la ligne (a'), et à l'arrière de sa place (a"). A midi et demi le vent vola brusquement vers le sud-sud-est, — la brise marine, — prenant les navires un peu sur bâbord avant. La plupart, des deux côtés, payèrent de l'ennemi, les Britanniques à tribord, les Français à bâbord ; mais entre les lignes principales, qui étaient dans la confusion momentanée consécutive à un tel incident, se trouvaient six navires – quatre britanniques et deux français – qui avaient fait demi-tour (positions II et III).145 ~~C'étaient~~ le *Burford* , *Sultan* (s), *Worcester* et *Eagle* , quatrième, cinquième, huitième et dixième, dans l'ordre britannique ; et le *Sévère* (b), troisième chez les Français, avec le *Brillant démâté* , qui se trouvait maintenant vers l'arrière du combat (a) " Dans ces conditions, le *Sévère* , 64 ans, a subi une action courte mais serrée avec le *Sultan* , 74 ; et avec deux autres navires britanniques, selon le rapport du capitaine *du Sévère* . La suite de l'incident sera rapportée dans le propre rapport de ce dernier. mots.

« Voyant l'escadre française s'éloigner, — car tous les navires sauf le *Brillant* étaient tombés sur l'autre amure, — le capitaine de Cillart jugea inutile de prolonger sa défense, et fit hisser le pavillon. Les navires engagés avec lui cessèrent aussitôt leur feu, et celui de tribord s'éloigna. A ce moment la *Sévère* tomba sur tribord, et ses voiles se gonflèrent. Le capitaine de Cillart ordonna alors de reprendre le feu par ses canons du pont inférieur, les seuls qui restèrent habité, et il a rejoint son escadron.

Lorsque le pavillon *de la Sévère* descendit, Suffren approchait avec son vaisseau amiral. Le *Sultan* voulut rejoindre sa flotte, et fut ainsi ratissé par la *Sévère* . Le *Brillant* , dont le grand mât avait été abattu lors d'un conflit avec le *Sultan* ou le *Burford* , deux navires beaucoup plus lourds, était tombé à cette dernière phase du combat sous les canons du *Worcester* et de l' *Eagle* . Son capitaine, de Saint-Félix, était l'un des officiers les plus résolus de Suffren.

Elle fut secourue par le vaisseau amiral, mais elle avait perdu 47 tués et 136 blessés, un massacre presque incroyable, représentant plus du tiers de l'effectif habituel de soixante-quatre ; et les navires de Suffren manquaient d'équipage.

Ces épisodes fougueux, et le fait que ses quatre navires séparés s'approchaient de l'ennemi et étaient approchés par eux, amenèrent Hughes à donner l'ordre de porter et de poursuivre en général ; le drapeau de la ligne qui est descendue. Ces signaux amèneraient tout le gros du corps au soutien des navires séparés, sans égard à leur ordre de bataille, et donc avec la plus grande célérité que permettrait leur puissance de voile restante. Cependant, deux membres de la flotte ont fait signe d'invalidité ; Hughes annula donc les ordres et, à 1 h 30, se mit sur bâbord amure, rappelant les navires engagés. Les deux escadrons étaient maintenant à terre et ancrés vers 18 heures ; les Britanniques près de Negapatam, les Français à une dizaine de milles au nord. Les pertes au cours de l'action étaient les suivantes : Britanniques, 77 tués, 233 blessés ; Français, 178 tués, 601 blessés.

Le lendemain, Suffren s'embarqua pour Cuddalore. Là, il apprit que deux navires de ligne, l' *Illustre* , 74, et *le Saint-Michel* , 60, avec un convoi de ravitaillement et 600 soldats, devaient être attendus sous peu à la Pointe de Galle, alors port hollandais, au sud. -côté ouest de Ceylan. Il fallait les couvrir, et le 18 il était prêt à prendre la mer ; mais la nécessité d'une entrevue avec Hyder Ali le retarda jusqu'au 1er août, date à laquelle il partit pour Batacalo. Le 9, il y arrive et le 21, les renforts le rejoignent. Au bout de quarante-huit heures, les navires de ravitaillement furent dégagés et l'escadre repartit dans le but de prendre Trincomalee. Le 25, il quitta le port, et l'opération étant poussée énergiquement, la place capitula le 31 août.

Il est difficile de résister à l'impression qu'une plus grande énergie de la part de Hughes aurait pu l'amener à temps pour éviter cet incident. Il n'atteignit Madras que le 20 juillet, quinze jours après l'action tardive ; et il n'en partit que le 20 août, bien qu'il craignît une tentative sur Trincomalee. Ainsi, lorsqu'il y arriva le 2 septembre, non seulement elle était passée aux mains de l'ennemi, mais Suffren avait déjà rembarqué les hommes et les canons débarqués de sa flotte. Lorsque l'approche de Hughes fut signalée, tous les préparatifs pour la mer furent accélérés, et le lendemain matin, à l'aube, les Français sortirent. Hughes avait été rejoint depuis la dernière action par le *Sceptre* , 64, de sorte que les forces respectives dans l'action menée au large de Trincomalee le 3 septembre étaient douze de ligne contre quatorze, à savoir : Britanniques, trois 74, un 70, un 68, six 64, un 50 ; Français, quatre 74, sept 64, un 60, deux 50. Suffren avait également mis en ligne un navire de 36 canons, le *Consolante* . [146]

Alors que les Français partaient de Trincomalee, la flotte britannique se tenait au sud-sud-est vers l'entrée, au près sur tribord amures, une nouvelle mousson de sud-ouest soufflait. Lorsque Hughes aperçut les drapeaux hostiles sur les ouvrages, il s'éloigna de quatre points [147] et fit route vers l'est-sud-est, toujours en colonne, sous une toile courte (A). Suffren poursuivit, étant au vent mais à l'arrière, avec sa flotte sur une ligne de relèvement ; c'est-à-dire que la ligne sur laquelle les navires étaient alignés n'était pas la même que la route qu'ils suivaient. Cette formation (A), dont l'avancée est oblique par rapport au front, est très difficile à entretenir. Souhaitant rendre l'action, quel que soit l'événement immédiat, décisive dans les résultats, en attirant les Français bien sous le vent du port, Hughes, qui était un bon marin et avait de bons capitaines, joua avec son ennemi acharné. « Il m'évitait sans prendre la fuite », écrit Suffren ; « ou plutôt, il s'enfuit en bon ordre, réglant sa toile par ses pires voiliers ; et, s'éloignant peu à peu, il dirigea du premier au dernier dix ou douze parcours différents. Hughes, de son côté, bien que parfaitement clair quant à son propre objectif, était quelque peu perplexe devant l'apparente indécision d'un adversaire dont il connaissait par expérience le but du combat. « Parfois, ils ont légèrement diminué », écrit-il ; "Parfois, ils les apportaient, sans ordre régulier, comme s'ils ne savaient pas quoi faire." Ces hésitations apparentes étaient dues à la difficulté de maintenir la ligne de relèvement, qui devait être la ligne de bataille ; et cette difficulté était d'autant plus grande que Hughes modifiait continuellement sa route et que les navires de Suffren étaient de vitesse inégale.

Enfin, à 14 heures, étant alors à vingt-cinq milles au sud-est du port, les Français s'approchèrent suffisamment pour enfoncer. Pour que ce mouvement puisse s'exécuter avec précision et que tous les vaisseaux entrent en action ensemble, Suffren fit mettre sa flotte au vent, tribord amures, pour rectifier l'ordre. Cela étant également fait mal et lentement, il perdit patience, — comme Nelson le dit plus tard : « Une journée est vite perdue en manœuvres », — et à 2 heures 30, pour stimuler les navires à la traîne, l'amiral français donna le signal d'attaquer. a), spécifiant le champ de tir du pistolet. Même si cela ne suffisait pas pour amener rapidement les délinquants à s'aligner sur le vaisseau amiral, ce dernier tira avec un pistolet pour imposer l'obéissance. Son propre côté étant toujours tourné vers les Britanniques, alors qu'il attendait, le rapport fut pris par les hommes du vaisseau amiral sous les ponts comme le signal d'ouverture du feu , et toute sa bordée fut déchargée. Cet exemple fut suivi par les autres navires, de sorte que l'engagement, au lieu d'être serré, commença à demi-coup de canon.

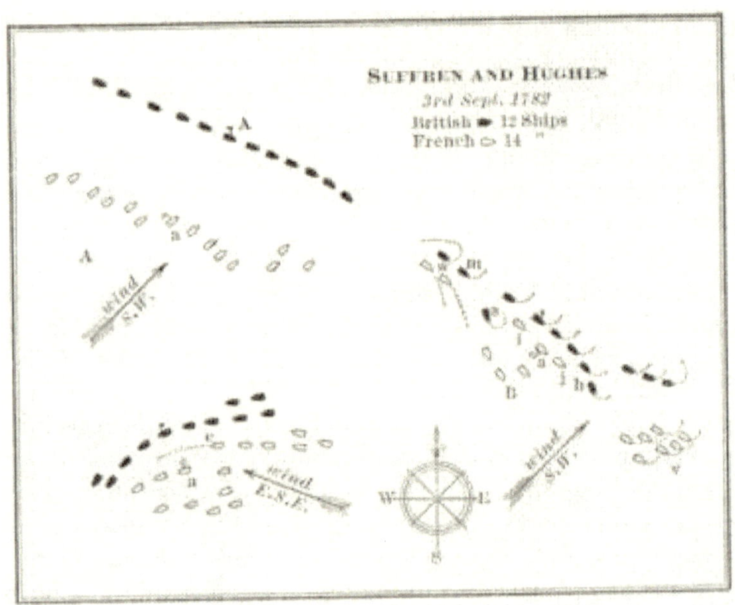

Hughes et Suffren, 3 septembre 1782

Grâce à sa retraite mesurée et délibérée, Hughes avait désormais sa flotte en parfait état, bien alignée et fermée. Les Français, partis d'une mauvaise formation pour effectuer une évolution difficile, sous le feu, se sont engagés dans le désordre le plus total (B). Sept navires, contournant prématurément pour amener leurs flancs vers l'ennemi, et allant vers l'avant, formèrent un groupe confus (v), beaucoup au vent et quelque peu en avant de l'avant-garde britannique. Imparfaitement déployés, ils se gênaient les uns les autres et leur tir ne pouvait donc pas être suffisamment développé. À l'arrière, une situation quelque peu similaire existait. Suffren, s'attendant à ce que le gros de sa ligne combatte les Britanniques au vent, avait ordonné au *Vengeur*, 64 ans, et au *Consolante*, 36 ans, de doubler sous le vent à l'extrême arrière ; mais eux, constatant que les côtés météorologiques de l'ennemi n'étaient pas occupés, craignirent de se mettre sous le vent, de peur d'être coupés. Ils attaquèrent le navire britannique arrière, le *Worcester*, 64 (w), au vent ; mais le *Monmouth*, 64 (m), tombant sur son support, et le *Vengeur* prenant feu dans le sommet de l'artimon, ils furent obligés de s'éloigner. Seuls le propre navire de Suffren, le *Héros*, 74 (a), et son voisin suivant, l'*Illustre*, 74, (i), arrivèrent immédiatement à l'action rapprochée avec le centre britannique ; mais ensuite l'*Ajax*, 64 ans, réussissant à se dégager du grondement à l'arrière, prit position devant (j) le *Héros*. C'est sur ces trois-là que tomba le poids du combat. Non seulement ils reçurent les bordées des navires immédiatement opposés à eux, mais, le vent étant maintenant devenu léger mais libre, les navires britanniques en avant et en arrière, (h, s,) en lofant ou en s'éloignant, jouèrent également sur eux. "L'ennemi a formé un demi-cercle autour de nous", écrit le chef d'état-major de Suffren, "et nous a poussés en avant et en arrière, tandis que le navire remontait et tombait avec la barre sous le vent." Les deux soixante-quatorze furent écrasés sous ce feu. Tous deux ont perdu leurs mâts principal et d'artimon au cours de la journée, et le mât de misaine du vaisseau amiral est également tombé. L' *Ajax* , arrivé plus tard et attirant probablement moins d'attention, n'avait qu'un mât de hune à distance.

Le nombre total de tués et de blessés britanniques était réparti de manière très égale dans toute la flotte. Seul le navire arrière a perdu un longeron important, le mât principal. Ce fut sur elle, comme déjà mentionné, et sur les deux principaux navires, l' *Exeter* et *l'Isis* , que tombèrent, proportionnellement, le feu le plus violent des Français. De la position des sept navires-fourgons de ce dernier, les tirs qu'ils pouvaient faire devaient nécessairement être dirigés vers l'avant-garde britannique extrême, et l' *Exeter* fut contraint de quitter la ligne. La perte des Français ce jour-là fut de 82 tués et 255 blessés ; dont 64 tués et 178 blessés appartenaient aux *Héros* , *à l'Illustre* et *à l'Ajax* . Les Britanniques comptaient 51 tués et 283 blessés ; le plus grand nombre de victimes sur un navire était de 56. Curieusement, dans une si petite liste de morts, trois étaient des commandants : les capitaines Watt du *Sultan* , Wood du *Worcester* et Lumley de l' *Isis* .

A 17h30, le vent passe brusquement du sud-ouest à l'est-sud-est (C). Les Britanniques se rassemblèrent, se formèrent sur l'autre bord et poursuivirent le combat. C'est lors de cet acte final, et à 18 heures, que le grand mât du vaisseau amiral français s'effondre. Les fourgons français avaient remorqué leurs têtes avec des bateaux avant 4 heures, pour venir au secours du centre, obéissant à un signal de Suffren ; mais le vent léger et le calme les avaient retardés. Avec le déplacement, ils s'approchèrent et passèrent en colonne (c) entre leurs navires paralysés et l'ennemi. Cette manœuvre et l'absence de lumière du jour mirent fin à la bataille. Selon le rapport de Hughes, plusieurs membres de sa flotte « produisaient beaucoup d'eau à partir de trous de tir si bas dans le fond qu'il était impossible de les arrêter efficacement ; et l'ensemble avait gravement souffert dans leurs mâts et leur gréement » . Trincomalee étant en possession de l'ennemi et la côte est de Ceylan un mouillage dangereux maintenant, au changement de mousson, il se sentit obligé de retourner à Madras, où il jeta l'ancre le 9 septembre. Suffren regagne Trincomalee le 7 du mois, mais l' *Orient* , 74 ans, s'échouant à l'entrée et s'étant perdu, il reste dehors jusqu'au 17, sauvant le matériel de l'épave.

La rupture de la mousson du sud-ouest, alors imminente, est susceptible d'être accompagnée de violents ouragans, et est suivie par la mousson du nord-est, pendant laquelle les côtes est de la péninsule et de Ceylan donnent une rive sous le vent. avec des vagues fortes. Les opérations navales furent donc suspendues pour l'hiver. Durant cette saison, Trincomalee est le seul port sécurisé. Privé de cet argent, Hughes résolut de se rendre à Bombay et quitta pour cela Madras le 17 octobre. Quatre jours plus tard, un renfort de cinq navires de ligne arriva d'Angleterre, sous les ordres du commodore Sir Richard Bickerton, qui suivit aussitôt le commandant en chef jusqu'à la côte ouest. Au cours du mois de décembre, toutes les forces britanniques étaient réunies à Bombay.

A Trincomalee, Suffren avait un bon mouillage ; mais l'insuffisance de ses ressources, ainsi que d'autres considérations militaires, le décidèrent à hiverner à Acheen, à l'extrémité ouest de Sumatra. Il y est arrivé le 2 novembre, après avoir d'abord rendu visite à Cuddalore, où le *Bizarre* , 64 ans, a été détruit par négligence. Le 20 décembre, il quitta Acheen pour la côte de Coromandel, après avoir écourté son séjour vers l'est pour des raisons de politique. Le 8 janvier 1783, il était au large de Ganjam, sur la côte d'Orissa, et de là atteignit de nouveau Trincomalee le 23 février. Là, il fut rejoint le 10 mars par trois navires de ligne venus d'Europe : deux 74 et un 64. Sous leur convoi venait le général de Bussy, avec deux mille cinq cents hommes, qui furent immédiatement envoyés à Cuddalore.

Le 10 avril, le vice-amiral Hughes, revenant de Bombay, passa Trincomalee en route vers Madras. Les divers événements maritimes, épaves et renforts, depuis la bataille du 3 septembre, avaient renversé les probabilités navales, et Hughes disposait désormais de dix-huit navires de guerre. la ligne, dont une était de quatre-vingts, contre quinze sous Suffren. Un autre événement important dans les affaires de l'Inde fut la mort de Hyder Ali, le 7 décembre 1782. Bien que sa politique fut poursuivie par son fils Tippoo Saib, le coup porté aux Français fut sérieux. Dans toutes les conditions, les autorités britanniques s'ont enhardi pour tenter la réduction de Cuddalore. L'armée destinée à cette entreprise partit de Madras, contourna Cuddalore et campa au sud de celle-ci, près du rivage. Les navires de ravitaillement et les croiseurs plus légers jetèrent l'ancre à proximité, tandis que la flotte naviguait vers le sud. Situé au vent, car la mousson du sud-ouest s'était alors installée, il couvrait les opérations contre les perturbations de la mer.

Vers le début du mois de juin, l'investissement de la place fut terminé par terre et par eau. La nouvelle de cet état de choses fut portée le 10 juin à Suffren, qui, sous la direction de Bussey, gardait sa flotte inférieure à Trincomalee jusqu'à ce que ses services soient absolument indispensables. Immédiatement après avoir reçu la nouvelle, il quitta le port et aperçut, le 13, la flotte britannique, alors au mouillage au large de Porto Novo, un peu au sud de Cuddalore. À son approche, Hughes s'éloigna et jeta de nouveau l'ancre à cinq milles de la place assiégée. Pendant les deux jours suivants, les Français furent déconcertés par les vents ; mais le 17, la mousson du sud-ouest reprit et Suffren se rapprocha de nouveau. Le vice-amiral britannique, peu soucieux d'accepter une action au mouillage, se mit en route et, de ce moment jusqu'au 20, resta dehors, essayant d'obtenir la jauge météo, dans laquelle il fut frustré par la variabilité des vents . Pendant ce temps , Suffren avait jeté l'ancre près de la ville, avait communiqué avec le général, et, étant très à court d'hommes aux canons, avait embarqué douze cents hommes pour la bataille qu'il attendait ; car il était évident que l'issue du siège dépendrait du contrôle de la mer. Le 18, il pesa de nouveau, et les deux flottes manœuvrèrent pour prendre l'avantage, avec des airs légers et déconcertants, les Britanniques les plus éloignés du rivage.

Le 20 juin, le vent maintenant à l'ouest avec une constance inattendue, Hughes décida d'accepter l'attaque que Suffren avait évidemment l'intention de faire. Ces derniers, étant nettement inférieurs en force (quinze contre dix-huit), envisageaient probablement une action qui ne serait décisive qu'en ce qui concernait le sort de Cuddalore ; c'est-à-dire qui, sans avoir pour résultat la capture ou la destruction de navires, devrait obliger son adversaire à quitter le voisinage pour réparer les dégâts. Les Britanniques formèrent une ligne sur bâbord amures, se dirigeant vers le nord. Suffren disposa sa flotte de la même manière, parallèlement à l'ennemi, et prit soin de vérifier l'ordre exact avant d'foncer. Lorsque le signal d'attaque fut donné, les Français restèrent à l'écart et furent ramenés à bout portant grâce au faisceau météorologique des Britanniques. L'action a duré peu après 16 heures jusqu'à près de 19 heures et a été générale sur les deux lignes ; mais, comme toujours, les arrières étaient moins engagés que les centres et les fourgons. Aucun navire n'a été pris ; aucun espar très important ne semble avoir été abattu. La perte des Britanniques s'élève à 99 tués, 434 blessés ; des Français, 102 tués, 386 blessés.

Comme les navires avaient la tête au nord, le cours de l'action les conduisit dans cette direction. Suffren a jeté l'ancre le lendemain matin à vingt-cinq milles au nord de Cuddalore. Là, il fut aperçu le 22 par Hughes, qui était resté menteur le lendemain du combat. Le vice-amiral britannique rapporta que plusieurs navires étaient très hors d'usage, qu'un grand nombre de ses hommes (1 121) étaient atteints du scorbut et que l'eau de la flotte était très courte. Il crut donc nécessaire de se rendre à Madras, où il jeta l'ancre le 25. Suffren regagne Cuddalore dans l'après-midi du 23. Son retour et le départ de Hughes changèrent complètement la situation militaire. Les navires de ravitaillement, dont dépendait le plan d'opérations britannique, avaient été forcés de prendre la fuite dès l'approche de Suffren et ne pouvaient bien sûr pas revenir maintenant. « Mon esprit est tourmenté sans un instant de répit depuis le départ de la flotte, écrivait le 25 le général commandant, considérant le caractère de M. de Suffren et la supériorité infinie des Français maintenant que nous sont laissés à nous-mêmes. »

Sir Edward Hughes, KB

Pierre André de Suffren de Saint Tropez

La bataille du 20 juin 1783, au large de Cuddalore, fut la dernière de la guerre maritime de 1778. Elle eut lieu, en réalité, exactement cinq mois après la signature des préliminaires de paix, le 20 janvier 1783. Bien que la force relative des troupes deux flottes restaient inchangées, c'était une victoire française, tant tactiquement que stratégiquement : tactiquement, parce que la flotte inférieure tenait bon et restait en possession du terrain ; stratégiquement, car il décidait de l'objet immédiatement en jeu, du sort de Cuddalore, et avec lui, au moins momentanément, de l'issue de la campagne. C'était pourtant le triomphe d'un commandant en chef sur un autre ; du plus grand homme sur le plus petit. Les raisons pour lesquelles Hughes a quitté le terrain impliquent l'admission de la plus grande compétence de son adversaire. "À court d'eau", avec dix-huit navires sur quinze, capables donc d'épargner les navires par des détachements pour l'abreuvement, cela n'aurait pas dû arriver ; « blessure aux espars » – qui ont résulté de l'action ; « Il manque 1 121 hommes » — Suffren n'avait embarqué que ce nombre — 1 200 — parce que Hughes l'avait laissé communiquer avec le port sans combattre. Malgré le bien meilleur matelotage des subordonnés britanniques et leur ténacité obstinée, Suffren ici, comme tout au long de la campagne, a démontré une fois de plus la vieille expérience selon laquelle le commandement est le facteur suprême de la guerre. Avec des ressources inférieures, mais pas au début avec des effectifs inférieurs, grâce à une offensive régulière et à l'inquiétude que cela occasionnait au sujet de Trincomalee, imprimé sur l'amiral britannique, il le réduisit à une défensive infructueuse. En s'emparant de cette place comme base, il s'est fermement implanté sur la scène de l'action. Pouvant ainsi rester, pendant que les Britanniques devaient se retirer à Bombay, il soutint le sultan de Mysore dans son hostilité embarrassante envers les Britanniques ; et à la fin, il sauva Cuddalore grâce à sa promptitude et à sa dextérité, malgré le nombre désormais supérieur de la flotte britannique. C'était un grand capitaine de vaisseau, Hughes ne l'était pas ; et avec des instruments plus pauvres, tant en hommes qu'en navires, les premiers vainquirent les seconds.

Le 29 juin, une frégate britannique, la *Medea* , arborant pavillon de trêve, atteignit Cuddalore. Elle apportait des renseignements bien authentifiés sur la conclusion de la paix ; et les hostilités ont cessé d'un commun accord.

Note de bas de page 136 :

Maintenant Maurice.

Note de bas de page 137 :

Sur la côte ouest de Malabar.

Note de bas de page 139 :

Voir *ante* , p. 163 .

Note de bas de page 140 :

Je déduis, d'après les récits, que le *Monmouth* était bien à l'est du *Hero* , que les Français l'avaient dépassé en premier et que le *Héros* était maintenant sur son travers bâbord ; mais ce point n'est pas certain.

Note de bas de page 141 :

Expressions dans le rapport de Johnstone.

Note de bas de page 142 :

Charnock, cependant, dit qu'en 1762, immédiatement après avoir reçu sa post-commission, il commanda successivement le *Hind* , 20, et le *Wager* , 20. De plus, avant sa nomination à l'expédition de 1781, il avait été commodore sur le Lisbonne. Gare. Mais il avait passé relativement peu de temps en mer en tant que capitaine.—WLC

Note de bas de page 143 :

Voir *ante* , p. 79 , 80 .

Note de bas de page 144 :

L'un étant l' *Hannibal britannique capturé* , 50 ans, qui a été commandé par le capitaine Morard de Galles, conservant la forme anglaise du nom, Hannibal, pour le distinguer de l' *Annibal* , 74 ans, déjà dans l'escadron.

Note de bas de page 145 :

Dans le plan, positions II et III, la deuxième position est indiquée par des navires aux contours brisés. Celles-ci montrent les deux lignes de bataille lors de l'engagement jusqu'à ce que le vent tourne au sud-sud-est. Les résultats du déplacement constituent une troisième position, consécutive à la seconde, et sont indiqués par les navires en pleine silhouette.

Note de bas de page 146 :

Auparavant, la britannique des Indes orientales, *Elizabeth* .

Note de bas de page 147 :

Quarante-cinq degrés.

GLOSSAIRE

DES TERMES NAUTIQUES ET NAVAUX UTILISÉS DANS LE TEXTE

(Ce glossaire est destiné à couvrir uniquement les expressions techniques réellement utilisées dans le livre lui-même.)

DE RETOUR . Une voile est en arrière lorsque le vent souffle sur la partie avant tendant à faire reculer le navire.

À L'ARRIÈRE . Derrière, vers la poupe.

PAR LE TRAVERS .
DE FRONT .
} Voir « Roulement ».

À L'ARRIÈRE . Voir « Roulement ».

EN AVANT . Voir « Roulement ».

À L'ARRIÈRE . Voir « Roulement ».

FAISCEAU . La largeur d'un navire, ainsi utilisée en raison des poutres transversales, appelées poutres.

OURS , à. Être dans une direction spécifiée depuis un navire.

OURS , à. Changer la direction du mouvement d'un navire.

Appuyer , avancer vers; supporter , ou *s'éloigner*, s'éloigner, du vent ou d'un ennemi .

ROULEMENT . La direction d'un objet depuis un navire ; soit par boussole, soit en référence au navire lui-même. Ainsi, le phare s'oriente vers le nord ; l'ennemi se dirige par le travers, ou à deux points de la proue bâbord.

ROULEMENT , Ligne de. Relèvement compas sur lequel se situent les navires d'une flotte, quels que soient leurs relèvements les uns par rapport aux autres.

RELÈVEMENTS , en référence au navire.

Un
faisceau.   }
De front.
Perpendiculaire à la longueur du navire.

À l'arrière. }
À l'arrière. }   Directement derrière.

Devant.   Directement avant ;
            avant.

À l'arrière du travers, tribord ou bâbord, par temps ou sous le vent. À l'arrière du travers, à droite ou à gauche, au vent ou sous le vent.

Avant (ou devant) le faisceau (comme ci-dessus). En avant par le travers, etc.

Large. Un grand angle de relèvement, utilisé habituellement de l'arc. « Au large de la proue » s'approche « avant le faisceau ».

À l'avant, à tribord ou à bâbord, par temps ou sous le vent. D'un côté devant, à droite ou à gauche, au vent ou sous le vent.

Sur la hanche, tribord ou bâbord, par temps ou sous le vent. D'un côté de l'arrière ; à droite ou à gauche, au vent ou sous le vent.

RELÈVEMENTS , par boussole. Le cercle complet de la boussole, 360 degrés, est divisé en trente-deux *points* , chaque point étant subdivisé en quarts. Du nord à l'est, huit points, sont ainsi nommés : Nord ; du nord à l'est; nord-nord-est ; nord-est par nord; nord-est ; nord-est par est; est-nord-est ; d'est en nord ; Est.

D'est en sud, du sud à l'ouest et d'ouest en nord, une dénomination similaire est utilisée.

BATTRE , à. Gagner du terrain au vent, par changements de direction successifs, appelés virements de bord.

BOUM . Voir « Epars ».

ARC ou tête. La partie avant d'un navire, qui est à l'avant lorsqu'il est en mouvement vers l'avant.

Sur l'arc. Voir « Roulement ». Se diriger "à l'arc" : se diriger directement vers.

ARC ET QUART DE LIGNE . Voir pages 84 et 200 .

BEAUPRÉ . Voir « Epars ».

BRETELLES . Cordes par lesquelles les vergues sont tournées, de sorte que le vent puisse frapper les voiles de la manière désirée.

APPORTER À . Rapprocher le plus possible la tête d'un navire de la direction d'où souffle le vent ; généralement en vue de s'élever, c'est-à-dire de s'arrêter. Voir mise à l'eau et lof.

BORDÉE . Le nombre total de canons portés sur un côté d'un navire ; bordée tribord ou bâbord, bordée météo ou sous le vent.

CÂBLE . La lourde corde qui était attachée à l'ancre et y maintenait le navire. Les câbles sont aujourd'hui des chaînes, mais à l'époque de ce livre, ils étaient toujours en chanvre. Pour virer le câble, pour en laisser sortir plus, pour laisser le navire s'éloigner plus de l'ancre. Faire glisser le câble, tout laisser passer par-dessus bord, libérer le navire. Longueur du câble : 120 brasses.

CHASE , général. Une poursuite par une flotte, dans laquelle, pour avancer plus rapidement, il ne faut pas observer la place des navires dans leur ordre habituel.

AU PRÈS . Voir « Cours ».

COLONNE . Voir « Ligne à venir ».

MONTEZ . Un navire s'approche lorsque sa proue se rapproche davantage de la direction du vent. Utilisé généralement lorsque le mouvement provient d'une autre cause que le mouvement de la barre. Voir « Luff ».

CONVOI . Corps de navires non armés ou faiblement armés, en compagnie de navires de guerre.

CONVOI , à. Accompagner un certain nombre de navires non armés, pour leur protection.

COURS . La direction du mouvement d'un navire, par rapport au compas ou au vent.

Cours de boussole. La pointe de la boussole vers laquelle le navire se dirige.

Cours de vent :

Au près. Au plus près de la direction d'où souffle le vent, dans la mesure où cela est compatible avec le maintien des voiles pleines ; pour les navires à gréement carré, six points. (Voir « Relèvements au compas ».) Pour un vent du nord, les caps au plus près sont est-nord-est et ouest-nord-ouest.

Gratuit. Pas au près.

Grand. Très gratuit.

Hors du vent. Gratuit.

Sur (ou par) le vent. Au près.

COURS . Les voiles les plus basses des mâts avant et principaux.

CROISIÈRE , à. Couvrir une certaine partie de la mer par un mouvement de va-et-vient dessus.

CROISEUR . Terme général désignant les navires armés, mais appliqué plus spécifiquement à ceux qui ne sont pas « de ligne », qui sont donc plus libres et plus larges dans leurs mouvements.

ACTUEL .

Lee Courant. Celui dont le mouvement s'éloigne du vent.

Météo actuelle. Celui qui se dirige vers le vent.

REFLUX , marée descendante. Voir « Marée ».

BEAU , vent. Un vent qui permet à un navire de suivre la route souhaitée au compas.

TOMBER . Un navire tombe lorsque, sans l'action de la barre, sa tête s'éloigne du vent. Voir « Montez ».

REMPLISSEZ   On dit que les voiles se remplissent ou sont pleines lorsque
.   } le vent frappe la face arrière, tendant à faire avancer le
PLEIN .   navire.

INONDATION , marée montante. Voir « Marée ».

AVANT ET ARRIÈRE . Dans la classification des navires, indique ceux dont les voiles, une fois déployées, s'étendent de l'avant vers l'arrière ; plus près de la longueur que de la largeur. À l'opposé du gréement carré.

MÂT DE MISAINE , mât de misaine, etc. Voir « Espars ».

VOILE D' avant, hunier, etc. Voir "Voiles".

FAUTE , à. S'emmêler, entrer en collision. Une mauvaise ancre, lorsque le câble contourne l'ancre.

FAUTE , vent. Un vent qui empêche le navire de suivre le cap souhaité, l'obligeant à battre.

LIBRE , vent. Un vent qui permet au navire de suivre la direction souhaitée. Le montant à épargner pour le parcours au plus près est parfois désigné. *Par exemple* , le vent quatre points gratuits ; le vent permettrait au navire de s'approcher quatre points plus près du vent que ne l'exige sa route.

FRÉGATE . Voir « Navire ».

GAGE , météo et vent. On dit qu'un navire, ou une flotte, possède une jauge météorologique lorsqu'il est au vent de son adversaire. Lee est à l'opposé de la météo.

TRANSPORTER , à. Tirer (vers) le vent, c'est changer de cap vers la direction la plus proche d'où vient le vent.

Faire tomber les couleurs : frapper, se rendre.

HEAVE DOWN . Incliner un navire d'un côté, par achats aux têtes de mât inférieures.

HEAVE-TO . (HOVE-TO .) Amener à, (qui voir), puis déposer quelques voiles en arrière, afin de maintenir le navire sans mouvement en avant ou en arrière.

TALON , à. Incliner un navire d'un côté en déplaçant les poids à bord, comme les canons. "Sur le talon" : être ainsi incliné.

HEAUME . La barre, ou barre, qui, comme une poignée, fait tourner le gouvernail et modifie ainsi la direction du navire.

Portez la barre. Mettre la barre à bâbord, ce qui fait tourner la tête du navire vers la droite ; à tribord, la barre est l'inverse.

Barre baissée. Barre sous le vent, tête du navire au vent ; barre, l'inverse. Voir « Gouvernail ».

COQUE . Le corps d'un navire, par opposition aux espars ou aux moteurs.

COQUE , à. (DÉCOQUÉ .) On dit qu'un boulet de canon frappant la coque d'un navire le décortique.

FOC . Voir « Voiles ».

FOC-BOUM . Voir « Epars ».

GARDEZ , à. Se tenir à l'écart, ou s'éloigner, c'est changer de cap pour s'éloigner du vent ou d'un ennemi. Voir « Supporter ».

GRAND . Voir « Cours ».

LEE . La direction vers laquelle souffle le vent. « Sous le vent de », protégé du vent et de la mer par terre ou par un navire interposé.

Lee Marée. Voir « Marée ».

SANGSUE . Le côté vertical d'une voile carrée. Les côtés supérieur et inférieur, horizontaux, sont appelés tête et pied.

SOUS LE VENT (prononcé looard). Direction de déplacement, ou de relèvement, opposée au vent.

MENTIR À , à. Amener les navires face ou près du vent et rester presque arrêtés. Généralement par gros temps, mais pas toujours.

LIGNE DE FRONT . Voir p. <u>122</u> .

LIGNE DEVANT . Voir p. <u>85</u> .

LIGNE DE BATAILLE . Dans la ligne de bataille, les navires sont rangés sur la même ligne droite, suivant la même route, les uns derrière les autres, de sorte que toutes les bordées soient libres de porter sur un ennemi. La ligne préférée est l'une des lignes au plus près, car sur elles, le mouvement d'un navire dans la ligne est plus facilement réglé en reculant ou en secouant certaines des voiles.

LIGNE DE ROULEMENT . Voir « Relèvement, ligne de ».

LIGNE , Navire du. Un navire équipé par sa force pour la ligne de bataille. Opposé génériquement à « cruiser ». Le terme moderne est « cuirassé ».

LUFF , à. Le mouvement consistant à changer de cap pour se rapprocher de la direction d'où vient le vent, en utilisant la barre.

PRINCIPAL .
ARTIMON . } Voir « Espars » et « Voiles ».

MÂT . Voir « Epars ». "Au mât." On dit qu'une voile l'est lorsqu'elle est de recul.

MOUSSON . Un alizé, dans les mers de Chine et d'Inde, qui souffle uniformément du nord-est en hiver et du sud-ouest en été.

SIESTE . Voir « Marée ».

HORS du vent. Voir « Cours ».

SUR ... le vent. Voir « Cours ».

FANION . Un drapeau, indiquant soit le grade de l'officier supérieur à bord, soit un signal applicable à un navire particulier.

POINTER . Voir « Relèvements, par boussole ».

PORT . À la gauche, ou sur le côté gauche, d'un navire, en regardant de l'arrière vers l'avant. En face de tribord.

PORT , à. Appliqué à la direction. Pour déplacer la barre, ou la barre, vers la gauche, ce qui déplace le gouvernail vers la droite et fait changer de cap le navire vers la droite.

TRIMESTRE . De chaque côté de la partie arrière d'un navire ; — comme hanche tribord, hanche bâbord ; quartier météo, quartier sous le vent. Quarter deck : un côté du pont supérieur arrière, réservé à l'officier exerçant le commandement et à des fins cérémonielles.

QUARTIERS . Un équipage est aux quartiers lorsqu'il est aux postes de combat.

RÂTEAU , à. Tirer la bordée depuis l'avant ou l'arrière d'un adversaire, de sorte que le tir puisse balayer la longueur du navire, qui, à l'époque de ce livre, était environ quatre fois la largeur.

TIR ALÉATOIRE . Portée extrême à laquelle une arme à feu peut envoyer son tir, donnant des résultats très incertains.

RÉCIF , à. Réduire la surface d'une voile.

GOUVERNAIL . Structure solide, pivotée à l'arrière d'un navire, qui, tournée d'un côté, dévie sa route. Voir « Heaume » et « Roue ».

VOILES . Les voiles sont de deux sortes : carrées, avant et arrière. Les voiles carrées s'étalent davantage sur le navire, dans le sens de sa largeur. L'avant et l'arrière naviguent davantage dans le sens de la longueur. Les voiles carrées sont meilleures pour un vent libre ; et aussi pour les grands navires, car ils peuvent être plus facilement subdivisés. Les voiles avant et arrière se rapprochent du vent et conviennent donc aux caboteurs, qui sont généralement plus petits.

Les navires portant des voiles carrées sont appelés gréement carré. Ils ont toujours deux mâts, généralement trois ; chacun portant trois ou quatre voiles, les unes au-dessus des autres. Ceux-ci portent le nom du mât sur lequel ils sont portés (voir « Espars ») ; *par exemple* , *grand* -voile, hunier *d'avant* , *voile* d'artimon ; et aussi depuis leurs positions sur le même mât. Ainsi, de bas en haut, la grand-voile, le hunier principal, le hunier principal ; et principal royal, s'il y en a un quatrième. Les voiles d'avant et les voiles principales sont également appelées cours.

Les huniers étaient les principales voiles de bataille, parce que les plus grandes, sauf les caps, et plus maniables que les caps.

Tous les navires à gréement carré portent des voiles avant et arrière, à trois angles, tendues entre le beaupré, les focs et le mât avant. Ces voiles sont appelées focs.

Les navires avant et arrière portent également des flèches ; mais sur chaque mât vertical, ils ont une grande voile, dont la taille la rend moins facile à manier en cas d'urgence, donc moins propre au combat. Au-dessus de la grande voile, ils ont un petit hunier léger à trois coins, mais ce n'est qu'une voile de beau temps, inutile au combat.

Les navires de guerre étaient presque tous gréés en carré et à trois mâts.

VOILES, CLOUS . Voiles carrées légères, pour temps modéré, dépassant les autres voiles carrées, pour augmenter l'étalement normal de la toile. Placez-le uniquement par vent libre, et jamais au combat.

ÉCHANTILLONNAGE . La taille, et par conséquent le poids et la résistance, des bois de la coque d'un navire.

GOÉLETTE . Voir « Navire ».

SECOUEZ , à. Donc placer une voile que le vent souffle dessus, sans remplissage ni dossier. La voile est ainsi neutralisée sans rentrer.

AIGUISÉ . Une vergue est pointue lorsqu'elle est tournée par les croisillons aussi loin que le permet le gréement du mât. Un parcours au près nécessite que les vergues soient bien aiguisées, afin que les voiles puissent être pleines.

NAVIRE . Voir « Navire ».

GLISSER . Voir « Câble ».

SLOOP . Voir « Navire ».

ESPARS . Un espar est un long morceau de bois, cylindrique, effilé, en mâts vers une extrémité et en mètres vers les deux. Les espars servent à déployer les différentes voiles d'un navire.

Les noms des espars varient selon leur utilisation et leur position. Principalement, pour les navires de guerre, ils se divisent en mâts, vergues et bômes.

Un mât est un montant et se compose de trois pièces reliées entre elles : le mât inférieur, le mât supérieur et le mât supérieur. La plupart des navires de guerre avaient trois de ces mâts : à l'avant, près de la proue ; principal, près du centre ; artimon, près de la poupe.

Le bout-dehors est aussi un mât ; non pas droit, mais projetant droit devant la proue, s'approchant de l'horizontale, mais s'inclinant vers le haut. Comme les mâts, il comporte trois divisions : la partie inférieure, ou beaupré proprement dit, la flèche-flèche et la flèche-flèche volante.

À travers les mâts, horizontaux, se trouvent les vergues, au nombre de quatre, inférieures, huniers, topgalants et royales. Les vergues sont en outre désignées par le nom du mât auquel chacune appartient ; *par exemple*

, avant-cour, vergue principale de hunier, vergue de haut-galant d'artimon, vergue royale principale.

Le bout-dehors avait autrefois une vergue, appelée vergue à voile. Cela a disparu. Sinon, il sert à déployer les voiles à trois coins appelées focs. Ces voiles étaient utiles pour faire tourner un navire, car leur projection devant le centre leur donnait un grand effet de levier.

Les navires avant et arrière n'avaient pas de vergues. Voir « Voiles ».

PRINTEMPS . Voir p. 65 , remarque.

EN CARRÉ . Voir « Voiles » et « Espars ».

LEVEZ-VOUS , à. Utilisé, sur le plan nautique, pour exprimer un mouvement et une direction, *par exemple* « se tenir face à l'ennemi », « se tenir hors du port », « se retirer », « se tenir au sud ». L'idée sous-jacente semble être celle d'un mouvement soutenu et décidé.

TRIBORD . À la main droite, ou sur le côté droit, d'un navire, en regardant de l'arrière vers l'avant. En face du port.

DIRIGEZ -vous vers. Contrôler le cap en utilisant la barre et le gouvernail.

STERNE . La partie extrême arrière, ou arrière, d'un navire.

STRATÉGIE . Ce département de l'Art de la Guerre qui décide de la répartition et des mouvements des armées ou des flottes, en référence aux objets d'une campagne dans son ensemble.

GRÈVE , à. Appliqué au drapeau. Hisser le drapeau en signe de capitulation.

VIRER . Un navire est sur tribord amure, ou bâbord amure, selon que le vent vient de tribord ou de bâbord. Voir p. 84 , remarque.

VIRER , à. Lorsqu'un navire est au près, le vent d'un côté, virer de bord, c'est se retourner face au vent, pour être de nouveau au près, le vent de l'autre côté.

Porter, c'est atteindre le même objet en se détournant du vent. Le port est plus sûr que le virement de bord, mais perd du terrain sous le vent.

Virer de bord ou porter *successivement* les virements de bord du navire de tête et ceux qui suivent le virement de bord, chacun, à mesure qu'il arrive au même point ; l'ordre restant donc le même. A virer, ou porter *ensemble* , tous virer en même temps, ce qui inverse l'ordre.

TACTIQUES . Département de l'Art de la Guerre qui décide de la disposition et des mouvements d'une armée ou d'une flotte sur un champ de bataille particulier, en présence d'un ennemi.

COURANTS DE MARÉE.

Marée descendante, écoulement de l'eau dû aux marées.

Marée de crue, afflux d'eau dû aux marées.

Marée sous le vent, l'ensemble du courant sous le vent.

Marée météo, le passage du courant au vent.

MARÉE . La montée et la baisse de l'eau des océans sous l'influence de la lune. Utilisé habituellement, mais de manière imprécise, pour exprimer les courants produits par les changements de niveau.

Marée haute, ou haute mer, les deux niveaux les plus élevés de la journée.

Marée basse, ou marée basse, les deux plus basses.

Marée de morte-eau : la moindre montée et descente au cours du mois lunaire.

Marée de printemps : la plus grande montée et descente au cours de la même période, peu de temps après la pleine et le changement de lune.

COMMERCE , le. Terme appliqué à un corps de navires marchands, à destination ou en provenance d'une destination particulière.

ALIZÉ . Vent qui souffle uniformément depuis la même direction générale pendant une période déterminée. Aux Antilles, du nord-est toute l'année. Voir aussi « Mousson ».

VIREZ . Voir « Câble ».

NAVIRE . Terme général désignant toutes les constructions destinées à flotter et à se déplacer sur l'eau. Définitions spécifiques applicables à ce livre :

Navire, navire à gréement carré et à trois mâts.

Brig, un navire à gréement carré avec deux mâts.

Goélette, navire gréé avant et arrière avec deux mâts ou plus.

Sloop, un navire gréé avant et arrière avec un mât. Voir pages 9 , 15 , 17 .

NAVIRES DE GUERRE . Navire de ligne. Un navire avec trois rangées de canons ou plus, dont deux sur des ponts couverts ; c'est-à-dire avoir une terrasse au-dessus d'eux. Voir « Ligne de navires de bataille ».

Frégate. Un navire avec un niveau de canons sur un pont couvert.

Sloop de guerre. Un navire dont les canons ne sont pas couverts, se trouvant sur le pont supérieur (espar).

Les sloops de guerre étaient parfois des bricks, mais ils étaient généralement ainsi conçus.

RÉVEILLEZ-VOUS . Trace laissée par le passage d'un navire dans l'eau. "Dans le sillage de" : directement à l'arrière de.

FAÇON . Mouvement dans l'eau. « Se mettre en route » : passer de l'arrêt au mouvement.

PORTER , à. Voir sous « Tack ».

MÉTÉO . Position relative au vent d'un autre objet. En face de Lee. Côté exposé au vent, côté sous le vent, d'un navire ; flotte météorologique, flotte sous le vent ; jauge météorologique, jauge sous le vent (voir «Gage»); rivage météo, rivage sous le vent.

MÉTÉO , à. Passer au vent d'un navire ou de tout autre objet.

MÉTÉO . Qualité d'un navire qui favorise son déplacement ou son maintien au vent.

PESER , à. Pour lever l'ancre par le bas. Utilisé seul ; *par exemple* , "la flotte pesait".

ROUE . Ainsi appelé de par sa forme. L'appareil mécanique, une roue, avec plusieurs poignées pour la faire tourner, par laquelle la puissance est augmentée, et également transmise du timonier sur le pont à la barre en dessous, afin de diriger le navire.

VENT ET EAU , entre. Partie du flanc d'un navire qui sort de l'eau lorsqu'il s'incline face à un fort vent latéral, mais qui autrement est immergée.

AU VENT . Direction d'où souffle le vent.

COUR . Voir « Epars ».